영혼이 변화하는
제자도 시리즈
Renovaré Apprentice Series
1

선하고 아름다운 하나님

The Good and Beautiful God

제임스 브라이언 스미스 지음 | 전병철 옮김

생명의말씀사

THE GOOD AND BEAUTIFUL GOD
by James Bryan Smith

Originally published by InterVarsity Press as The Good and Beautiful God
by James Bryan Smith
ⓒ 2009 by James Bryan Smith.
Translated and printed by permission of InterVarsity Press,
P.O. Box 1400, Downers Grove, IL 60515, USA.
All rights reserved.

Korean Edition published by Word of Life Press, Seoul 2009
Printed in Korea.

선하고 아름다운 하나님

ⓒ 생명의말씀사 2009

2009년 10월 25일　1판　1쇄 발행
2024년 10월 21일　　　　10쇄 발행

펴낸이 | 김창영
펴낸곳 | 생명의말씀사

등록 | 1962. 1. 10. No.300-1962-1
주소 | 서울시 종로구 경희궁1길 6 (03176)
전화 | 02)738-6555(본사) · 02)3159-7979(영업)
팩스 | 02)739-3824(본사) · 080-022-8585(영업)

기획편집 | 박미현
디자인 | 오수지
인쇄 | 영진문원
제본 | 다온바인텍

ISBN 978-89-04-15868-3 (04230)
ISBN 978-89-04-00148-4 (세트)

저작권자의 허락 없이 이 책의 일부 또는 전체를
무단 복제, 전재, 발췌하면 저작권법에 의해 처벌을 받습니다.

나의 스승들,
달라스 윌라드와 리처드 포스터에게

마치 새것과 옛것을 그 곳간에서 내오는 집주인과 같은
천국의 제자된 서기관들 (마태복음 13:52)

* 이 책의 원서에 나오는 성경구절들은 New Revised Standard Version에서 인용했고,
한글번역은 〈개역개정〉을 사용했다.

I am very honored that this book has been translated in Korean, and done so well by BJ Jun, who I consider a kindred spirit. For many years I have been most impressed by the spirit and witness of Christian men and women in Korea who demonstrate such amazing dedication to Jesus and to his church.

My mentor, Richard J. Foster, began doing ministry in Korea many years ago, and he would always return with amazing stories about the commitment of the people he met. He would tell me, with great excitement, about early morning prayer gatherings, about the powerful movements of the Holy Spirit, and about the practice of the spiritual disciplines among the people he met.

Korean Christians, through their outstanding witness, have long been an inspiration to me.

In addition, I have been privileged to teach alongside Dr. Dallas Willard in a course taught at Fuller Seminary, a course which every year has several students from Korea. I was consistently impressed with the scholarship, hard work, and kindness of the men and women from Korea who took the course to improve their work in ministry. I would often think to myself, "I hope these students benefitted as much from this course as I did from getting to know them."

I feel the same way about the Korean translation of this book. I hope that it will be a benefit to those who are yearning for a good and beautiful life with our good and beautiful God in the same measure as I have benefitted from the example and encouragement I have been given through the years from the people of Korea.

May the strength, beauty and love of the God Jesus revealed give you courage, wisdom and joy.

Blessings,
James Bryan Smith

| 한국의 독자들에게 |

제 책이 한국에서 출판된다고 하니 큰 영광으로 생각합니다. 무엇보다 평소에 저와 동일한 생각과 마음을 품고 있다고 여기는 전병철 목사가 번역을 탁월하게 해주어 더욱 기쁩니다. 오랫동안 저는 한국교회 성도들이 보여준 예수님과 그분의 몸 된 교회를 향한 놀라운 헌신, 그리고 삶으로 드러난 영성과 신앙에 깊은 감명을 받았습니다.

제 영적 스승인 리처드 포스터가 오래전 한국교회와 동역을 시작하며, 한국에 다녀오실 때마다 자신이 만난 한국교회 성도들의 놀라운 헌신에 관해 이야기를 들려주곤 했습니다. 리처드 포스터 목사님은 엄청난 흥분과 감격에 겨워 한국교회의 새벽기도 전통이나, 성령의 놀라운 역사하심, 또한 한국교회 성도들의 제자훈련과 영성개발에 대해 이야기해주셨습니다.

한국교회 성도들의 탁월한 신앙과 삶은 제게도 깊은 영감을 주었습니다. 또한 저는 풀러 신학대학원의 목회학 박사과정에서 꽤 오랜 기간 동안 달라스 윌라드 교수님과 함께 강의할 특권을 누렸는데, 한국에서 공부하러 오신 목회자들을 만날 기회가 많았습니다. 끊임없는 자기개발과 성도들을 더 잘 섬기기 위하여 미국까지 공부하러 오신 그분들과 교제하면서 그분들의 학문적 열정과, 지성, 또한 따뜻한 마음씨에 거듭해서 감명을 받고는 했습니다. 그때마다 저는 "내가 이분들을 알아가면서 배우는 것만큼, 내 강의를 통해서 많은 것들을 얻어 가셨으면 좋겠다."라는 생각을 하곤 했습니다.

이번에 한글로 번역된 제 책에 대해서도 동일한 기대를 가지고 있습니다. 수많은 한국교회의 성도들로부터 받은 격려와 그분들이 보여주신 선한 삶의 모범들을 통해서 제가 많은 유익을 누린 것처럼, 선하고 아름다우신 하나님과 선하고 아름다운 인생을 열망하는 모든 사람들에게 이 책이 유익이 되기를 소망합니다.

예수님께서 나타내신 바로 그 하나님의 사랑과 아름다움과 능력이 여러분에게 용기와 지혜와 기쁨을 주시기를 간절히 축원합니다.

여러분을 축복합니다.
제임스 브라이언 스미스

CONTENTS

한국의 독자들에게 … 4
서문 … 8
이 책을 읽는 법 … 18

chapter 1 **변화를 원하는가?** … 22
　영혼의 훈련　잠 잘 자기 … 45

chapter 2 **좋으신 하나님** … 50
　영혼의 훈련　침묵과 피조물 감상하기 … 76

chapter 3 **신뢰할 만한 하나님** … 80
　영혼의 훈련　받은 복을 세어보기 … 106

chapter 4 **넉넉하신 하나님** … 110
　영혼의 훈련　시편 23편으로 기도하기 … 135

chapter 5 **사랑이신 하나님** … 138
　영혼의 훈련　렉시오 디비나 … 163

chapter 6 거룩하신 하나님 … 168
영혼의 훈련 삶의 여백 훈련 … 194

chapter 7 자신을 희생하시는 하나님 … 200
영혼의 훈련 요한복음 읽기 … 221

chapter 8 변화시키시는 하나님 … 224
영혼의 훈련 홀로 있음의 훈련 … 252

chapter 9 영혼을 살리는 법 … 260
영혼의 훈련 속도 늦추기 … 289

부록 : 소그룹 토의를 위한 인도자 지침 … 295

서문

크고 첫째 되는 계명이 무엇이냐는 질문을 받고, 예수님은 신명기 말씀을 인용하셨다. "예수께서 이르시되 네 마음을 다하고 목숨을 다하고 뜻을 다하여 주 너의 하나님을 사랑하라 하셨으니 이것이 크고 첫째 되는 계명이요"(마 22:37-38). 바꾸어 말하면, 인간에게 가장 중요한 것은 하나님을 사랑하는 것이라는 말이다.

오래전에 '무드링(Mood Ring)'이라는 반지가 유행했었다. 무드링은 그 반지를 끼고 있는 사람의 기분에 따라 색이 변했다. (사실은 체온에 변화가 생기면 반지의 색이 바뀌는 것이었는데, 그것을 기분의 변화에 따라 색이 바뀌는 것이라고 선전해서 팔았다. 반지 판매자들은 많은 돈을 벌었다. 심지어 나도 그것을 샀으니까.)

만일 하나님을 사랑하는 감정을 측정할 수 있는 반지가 있다면 어떨까? 그리고 세상 모든 사람들이 그 반지를 끼워야 한다고 가정해보자. 푸른색이 어두울수록 하나님을 향한 사랑이 적은 것이고, 색이 밝을수록 사랑이 넘치는 것을 나타낸다고 가정한다면, 수많은 사람들이 어두운 색 반지를 끼고 다니는 모습을 볼 수 있을 것이다. 그 사람들 중에는 예수를 믿는다는 사람들도 있을 것이다. 좀 더 솔직히 말하면, 내 반지도 아주 밝은 푸른색일 거라는 보장이 없다.

탁월한 영적 스승들

하나님의 은혜로 나는 기독교계의 포레스트 검프가 되었다. 〈포레스트 검프Forrest Gump〉라는 영화의 주인공 포레스트는 착한 마음씨를 가진 것 외에는 전혀 특별할 것이 없는 아주 평범한, 어떤 면에서는 약간 덜떨어진 사람이다. 이 "별것 아닌 사람"이 역사의 "위대한 인물들"을 만난다. 아주 우연히 역사적인 사건들이 벌어지는 장소나(마틴 루터 킹 박사가 "내겐 꿈이 있습니다"를 연설하는 곳), 위대한 사람들(미국의 역대 대통령들, 유명 연예인들, 발명가들 같은 위대한 사람들) 곁에 있었다.

내 삶을 돌아보면 나도 꼭 포레스트 같다. 나는 일 년에 두 번, 크리스마스나 부활절에만 교회에 나가던 감리교 집안에서 자랐다. 고등학교 3학년이 되어서야 비로소 인격적으로 그리스도를 영접했다. 운동을 가장 좋아했고, 그 다음 여자애들, 그 다음으로 예수님을 좋아했다. 꼭 그 순서대로 말이다. 성적은 정확하게 중간에 속했다. 600명 중에 300등으로 졸업했으니 말이다. 별로 내세울만한 특별한 이력도 없다.

주립대학에 입학했는데, 여전히 운동을 좋아했고, 예쁜 여학생들 꽁무니나 따라다니던 1학년 어느 날 문득 예수님이 내 삶에 찾아 오셨다. 그리고 1학년 2학기 무렵에 예수님은 내 삶에서 최고의 우선순위가 되어버렸고, 결국 기독교 대학으로 전학하기로 결정했다. 내가 선택한 학교는 캔사스(Kansas) 주의 위치타(Wichita)라는 도시에 있는 프렌즈 대학교(Friends University)였다. (학교 이름으로 봐서는 친구처럼 친근감 있는 분위기일 것이라 생각했다.) 그렇게 나는 도시의 외곽에 위치한 작은 기독교 대학에 다니는, 미래에 대한 특별한 생각이 그다지 없었던 평범한 학생이었다. 그러나 한 가지 분명했던 것은 하루하루 시간이 흐를수록 하나님을 향한 내 사랑이 더욱 커져만 갔다는 것이다.

그 당시에 나는 리처드 포스터가 누구인지도 몰랐다. 당연히 그가 기독교 출판계에 가장 영향력 있던 『영적훈련과 성장Celebration of Discipline』이라는 책을 쓴 유명한 작가라는 사실도 몰랐다. 내가 아는 것이라고는 그가 매주 화요일과 목요일 오전 10시 30분부터 12시까지 내가 수강하는 과목의 교수님이었다는 사실뿐이었다. 그분은 내가 아는 다른 사람들과는 전혀 다른 종류의 사람이었다. 정말로 명석하면서 동시에 재미있는 분이었다. 웃는 걸 좋아했고, 내가 아는 사람들과는 다르게 하나님을 알았다. 그는 하나님을 '친구'로 아는 분이었다. 그리고 자신이 알고 있던 그 하나님을 내게도 가르쳐주었다.

몇 년 후 내 친구 중 한명이 내게 말하기를, 리처드가 자신의 삶과 지혜를 나누고 키울 사람을 놓고 기도하고 있었는데, 나와 만난 지 오래되지 않았을 무렵, 바울과 디모데의 멘토링 관계처럼 하나님이 만나게 해주신 제자 삼고 싶은 사람이 바로 나라고 말했다는 것이다. 내가 아는 것이라고는 리처드가 다른 사람보다 내게 좀 더 많은 과제물을 내주었으며, 나와 함께 기도하고, 가끔 자신의 아이들을 돌봐달라고 부탁도 하고, 집회를 인도하기 위해 출타할 때마다 나를 동행하고 다녔다는 사실이다. 바로 그런 개인적인 시간들을 통해 가장 많은 것들을 배웠다.

대학교 4학년 때 어떤 신학대학원을 가야할지 고민하고 있을 무렵, 리처드는 나를 영성작가로 유명한 헨리 나웬에게 소개했다. 헨리 나웬의 권유로 나는 예일대학교 신학대학원에 지원해 합격했다. (물론 이전보다 성적이 좋아졌다는 말이다.) 신학대학원을 졸업하고 나서 지역교회에서 목회자로 섬기며 세상에서 가장 아름답고 겸손한 메간과 결혼했다(예수님, 감사합니다!). 지역 교회에서 목회를 어떻게 해야 하는지 배워가는 과정에서 좋은 목회자가 되기란 정말 어려운 일이란 것을 깨달았다. 목회자에게 가장 중요한 사명 가운데 하나는 제자를 키우는 것이다. 하지만, 제자훈련에만 집중하기에는 너무나 많은 업무들과 문제들이 나를 기다리고 있었다. 그러나 감사하게도 리처드와의 관계를 통해 그런 상황 속에서도 내가 영적인 삶에 소홀하지 않을 수 있었.

몇 년 후 프렌즈 대학교 종교학과에서 리처드 포스터와 함께 강의할 기회가 생겼다. 교수로 일하는 동안, 포레스트와 같은 경험을 또 한 번 하게 되었다. 리치 멀린스라는 아주 유명한 기독교 음반제작자가 내 수업을 들은 것이다. (리치 멀린스는 "좋으신 하나님 Awesome God"과 "한 걸음씩 Step by Step"이라는 노래의 작곡자이자 음악감독이다.) 하나님에 대하여 가르치는 강의에 리치가 앉아 있는 것은 마치 수학강의 시간에 아인슈타인이 앉아 있는 것과 같았다 – 그만큼 많이 불편했다. 하지만 우리는 아주 가까운 친구가 되었고, 나중에는 우리 집에서 2

년 넘게 함께 살았다. 또한, 리치를 통해 브레넌 매닝을 만나게 되었다. 브레넌 매닝은 『신뢰Ruthless trust』라는 책의 저자다. 브레넌 역시 내게 멘토이자 친구가 되어주었다. 하나님의 사랑에 대하여 그보다 더 많은 가르침을 준 사람은 아마 없을 것이다.

1987년에 리처드 포스터는 나에게 레노바레(Renovare)라는 영성훈련단체를 설립하는데 자신을 도와 함께 동참하지 않겠느냐는 제안을 했다. 리처드는 그 사역단체의 이름을 스파게티를 먹다가 우연히 정했다고 했다. 당시에는 그 이름을 제대로 발음하는 사람도 없었고 무슨 뜻인지도 몰랐다. 그 후 20년 동안 많은 탁월한 영성지도자들과 함께 세계 각지를 여행하며 컨퍼런스, 수양회, 세미나 등을 통해 더욱 깊이 있는 삶을 살도록 돕고 하나님과 균형 잡힌 인생을 살 수 있도록 돕는 일들을 했다. '레노바레'라는 특이한 이름 때문에, 또한 리처드가 '관상기도' 그리고 '사회정의'라는, 당시에는 다소 생소한 표현들을 사용했기 때문에 '뉴에이지'라는 비난을 받기도 했다. 가끔 우리를 감시하는 사람들과도 마주쳤다. 주님을 섬기다 보면 이런 재미있는 일을 종종 겪게 된다.

레노바레와 리처드 포스터를 통해 남가주대학교 철학교수이며 『하나님의 모략』을 쓴 달라스 윌라드를 만났다. 나는 달라스만큼 명석한 사람을 본 적이 없다. 리처드와 마찬가지로 달라스는 예수님의 진정한 제자다. 1994년 달라스는 풀러신학대학원 목회학박사 과정의 강의를 함께 맡아달라고 요청했다. 두말할 나위 없이 달라스 윌라드의 요청을 수락했고, 그렇게 10년 동안 강의에 참여했다. 그 강의는 여름집중강의였는데, 하루에 여덟 시간씩 두 주간에 걸쳐 진행되었다. 나는 분에 넘치는 복을 받은 조교였다. 수업의 90퍼센트는 달라스 혼자 강의했다. 무슨 뜻이냐 하면, 내가 달라스의 강의를 하루 7시간씩 열흘 동안 그러니까 70시간 동안 명강의를 들을 수 있었다는 말이다. 그리고 그것을 10년 동안 되풀이했다. 하나님, 하나님의 나라, 성경, 영성훈련, 인생에 대한 달라스 윌라드의 명강의를 700시간이나 들은 것이다!

가장 탁월한 스승들이 정말 아무것도 아닌 내게 자신들의 삶과 가르침을 아낌없이 부어주었다. 그렇게 나는 엄청난 복을 받았다. 내 생각에는 바로 이것이 초창기부터 지금까지 이어져 내려오는 가장 기독교적인 방법인 것 같다. 예수님은 12명의 아무것도 아닌 존재들을 자신의 제자로 부르시고, 3년 동안 동행하셨고, 그들을 믿으셨기 때문에 자신의 삶을 제자들에게 아낌없이 투자하고 나누어주셨다.

내 인생에서 어느 한 부분도 이 사람들 – 리처드 포스터, 헨리 나웬, 리치 멀린스, 브레넌 매닝, 달라스 윌라드 – 의 흔적이 없는 곳이 없을 정도로 그들은 내게 커다란 영향을 끼쳤다. 지금 당신이 읽고 있는 이 책 곳곳에도 그들의 흔적이 남아 있다. 나는 그들의 저서들을 섭렵했고, 설교를 들었으며, 음반에 담긴 노래와 강의들을 수없이 연구했다. 하지만, 솔직하게 말해서 내게 가장 큰 영향을 끼친 것은 그들의 강의보다 이 탁월한 한 사람 한 사람과의 개인적인 교제의 시간들이다. 리처드 포스터와 함께 걸었던 긴 등산로, 헨리 나웬과 주고받은 수많은 편지들, 리치 멀린스와 나눈 밤샘 토론, 브레넌 매닝과의 저녁식사 시간들, 아이스크림을 먹으며 나눈 달라스 윌라드 교수와의 대화,

이 모든 것들이 내 영혼 전체에 스며들었다.

이 책이 나오게 된 배경

이 책은 앞서 말한 탁월한 스승들로부터 지난 25년 동안 배운 모든 것들의 총체적 산물이다. 구체적으로 말하자면, 이 책은 달라스 윌라드 교수와 함께 일하기 시작하면서 태동했다고 할 수 있다. 그는 교회와 신자들을 위한 "그리스도를 닮기 위한 교과 과정"이 필요하다고 끊임없이 내게 강조했다. 달라스 윌라드의 정말 탁월한 역작 『하나님의 모략』 9장에 보면 그 교과 과정의 청사진이 담겨있다. 윌라드 교수가 그 부분을 저술할 때 내가 "교수님, 그런 훈련과정의 개발이 진짜 가능할까요?" 라고 약간 부담을 주는 질문을 했다. 그때마다, 그는 "물론 가능하지." 하고 대답했다. 내가 다시

"그럼 왜 그런 훈련과정을 직접 개발하지 않으시죠?" 라고 물으면, 그는 "자네가 그 일을 해야 한다고 생각하기 때문이네, 제임스."라고 대답했다. '부담 갖지 말라' 고 하면서!

1998년, 달라스 윌라드 교수의 청사진을 참조해서 예수께서 제자들에게 가르치신 대로 살기 위한 훈련과정을 개발하기 시작했다. 그리고 2003년 내가 출석하던 교회(켄사스 위치타시에 있는 채플 힐 연합감리교회)의 중직자 회의에서 이 훈련과정을 시행하기 위해 교회에서 약간의 사람들을 모집해도 되는지 문의했다. 모두 흔쾌히 허락해주었고, 첫 해에 25명의 참여자들과 장장 30주간의 훈련과정을 시작했다. 그리고 그 해 훈련 중간쯤에 예수님처럼 사는

것이 실제로 가능하다는 달라스 윌라드의 주장이 옳다는 것을 깨달았다. 인간이 그리스도의 성품을 닮아가는 것이 정말로 가능했던 것이다!

그때부터 나는 75명의 새로운 참여자들과 그 교과 과정에 맞추어 영성개발훈련을 시작했고, 동일한 결과를 체험했다. 참여자들의 삶에 눈에 띄는 변화들이 생기기 시작했다. 교회에 가면 그 훈련과정에 참여한 사람들의 배우자들이 내게 와서 이렇게 말하곤 했다.

"목사님, 도대체 제 남편에게 뭘 어떻게 하신 거죠? 사람이 완전히 달라졌어요! 인내심도 많아지고, 이전보다 더욱 가족들에게 관심을 갖고, 더 많은 시간을 함께 보내려고 노력해요. 도대체 어떤 일이 벌어지는 건지는 모르겠지만, 저도 내년에는 꼭 그 훈련과정에 동참할 계획이랍니다!"

뿐만 아니라, 지금은 이 훈련과정이 고등부 학생들과 대학부 학생들에게까지 실시되고 있다. 어떤 사람이 이 훈련에 참여할 수 있느냐고 교인들이 물어 올 때마다, 난 항상 이렇게 대답한다.

"변화를 원하는 사람이라면 누구든지 참여할 수 있습니다. 젊은 사람이나 나이든 사람이나, 초신자나 오래된 신자나, 남녀를 불문하고, 누구나 참여할 수 있습니다."

시리즈의 시작

지금 당신이 읽고 있는 이 책은 앞으로 나올 두 권의 책과 더불어 "그리스도를 닮아가는 영성개발 훈련과정" 제자도 시리즈의 첫째 책이다. 시리즈의 첫 번째 책인 이 책을 저술한 목적은 독자들이 예수께서 나타내신 바로 그 하나님을 경험하도록 돕는 것이다.

각 장의 구성은, 먼저 우리가 기존에 갖고 있는 하나님에 대한 오해와 편견을 소개하고, 그 다음에 잘못된 오해와 편견을 바로잡는 시각, 즉 예수님의 이야기를 소개했다. 또한 각 장의 말미에 영혼 훈련을 위한 구체적인 방법들을 제시함으로써, 예수께서 새롭게 가르치신 이야기들이 우리의 생각과 몸과 영혼에 각인되도록 기획했다. 이 영혼의 훈련들은 당신을 더욱 종교적으로 만들거나, 혹은 당신의 노력으로 하나님을 감동시키기 위해 고안된 것이 아니다. 그 훈련들은 예수께서 세상을 바라보신 바로 그 관점을 당신도 가질 수 있도록 돕기 위해 고안되었다. 각 장의 마지막 부분에 요점을 정리해 놓았다. 또한 소그룹에서의 토론이나 개인의 묵상을 돕기 위한 질문들을 여기저기에 두었다.

이 책의 제목을 『선하고 아름다운 하나님 The Good and Beautiful God』이라고 지었다. 그 이유는 이 책이 하나님의 성품에 관해 말하기 때문이다. 그리고 하나님과 친밀함을 누리는 삶으로 변화되어가는 과정과 방법에 대해 이야기하고 싶었기 때문이다. 레노바레 제자도 시리즈의 둘째 책 제목은 『선하고 아름다운 삶 The Good and Beautiful Life』이다. 그 책에서는 하나님 나라와 우리 내면의 성품, 그리고 우리의 성품을 파괴하는 요소들로서 분노, 탐욕, 거짓, 염려, 다른 사람을 정죄함 등의 주제들을 다루려고 한다. 이 둘째 책에서는 산상수훈을 살펴보며 잘못된 성품들의 이면에 감추어진 이야기들을 나누려고 한다. (예를 들면, 우리를 분노하게 하는 것들은 무엇인가?) 그리고 그러한 잘못된 생각을 고쳐주는 하나님 나라에 대해 예수께서 들려주신 이야기를 소개할 것이다. 이 책과 마찬가지로 둘째 책에도 각 장에서 배운 내용들이 우리의 영혼에 스며들 수 있도록 돕는 영혼 훈련과정이 포함되어 있다.

시리즈의 셋째 책의 제목은 『선하고 아름다운 공동체*The Good and Beautiful Community*』다. 그 책은 우리가 일상생활에서 어떻게 그리스도의 제자로서 잘 살 수 있을까를 가르쳐줄 것이다. 가정에서 어떻게 하나님 나라의 비전을 살아낼 수 있을까? 하나님과 동행하는 현재의 내 삶이 어떻게 지금 살고 있는 이 세상에 영향을 끼칠까? 원수를 사랑하고 나를 저주하는 사람을 축복하는 일들이 내 삶 속에서 어떤 모습으로 나타날까? 궁극적으로 이 모든 것들은 가정에서, 직장에서, 우리가 속한 공동체 안에서, 그리고 이 땅에서 "사랑으로써 역사하는 믿음"(갈 5:6)에 대한 것이다.

하지만 이 모든 것은 예수님이 아셨던 바로 그 하나님을 아는 것과, 자신의 전 존재로 하나님을 사랑하는 것으로부터 시작된다. 이것이 바로 다른 두 권의 책뿐만 아니라 우리 인생의 원천이며 근본이다. 시리즈 3권 가운데 어쩌면 당신은 이 책 한 권만 읽고 끝낼 수도 있다. 그렇다 할지라도, 이 책을 읽은 후 당신이 지닌 "하나님을 향한 사랑"의 반지가 밝게 빛나기를 기도한다.

★ **이 책을 최대한 활용하는 법**

이 책은 공동체에서 활용하도록 기획되었다. 소그룹, 주일학교 성경공부, 혹은 가정이나 커피숍에서 몇몇 친구들과 함께 하는 모임 등 어떠한 공동체적 상황에서라도 사용하기 좋게 만들었다. 이 책은 다른 사람들과 함께 공부할 때 그 효과가 더욱 극대화 된다.

그러나 만일 이 책을 혼자서 읽는다면, 아래에 소개한 4가지를 기억할 때 더 많은 도움이 될 것이다. 어떤 상황에서 이 책을 활용하든지, 하나님께서 당신 안에 시작하신 선한 일을 이루실 것을 확신한다.

1. 준비하라. 글을 쓰기 위한 노트나 일기장을 준비하라.

일기장은 각 장의 질문에 답을 쓰거나, 장 끝부분에 있는 영혼 훈련 연습과정을 묵상한 내용을 적는 데 사용할 것이다.

2. 읽어라. 각 장을 주의 깊게 그리고 철저하게 읽어라.

서둘러 읽지 않도록 하라. 그리고 몰아서 한꺼번에 읽지 않도록 하라. 시간을 잘 분배하여 내용을 충분히 소화할 수 있도록 모임 전에 미리 읽어라.

3. 실천하라. 매주 각 장 뒷부분에 있는 영혼 훈련 활동들을 실천하도록 하라.

각 장의 내용과 관련된 영혼 훈련을 직접 해봄으로써 당신의 영혼이 치유되고 새롭게 형성되어 갈 것이다. 어떤 훈련들은 다른 훈련보다 시간이 조금 더 소요될 수도 있다. 그러므로 소그룹 모임 전에 훈련을 실천할 충분한 시간을 확보할 수 있도록 노력하라. 영혼의 훈련을 직접 해보기 위한 시간뿐만 아니라, 글쓰기를 위한 시간도 반드시 확보하라.

4. 묵상하라. 시간을 내어 반드시 묵상한 내용을 기록하라.

각 장 마지막 부분에 주어진 묵상 질문들을 읽고 묵상한 후 기록하라. 그렇게 하면, 생각이 정리되고, 하나님께서 가르치시고자 하는 것들이 더욱 명확해질 것이다. 또한 소그룹 토론을 위한 준비에 많은 도움이 될 것이다.

5. 나누라. 소그룹에서 다른 사람들의 경험을 경청하고 자신의 체험을 나눌 준비를 하라.

소그룹은 다른 사람들의 경험과 통찰력을 들을 수 있는 아주 좋은 기회를 제공한다. 만일 모든 참석자가 묵상한 내용을 미리 써 온다면, 소그룹 나눔이 더욱 효과적이고 풍성해질 것이다. 사람들은 다른 사람들 앞에서 나눌 때 자신의 머릿속에서 잘 정리된 생각만 나누려는 경향이 있다. 그렇기 때문에 소그룹 모임이 더욱 가치 있다.

중요한 것은 말하는 것보다 두 배 이상 다른 사람의 말에 귀 기울여 들어야 한다는 것이다. 또한 자신의 이야기를 나눌 수 있도록 반드시 준비해야 한다. 소그룹의 다른 지체들이 당신의 생각과 경험에서 배울 수 있기 때문이다.

6. 격려하라. 소그룹 시간 이외에도 소모임 구성원들 간에 교제를 나누어야 한다.

기계문명이 우리에게 허락한 큰 축복 가운데 하나는 서로 교제하고 연락하기가 이전보다 훨씬 더 편리해졌다는 것이다. 소그룹 모임 전에 최소한 두 사람의 멤버들에게 격려의 이메일을 보내는 것도 좋다. 당신이 그들을 기억하고 있다는 사실과, 그들을 위해 기도하고 있다는 것을 알려주라. 이것은 서로 관계를 강화해주고, 전체적인 체험들을 더욱 깊게 도와줄 것이다. 강한 인간관계를 형성하는 것이 성공적인 영적 체험을 위한 열쇠다.

chapter
1

변화를 원하는가?

영혼의 훈련 : 잠 잘 자기

| What Are You Seeking? |

영원한 평강을 누리기 원하는가? 혹은 사랑으로 가득한 마음을 갖기 원하는가? 실패와 상실을 포함한 모든 일이 합력하여 선을 이루는, 하나님의 주권을 믿는 믿음을 갖고 싶은가? 실망스러운 환경 가운데서도 인내하는 소망을 품고 싶은가?

만일 위의 질문들이 당신이 열망하는 인생이라면, 이 책은 바로 당신을 위한 것이 분명하다.

변화를 원하는 많은 사람들이 위의 질문들에 "그렇다"고 대답하기는 하지만, 정작 자신들이 변화할 수 있는 가능성을 가지고 있다고 믿는 사람들은 그리 많지 않다. 그들은 숱한 노력과 실패를 거듭하며 매우 절망적인 신앙생활로 빠져들게 된다. 그리고는 매주 교회 의자에 기대어 앉아 조용히 한숨을 내쉬며 자신의 운명에 굴복하고 만다.

나 또한 그렇게 생각한 적이 있었다. 변화를 위해 노력하고, 노력하고, 또 노력했다. 수없이 기도하며 하나님께 매달렸다. 나를 변화시켜달라고 애원했다. 그러나 아무런 소용이 없었다. 나는 산상수훈이 묘사하는 그런 사람으로 변화되고 싶었다. 원수까지도 사랑하고, 어떤 일도 염려하지 않는 바로 그런 사람 말이다. 하지만 내 마음을 들여다보니 원수를 사랑하지 않을 뿐 아니라, 내 친구들 조차도 다 사랑하지 않았다. 게다가 내 삶은 쓸데없는 염려로 가득 차 있었다.

내 삶에 변화가 찾아온 것은 두 분의 탁월한 영적 스승들을 통해서였다. 그들에게서 영혼을 훈련할 때 비로소 삶에 변혁이 찾아온다는 사실을 배웠다. 우리 영혼이 어떻게 훈련되는가를 깨닫게 해준 리처드 포스터와, 우리 삶 가운데 하나님의 나라가 어떻게 이루어질 수 있는지를 깨닫게 해준 달라스 윌라드의 가르침 덕분이다. 내 삶의 열정은 바로 '어떻게 하면 그리스도를 닮아갈 수 있는가?' 하는 질문에 대한 답을 찾는 것이었다.

우리가 변화를 원하지 않거나, 변화를 위해 아무런 노력도 하지 않는 것이 문제가 아니다. 진정한 문제는 우리가 변화를 위해 적절한 훈련을 하지 않는다는 것이다. 우리는 믿을 만한 훈련방법들을 제대로 배운 적이 없다.

 변화를 시도했던 경험이나 실패했던 경험이 있다면 나누어 보자. 혹시 노력이 부족했던 것이 아니라 적절한 훈련이 없어서 실패했던 것은 아닐까? 설명해 보라.

훈련을 통한 변화

크레이그는 그리스도를 닮아가는 영성개발 훈련과정 실험에 참여한 사람이다. 제자훈련 소그룹에 참여한 후로 크레이그는 자신의 가족들과 친구들과 동료들을 대하는 자신의 행동에 주목할 만한 변화들이 일어났음을 느꼈다. 그의 직업은 출장이 잦은 동물원 건축기획가다. 한번은 직장 동료와 독일 출장을 마치고 미국으로 다시 돌아오는 길이었다. 비행기를 갈아타야 하는 애틀랜타 공항에서 비행기 출발이 몇 시간이나 지연되어 공항에 발이 묶이고 말았다. 항공사가 비행기를 다시 출발시키기로 약속한 지 몇 시간이 지났다. 오랜 기다림 끝에 그들이 들은 건 그날 출발하려던 비행기가 결국 취소되었다는 소식이었다. 끝내 집으로 돌아갈 수 없었기 때문에 애틀랜타에서 하루를 묵어야 했다.

그날 밤 그 공항에 있었던 승객들의 분노는 극에 달했다. 모든 승객들은 비행기스케줄을 조정하기 위해 또 다시 긴 줄에 서야만했다. 크레이그와 그의 동료도 마찬가지로 긴 줄에 서서 기다리는 동안, 많은 승객들이 카운터에서 예약을 돕는 나이 어린 여자 직원에게 막말을 퍼붓는 모습을 지켜보았다. 자신의 순서가 되었을 때, 크레이그는 그 어린 여직원을 향해 미소를 지으며 이렇게 말했다.

"저는 못되게 굴지 않겠다고 약속하지요."

그 직원의 표정이 한결 부드러워지더니 상냥하게 말했다.

"고맙습니다."

수속하는 동안 그 둘은 매우 즐거운 대화를 나누었고, 크레이그는 이튿날 출발하는 비행기편 예약을 잘 마쳤다. 공항 터미널을 걸어 나오는데, 크레이그는 실망하는 대신 얼굴에 밝은 미소를 지었다. 크레이그의 직장동료가 그의 모습을 지켜보았다. 그리고 이렇게 말했다.

"크레이그, 내가 자네를 알고 지낸지가 꽤 오래되었지. 1년 전 같았으면 오늘 같은 상황에서 자네는 엄청 화를 냈을 거야. 아마 그 직원이 아주 박살 났을 거야."

크레이그가 대답했다.

"자네 말이 맞네. 내가 좀 많이 변했지. 내가 누구인지, 어디에 속해 있는지 정확하게 알게 되었거든. 지금은 내안에 그리스도께서 거하고 계시고 나를 사랑하고 돌보시는 하나님의 나라에 속한 천국백성이 되었다네. 물론 화가 나기도 하지만, 한편으로 마음에 평강이 있다네. 어차피 내일이면 집으로 돌아갈 수 있을 테고, 지금 우리가 할 수 있는 일은 아무것도 없지. 이런 상황에서 내가 화를 낸다고 무슨 도움이 되겠나? 예상치 못한 일들이 생기면 차라리 즐기는 거야."

그의 친구는 믿을 수 없다는 듯 고개를 저었다.

"자네가 요즘 뭘 먹고 마시는지는 모르겠지만 말일세, 자네 분명히 많이 변했어."

크레이그를 그렇게 변화시킨 건 지난 1년 동안 그가 행동하고 생각했던 것들의 결과다. 크레이그는 변화된 사람이 되겠다는 내면의 열정을 쫓아 제자훈련반에 등록해 훈련을 받기로 결심하고 그것을 실행에 옮기면서 변화가 시작되었다. 크레이그는 혼자가 아니었다. 변화를 위해 뭐든지 실천하겠다는 열정, 그리고 그 결과 몸소 체험하게 된 변화들은 바로 성령의 역사에 의해 이루어진 것들이다. 자기 자신의 의지력만으로 이룬 것이 아니었다.

오해와 편견 : 우리는 자기 의지력으로 변화된다

 사람들이 자신의 행동을 변화시키려고 할 때, 대개 자기 자신의 의지력을 끌어내어 동원한다. 하지만, 거의 모든 경우 실패한다. 새해에 세운 신년계획 중 약 95퍼센트는 1월이 지나기도 전에 깨지고 만다. 만일 자신이 세운 신년계획을 실천하는 데 실패하면 대부분의 사람들은 자신의 의지력이 약했기 때문이라고 여긴다. 그래서 자신의 나약함과 실패에 대하여 부끄럽게 여긴다.

 유감스러운 일이다. 그들이 실패한 이유는 의지력이 약했기 때문이 아니다. 사실, 의지는 힘이 없다. 의지력이란 무엇인가를 선택할 수 있는 인간의 능력이다. 빨간 셔츠를 입을까, 아니면 파란색 셔츠를 입을까? 우리는 스스로에게 그렇게 묻는다. 결국 파란색을 고른다. 또한 우리의 의지력은 이미 마음속에 내려진 결정에 달렸다. 의지력 자체는 아무것도 하시 않을 것이다. 내가 당신 몸속에 들어가 당신의 의지력을 찾아내려고 한다 해도 찾을 수 없을 것이다. 왜냐하면 의지력이라는 것은 담낭 옆에 붙어있는 신체 일부가 아니기 때문이다! 또한 의지라는 것은 기능이 쇠퇴하거나 커지는 장기(臟器)나 근육도 아니다.

그 의지력이라는 것은 외부로부터 오는 요구에 순순히 반응하는 소나 나귀처럼 짐을 나르는 짐승과 같다. 말(馬)이 어디로 가야할지를 스스로 결정하는 것이 아니라 마부가 정해주는 방향으로 간다. 의지력이란 바로 그런 것이다. 대신에, 의지력이라는 말을 끄는 마부는 한 명이 아니라, 여러 명이다. 우리의 의지력에 영향을 주는 세 가지 주요 요소가 있는데, 그것들은 바로 우리가 가진 생각, 신체, 그리고 사회적 정황이다. 첫째로, 우리가 마음에 생각하는 것이 우리가 느끼는 감정을 만들어낸다. 그 감정이 우리로 하여금 어떠한 결정을 내리게 하거나 어떠한 행동을 유발한다. 둘째로, 우리의 몸은 의지력에 영향을 주는 외부적 자극들에 대한 복합적인 내면 활동이다. 대부분의 신체 기관들은 우리 도움 없이도 스스로 기능한다. 하지만, 우리 몸이 물이나 음식처럼 무엇인가를 필요로 할 때는 배고픔이나 목마름 같은 감각이라는 매개체를 통해 스스로의 필요를 표출하고, 그렇게 표출된 감각이 우리의 의지력에 "음식을 먹어라" 하고 메시지를 통보한다. 마지막으로, 의지력은 환경의 지배를 받는다. 우리는 주변사람들의 영향을 무척 많이 받는다. 그것을 "사회적 압력"이라고 부른다.

의지력 자체는 강하지도 않고 약하지도 않다. 마치 한 마리의 말처럼 그것은 하나의 임무만 갖는다. 즉, 생각, 신체적 욕구, 혹은 사회적 영역이 주는 영향력 따위의 마부가 시키는 대로 한다. 그러므로 우리가 변화하고 변화하지 않고의 여부는 우리의 의지력과 아무런 상관이 없다. 다시 말하면 변화는 환경이 바뀔 때 발생하는 것이지 의지력의 산물이 아니라는 말이다. 다행스러운 것은 우리가 그 환경을 조절할 수 있다는 것이다. 새로운 생각,

새로운 습관, 혹은 새로운 환경에 적응하려고 할 때 변화가 시작된다.

예수님의 이야기로 생각 바꾸기 :
우리는 간접적으로 변화한다

　예수님은 사람들이 변화하는 과정을 이해하셨다. 그런 까닭에 예수님은 항상 이야기로 가르치셨다. 예수님은 "하나님의 나라는 마치 겨자씨와 같다" "어떤 사람에게 두 아들이 있었는데"와 같이 이야기라는 매체를 통해 자신의 세계관과 하나님에 대한 이해를 설명하셨다. 예수님이 하신 하나님에 관한 이야기를 받아들일 때, 우리는 하나님을 바로 알게 되고 올바른 실천이 이어진다. 그 반대의 경우도 마찬가지다. 우리는 의지력을 동원하여 변화되는 것이 아니라, 우리가 가진 사고방식을 바꾸어 변화한다. 생각이 바뀌면 행동이 바뀌고, 환경이 바뀌는 것을 경험한다. 그러므로 변화는 간접적이다. 우리가 직접 할 수 없는 일들을 할 수 있도록, 할 수 있는 것부터 최선을 다해서 시도한다.

　페이튼 매닝이라는 미식축구선수가 바로 이 간접적 변화를 몸소 훈련한 사람이다. 페이튼은 41회 미국 슈퍼볼 대회의 우승을 이끈 쿼터백이다. 그날 밤은 비가 많이 내려서 공이 매우 미끄러웠다. 우승을 놓친 팀의 쿼터백이이었던 렉스 그로스맨은 벌써 여러 번 공을 놓쳤다. 하지만 페이튼 매닝은 결코 그런 실수를 하지 않았다.

　슈퍼볼 경기가 끝나고 몇 주 후에 한 기자가 매닝과 센터포지션(쿼터백에게 공을 배급해주는 포지션)을 맡은 제프 새터데이가 시즌 내내, 매주 물에 흠뻑 젖은 공으로 연습했었다는 사실을 알아냈다. 매닝은 연습 없이는 감당할 수 없는 일을 해내기 위해 평소에 자신이 할 수 있는 일(물에 젖은 공으로 거듭해서 연습하는 일)을 끊임없이 해온 것이다.

"나는 변화되고 싶어."라고 말한다고 해서 변화될 수는 없다. 우리의 사고방식(이야기)과, 훈련방식(영성훈련방식), 그리고 어떤 사람들과 어울리는가(상황)를 조심스럽게 점검해야만 한다. 그런 간접적인 것들을 변화시킬 수만 있다면 - 그리고 우리는 분명 그것들을 변화시킬 수 있다 - 변화는 자연스럽게 우리에게 찾아올 것이다. 바로 그런 까닭에 예수님께서 자신의 멍에는 쉽다고 말씀하신 것이다. 우리가 예수님이 생각하셨던 것들을 생각하고 예수님이 하셨던 일들을 행하며, 같은 마음을 품은 사람들과 시간을 보낸다면, 예수님을 닮아갈 수 있으며, 그 과정은 그렇게 어렵지도 않다. 슈퍼볼이 끝난 후 누군가 페이튼 매닝에게 "젖은 공을 다루기가 어렵지 않았나요?"라고 물었다면, 아마도 그는 "아닙니다. 아무도 보는 사람이 없을 때 계속 연습해왔거든요."라고 대답했을 것이다. 이것이 바로 간접변화의 완벽한 본보기다.

나는 우리의 마음을 변화시킬 분명한 방법이 있다고 믿는다. 그 방법은 복잡하지도 않고, 어렵지도 않다. 또한 그것은 우리의 의지력과 아무런 상관이 없다. 우리는 변화의 삼각형으로 시작한다. 변화의 삼각형은 다음 4가지 기본요소를 포함한다. (1) 우리의 마음속에 있는 이야기 변화시키기, (2) 새로운 훈련에 참여하기, (3) 같은 수준에 있는 동료들과의 관계와 묵상, (4) 이 모든 것을 이끄시는 성령의 역사.

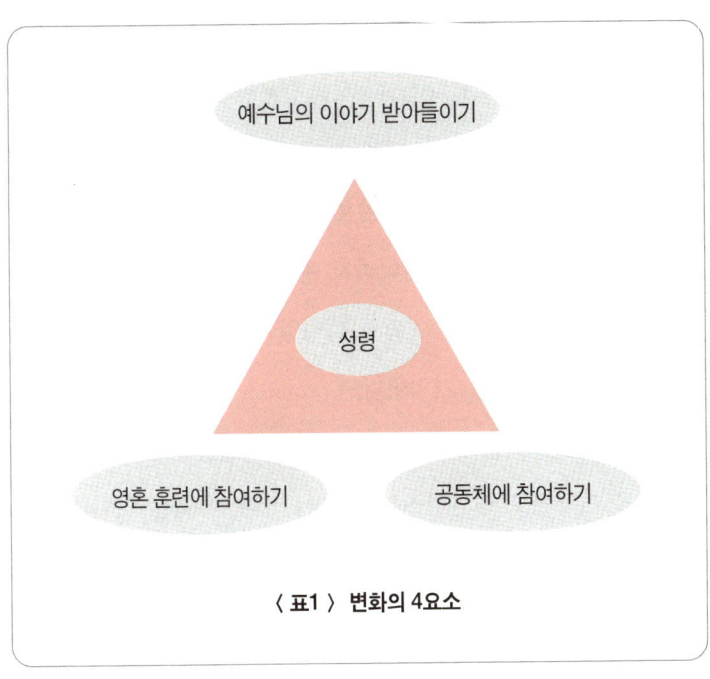

〈 표1 〉 변화의 4요소

첫째 단계 : 자신의 이야기를 바꾸어라

우리는 모두 이야기, 즉 자기 나름의 사연을 가지고 살아간다. 어렸을 때부터 부모님에게 들은 이야기들은 우리의 인생을 어떻게 해석해야 하며, 또한 어떻게 살아야 하는지에 대한 기본적인 틀을 제공한다. 이야기는 매우 흥미진진하기 때문에 우리는 자연스럽게 이야기에 빠져 들게 되고, 나름대로 결론을 내리고 거기에 따른다. 예수님은 주로 이야기를 통해 가르치셨다. 그렇게 하신 이유 중 하나는 아마 이야기가 기억하기 쉽기 때문일 것이다. 많은 사람들이 팔복의 모든 내용(그 가운데 하나만이라도)을 제대로 기억하지 못할 수 있다. 하지만, 돌아온 탕자의 이야기는 모두 잘 안다.

우리는 아주 중요한 사건 – 오늘의 우리를 있게 한 사건 – 을 경험하면, 그것을 이야기로 풀어낸다. 예를 들면, 정말 오랫동안 갖고 싶었던 것을 생일선물로 받은 사건처럼 어린 시절 결코 잊을 수 없는 경험 같은 것 말이다. 그날 일어났던 일들을 모두 상세히 기억하지 못할 수도 있다. 하지만, 누가 있었는지, 누가 무슨 말을 했는지, 어떤 느낌이었는지, 혹은 케익의 모양은 어땠는지 등을 이야기 형식으로 기억한다.

이야기는 "인간지성의 가장 중요한 기능"이다. 삶을 이해하기 위해 우리는 모든 것을 이야기로 전환하려는 경향이 있다. 우리는 이야기로 꿈을 꾸고, 공상도 이야기 형식으로 한다. 또한 기억하고, 기대하고, 소망하고, 실망하고, 믿고, 의심하고 수정하고, 비판하고, 구성하고, 험담하고 배우고, 미워하고 사랑하는 일조차도 모두 이야기를 통해 한다. 이야기 외에 다른 방법은 없다. 우리는 이야기로 만들어져 가는 존재다. 이야기로 세상을 운영하는 방법을 배우고, 옳고 그른 것을 배우며, 이야기에 의미를 부여하는 법을 배운다. (예를 들면, '그 이야기에서 배울 수 있는 교훈은······.' 이런 식이다.)

이야기에는 여러 종류가 있다. 가까운 친척들과 가족들에게서 들은 가족의 사연이 있다. 부모들은 이야기로 자신들의 세계관과 도덕적 잣대를 자녀들에게 심어준다. '나는 누구인가?' '나는 왜 여기에 있는가?' '나는 가치 있는 존재인가' 와 같은 인생의 핵심질문들에 대한 해답도 대부분 이야기 형식으로 얻는다. 특정한 지역에서 자라면서 배우는 문화와 관련된 이야기들도 있다. 문화를 통해 배우는 가치(무엇이 중요하고, 무엇이 성공인지의 척도)도 이야기와 비유라는 형식으로 우리에게 다가온다. 예를 들면, 미국 사람들은 자신들의 과거사(혁명, 혹은 개척정신)에서 "지독한 개인주의적" 가치에 대하여 배운다. 이야기 중에는 종교성을 띈 이야기들도 있다. 설교를 통해 듣는 이야기들, '하나님은 어떤 분이신가,' '우리는 어떻게 살아야 하는가'에 대하여 답해주는 종교서적이나 강의들도 주로 이야기를 통해 전달된다. 마지막으로 예수님의 이야기가 있다. 하나님이 누구신가를 말해주는 이야기와 비유들이다.

우리는 사연, 즉 이야기에 의해 만들어져가는 존재들이다. 그 사연의 옳고 그름에 상관없이, 혹은 유익한지 그렇지 않은지의 여부와 상관없이, 우리가 가진 사연들이 우리 행동을 결정한다. 그런 사연들이 우리의 생각에 한번 자리를 잡으면, 죽을 때까지 변하지 않고 그 자리를 지킨다. 핵심은, 이러한 사연들이 우리의 인생을 움직여간다는 것이다(많은 경우 잘못된 사연들이 우리 인생을 망치기도 한다). 그런 까닭에 우리는 애초에 올바른 이야기와 사연을 듣고 그것을 간직하는 것이 매우 중요하다.

일단 우리 생각 속에 한번 자리 잡은 이야기를 '발견' 하면, 예수님의 이야기와 견주어 어디가 어떻게 잘못되었는지를 살펴본다. 예수님은 영원 전부터 계시는 하나님의 아들이시기 때문에 하나님의 성품과 인생의 의미에 대하여 그보다 더 잘 아는 이는 없다. 예수님의 이야기만이 진리다. 예수님 자신이 진리시기 때문이다. 그러므로 중요한 열쇠는 예수님의 이야기를 내 삶 속의 이야기로 삼는 것이다.

예수님은 하나님 아버지를 우리에게 나타내셨다. 신약성경은 선하심과 능력, 사랑과 아름다움으로 가득한 하나님을 우리에게 보여준다. 하나님이 진정 어떤 분이신가를 알기위해서는 예수님이 아셨던 바로 그 하나님을 알아야 한다.

생각의 변화가 진정한 변화의 최우선 조건이다. 예수님의 첫 설교는 "회개하라(metanoia:메타노이아), 천국이 가까왔느니라"는 말로 시작되었다. '메타노이아'라는 단어는 마음의 변화를 의미한다. 예수님은 변화가 마음에서 시작된다는 것을 아셨다. 사도바울도 같은 주장을 한다. "너희는 이 세대를 본받지 말고 오직 **마음**을 새롭게 함으로 변화를 받아 하나님의 선하시고 기뻐하시고 온전하신 뜻이 무엇인지 분별하도록 하라"(롬 12:2).

우리의 가족 이야기, 문화 이야기, 심지어는 종교적 서사마저도 그 뿌리는 이 세상에 두고 있다고 볼 수 있다. 하지만 그리스도를 따르는 사람들은 생각을 위엣 것에 둬야 한다(골 3:2). 무엇보다도 우리는 예수님의 마음을 품도록 부르심을 받았다. "너희 안에 이 마음을 품으라 곧 그리스도 예수의 마음이니"(빌 2:5). 일단 오해와 편견을 벗고 제대로 된 이야기를 알기만 한다면 변화는 시작된다. 정확한 지식과 정보를 얻는 것은 시작에 불과하다.

 지금 자신의 세계관을 형성하는 데 영향을 준 사건이나 사연이 있다면 무엇인가?

둘째 단계 : 영혼 훈련을 연습하라

오해와 편견을 깨뜨리고 정확한 지식을 통해 우리의 생각을 바꾼 후에 해야 할 일은 그 변화가 우리의 삶에 깊숙이 뿌리내리고 생각의 영역뿐 아니라 몸과 영혼이 변화되도록 특별한 훈련을 하는 것이다. 우리는 그것을 "영성개발"이라고 부를 수도 있지만, 나는 "영혼 훈련"이라고 부르고 싶다. 왜냐하면 우리가 영적인 훈련이라고 부르는 것들이 전혀 영적이지 않을 때가 많기 때문이다. 사람들이 고립된 상황 속에서 보다 더 "영적인 사람"이 되기 위해 "영적인 것"으로 여기는 것들을 연습하지만, 사실 그 영적이라는 것이 무슨 의미인지 모호하다. 그런 행위들은 대개 아무런 목적도 없고, 다른 사람들과 하나님으로부터 관심을 끌어내기 위한 율법적인 행위에 불과하다. 영적인 훈련은 의로움이 아니라, 지혜를 얻기 위해서 한다. 단순한 지혜가 아니라, 우리 마음을 훈련하고 변화시키기 위한 지혜로운 연습들이다.

운동선수들이라면 누구나 훈련의 중요성을 안다. 실제 경기에서 자기 몸의 모든 움직임들이 자연스럽고 부드럽게 움직여 경주에 임할 수 있도록 뛰고, 근력강화운동을 하며, 끊임없는 연습을 한다. 바울은 우리의 신앙생활을 운동선수들의 훈련에 비유했다(고전 9:25, 딤전 4:7-8, 딤후 2:5). 이와 마찬가지로, 영혼 훈련을 위한 연습 같은 영적인 훈련으로 삶을 변화로 이끌 수 있다.

영적인 훈련에는 치유 효과가 있다. 물리치료를 받는 사람들을 보면 근력을 강화시키기 위하여 근육의 각 부분을 스트레칭 한다. 영혼 훈련의 연습 방법도 이와 마찬가지다. 비록 훈련이 잠시 고통스럽기는 하지만, 분명히 훈련을 통해 나아지는 것을 알기 때문에 연습을 게을리하지 않는다. 그 연습들이 영혼을 변혁하는 데 매우 중요한 요소들이다.

 기도, 성경읽기, 혹은 고독의 시간과 같은 영성개발을 위한 훈련을 해본 적이 있는가? 어떤 목적을 가지고 했으며, 어떤 결과가 있었는가?

셋째 단계 : 공동체 안에서 훈련하라

인간은 공동체에서 살아가는 존재다. 삼위일체 하나님도 공동체(성부와 성자와 성령)로 거하시는 것처럼, 그분의 형상대로 지음을 받은 우리도 공동체 속에서 서로 사랑하며 살아가도록 지음을 받았다. 그러나 불행하게도 영성은 종종 개인의 노력으로만 이루어지는 것처럼 여기기 쉽다. 영적 성장을 공동체적 행위가 아닌 개인적 추구로 생각하려는 경향이 강하다.

영성은 공동체적 상황에서 더욱 효과적으로 형성된다. 그룹으로 훈련하면 다른 사람들의 영향력이 우리를 자극하고 격려하기 때문이다(히브리서 10장 24절). 이 책을 통한 훈련의 효과가 더욱 극대화되려면 다른 사람들과 함께 공부하는 것이 좋다. 물론 혼자서 읽고 훈련할 수도 있다. 하지만, 프로그램을 개발하면서 시행해본 결과 혼자서 훈련하는 것이 그룹으로 하는 것보다 효과가 훨씬 덜하다는 것을 알게 되었다.

기독교 공동체나 다른 공동체 안에서의 교제는 어떠했는지 나누어보자.

넷째 단계 : 성령의 역사

사실 하나님의 삼위인격 가운데 성령에 대한 관심이 가장 적다. 우리는 성부 하나님께 기도하고, 복음서에 기록된 예수님의 생애를 읽을 때 성자 예수님의 인성을 발견한다. 하지만, 우리 삶의 초점이 성령이 아니라는 사실을 종종 발견한다.

물론 성령께서 그러한 사실에 대하여 조금도 서운해 하시지 않을 것은 분명하다.

성령은 끊임없이 우리로 하여금 자기 자신이 아닌, 아버지 하나님과 성자 예수께 초점을 맞추도록 이끄신다. 하지만 사실 우리의 신앙생활 가운데 벌어지는 모든 일은 성령께서 하신 일들이다. 우리가 자신의 삶에 만족하지 못할 때마다 우리를 격려하시고 친히 예수께로 이끄시는 분이 성령이시다. 성령은 우리가 그리스도의 제자가 되도록 돕는 하나의 목표를 가지고 우리 삶 가운데 일어나는 모든 일들을 주장하신다. 성령은 우리가 알아채지 못하는 신비로운 방법으로 우리의 일상에 개입하신다. 하지만 분명한 것은 성령께서 우리 삶 가운데서 일하고 계시다는 사실이다. 바로 성령께서 우리 삶에서 일하실 때 변화가 일어나기 시작한다.

성령과 이야기 : 예수께서 승천하시기 전 제자들에게 성부 하나님께서 그들

을 인도해주실 성령을 보내시겠다고 말씀하셨다. "보혜사 곧 아버지께서 내 이름으로 보내실 성령 그가 너희에게 모든 것을 가르치고 내가 너희에게 말한 모든 것을 생각나게 하리라"(요 14:26). 성령은 예수께서 하신 말씀을 생각나게 하시고, 또한 예수께로 우리를 인도하시는 보이지 않는 선생이시다. 이런 면에서 본다면, 오해와 편견으로 얼룩진 우리의 이야기를 예수님의 이야기로 변화시키는 분은 성령이시다. 성령께서 우리로 하여금 잘못된 이야기에서 돌이켜 진리의 말씀인 예수님의 이야기로 이끌어주신다. "그러나 진리의 성령이 오시면 그가 너희를 모든 진리 가운데로 인도하시리니"(요 16:13).

심지어 사람의 회심 여부도 성령께 달려 있다. 고린도전서 12장 3절에 보면, "성령으로 아니하고는 누구든지 예수를 주시라 할 수 없느니라"고 기록되어 있다. 성령께서 우리를 진리로 인도하시기 때문에 우리가 예수님을 영접하고 따르기로 결정할 수 있다. "하나님은 진노의 하나님이시며, 우리를 벌주시기에 혈안이 되어 있는 분"이라는 오해와 편견을 하나님은 우리의 "아빠"라는 예수님의 진리로 바꾸는 것 또한 성령께서 하시는 일이다.

바울은 이렇게 기록했다. "성령이 친히 우리의 영과 더불어 우리가 하나님의 자녀인 것을 증언하시나니……아빠 아버지라고 부르짖느니라"(롬 8:16, 15). 나는 "성령이 친히 우리의 영과 더불어"라는 표현이 참 좋다. 성령이 우리 가운데 들어오셔서 우리의 오해와 편견을 깨뜨리신다. 여기에서 우리는 아주 중요한 두 가지 관계를 볼 수 있다. 하나는 예수님이 우리의 주님(헬라어로 'krios')이시라는 우리와 예수님과의 관계이며, 우리와 아버지(예수님이 사용하셨던 언어인 아람어로는 Abba라고 표현한다) 하나님과의 관계다. 예수님이 우리의 구주시며 하나님이 우리의 아버지라는 사실은 오직 성령께서 우리 가운데 역사하실 때만 깨달을 수 있는 진리다.

성령과 영혼 훈련 : 우리가 영적인 훈련을 할 때 성령님은 우리와 함께하시고, 내주하시며 동행하신다. 성령의 역사가 없다면 우리가 하는 모든 영적인 훈련들은 소용이 없다. 우리가 성경을 펴서 하나님의 음성을 듣기 위하여 천천히 읽을 때, 성령은 우리의 마음을 조명하시고 하나님의 말씀을 받도록 도우신다. 심지어는 기도도 마찬가지이다. 우리가 기도한다고 생각하기 쉽지만, 기도하는 것도 성령의 역사다. 로마서 8장 26절은 이렇게 기록한다. "이와 같이 성령도 우리의 연약함을 도우시나니 우리는 마땅히 기도할 바를 알지 못하나 오직 성령이 말할 수 없는 탄식으로 우리를 위하여 친히 간구하시느니라." 우리는 기도할 때 홀로 하지 않는다. 성령께서 보이지 않게 역사하셔서 우리가 기도하게 하시며, 친히 우리 보다 앞서 기도하시며, 우리를 위하여 그리고 우리와 함께 기도하신다.

우리가 홀로 있는 훈련이나 침묵 훈련을 할 때도, 또한 봉사의 일을 하든지 쉬고 있을 때든지, 우리를 돕고 격려하시는 분이 바로 성령이시다. 기도나 묵상의 시간을 통해 새로운 깨달음을 얻는 것 또한 성령께서 우리에게 진리를 말씀하시며 변화시키는 것이다. 이것을 감지하기란 쉽지 않은 일이다. 대부분의 경우 우리는 성령이 말씀하시는 것을 메아리처럼 아주 희미하게 들을 수 있을 정도다. 하지만, 영혼 훈련을 연습하여 우리 자신을 더욱 하나님께 내어드리면 영적 민감성이 개발된다. 한 가지 분명한 것은 성령의 임재와 도우심이 없다면, 모든 영적 훈련 연습이나 노력들이 아무런 소용이 없다는 것이다.

성령과 공동체 : 성령은 우리의 공동체 생활과 기도와 예배 생활을 총괄하고 지휘하는 교향곡의 지휘자와 같다. 하지만, 보통 지휘자와는 달리, 성령은 각 사람이 다른 사람들을 유익하게 하도록 우리 한 사람 한 사람에게 은사와 은혜를 베풀어 주신다(고린도전서 12장을 보라). 우리의 마음을 만지는 설교를 들을 때 성령은 설교자에게 영감을 주실 뿐만 아니라, 듣는 이들의 마음을 부드럽게 하시고 귀를 열어 듣게 하신다.

사도행전을 보면 성령께서 어떻게 초대교회가 공동체생활을 하며 예수님의 사역에 동참하도록 역사하셨는지 알 수 있다. 사도행전에서 내가 가장 좋아하는 사건은 성령께서 공동체를 감동시키셔서 바나바와 사울(바울)을 따로 세워서 선교사로 파송하는 장면이다. "주를 섬겨 금식할 때에 성령이 이르시되 내가 불러 시키는 일을 위하여 바나바와 사울을 따로 세우라 하시니 이에 금식하며 기도하고 두 사람에게 안수하여 보내니라"(행 13:2-3). 다시 한번 자세히 살펴보라. 그들이 함께 모여(공동체) 예배하며 금식할 때(영적인 훈련에 동참) 성령께서 그들에게 말씀하신다. 성령은 그들 중 한 사람에게 직접 말씀하실 수도 있었다. 하지만, 한 사람이 아닌 공동체에게 말씀하셨다. 그러자 공동체가 바나바와 바울에게 안수하여 보냈다.

그리스도인들이 교제공동체로 함께 모일 때에도 성령은 보이지 않게 역사하신다. 우리로 하여금 예수님과 아버지 하나님을 더욱 깊이 사랑하게 하려는 단 한 가지 목적을 가지고 일하신다. 이 교재로 한 소그룹을 인도할 때였다. 3명으로 이루어진 그룹이었는데, 인도하는 도중 갑자기 마지막 15분은 다른 아무것도 하지 않고 서로를 위해 기도해주는 시간으로 사용해야 할 것 같다는 생각이 들었다. 그래서 서로 기도제목을 나누고 그것을 위해 기도했다. 얼마 지나지 않아 기도하던 사람들이 흐느끼기 시작했다. 그때까지 우리는 15주나 함께 시간을 보냈는데, 서로가 서로에게 마음을 열기로 했던 그날에야 비로소 성령께서 역사하셨고, 우리가 공동체임을 확인하게 되었다.

 성령님과 다른 세 가지 변화의 요소들이 어떤 상호작용을 한다고 생각하는가?

변화 : 성령의 열매

앞에서 언급한, 크레이그가 공항에서 보여준 행동의 변화는 성령의 열매라고 밖에 달리 설명할 방법이 없다. 바울은 우리의 삶 가운데 벌어지는 성품 변화의 덕목들을 일일이 나열하면서 그것들이 성령의 열매라고 말한다. "오직 성령의 열매는 사랑과 희락과 화평과 오래 참음과 자비와 양선과 충성과 온유와 절제니 이같은 것을 금지할 법이 없느니라"(갈 5:22-23). 오래 참는다고 하면서 이를 갈수는 없다. 우리가 자신의 의지력을 동원한다고 해서 온유해질 수도 없다. 또한 강요하고 강조한다고 해서 우리가 자비로워질 수 없는 노릇이다. 그러한 "열매"를 맺는 일은 성령의 몫이다. 나무에 달린 열매처럼 속에서부터 저절로 열매가 맺힌다.

성령께서 우리의 이야기를 바꾸시면 그때부터 우리의 생각이 바뀐다. 그 결과 강하고 전능하신, 또한 우리를 사랑하시는 좋으신 하나님을 믿고 신뢰하게 된다. 또한 예수께서 친히 우리를 대신해서 우리는 절대 흉내조차 낼 수 없는 완벽한 삶을 사셨으며, 우리가 하나님의 은혜를 얻어내기 위해 치열하게 노력하지 않아도 되도록 자유를 주셨음을 믿고 알게 된다. 그리고 우리가 영혼 훈련을 연습하는 데 참여함에 따라 – 특히 공동체와 함께하는 훈련으로 – 하나님께서 우리 삶에서 역사하고 계심을 더욱 확신하게 된다. 이러한 내적인 확신이 외적인 행동으로 드러난다.

그렇기 때문에 공항에서 비행기가 지연되는 일을 경험하게 되더라도, 숨을 깊이 들이쉬고 우리의 정체성을 잊지 않을 수 있다. 크레이그처럼 그러한 역경을 사랑과 기쁨과 평강과 인내 그리고 온유함으로 견뎌낼 수 있게 된다.

와서 보라!

나는 예수님이 처음 두 제자를 부르시는 장면을 무척 좋아한다. 그들은 원래 세례 요한의 제자였다. 하지만, 요한이 앞으로는 예수님을 따르라고 권했다. 예수께서 그 두 제자들이 자신을 좇는 것을 보시고는 이렇게 물으셨다.

"무엇을 구하느냐 이르되 랍비여 어디 계시오니이까 하니 (랍비는 번역하면 선생이라) 예수께서 이르시되 와서 보라 그러므로 그들이 가서 계신 데를 보고 그 날 함께 거하니 때가 열 시쯤 되었더라"(요 1:38-39).

예수께서 자신을 따르려는 자들에게 무엇을 구하고 있는지 물으셨다. "당신이 지금 원하는 것은 무엇인가?" 이 질문은 우리 자신이 거듭해서 물어야 할 매우 중요한 질문이다. 왜냐하면, 우리가 정말로 갈망하는 것, 관심과 열정을 갖고 있는 것이 우리의 삶을 이끌어가기 때문이다.

"무엇을 구하느냐?"라는 예수님의 매우 단순한 질문에 그 제자들은 "랍비여 어디 계시오니까?"라는 다소 생뚱맞고 비논리적인 대답을 한다. 하지만 예수님은 그들의 마음을 아셨다. 그들이 예수님을 좇은 까닭은 정말 선하고 아름다운 삶을 살고 싶었기 때문이며, 예수께서 그들을 그 길로 인도하실 수 있다고 믿었기 때문이다. 제자들의 질문에 대한 예수님의 답은 단순하면서도 매우 심오하다. "와 보라." 이 한마디로 예수님은 두 가지 질문에 모두 답하고 계신다. 하나는 예수님이 어디에 거하시는지에 대한 대답이고, 다른 하나는 그들이 무엇을 구하는지에 대한 대답이다. 예수님은 제자들이 자신을 따르면 그들이 찾는 인생의 질문에 대한 답을 깨닫게 될 것임을 이미 알고 계셨다.

예수님은 당신을 제자로 부르셨다. 당신이 지금 이 책을 읽고 있다는 사실만으로도 나는 그것을 확신할 수 있다. 더 깊은 믿음, 그리고 예수님이 아셨던 하나님에 대한 큰 믿음을 갖기 원하며, 더 깊은 영적인 삶을 살기 원하는 당신의 열망을 성령께서 사용하셔서 지금 여기까지 온 것이다. 예수님은 당신을 그분의 도제(apprentice)가 되라고 초청하셨다. 당신의 능력이나 재능이 아니라, 그분이 생각하신 대로 생각하고, 그분이 행하신 대로 행동하는 법을 배우게 되면 당신도 놀라운 삶을 살수 있다. 당신은 산을 움직이거나 물위를 걷지 못할지 모른다. 하지만 확신컨대, 당신은 이 책을 통해 오래참음과 자비에 이르는 법과 자신에게 상처를 준 사람을 용서하는 법과 어떻게 원수를 축복하고 그를 위해 기도할 수 있는지를 배우기 시작할 것이다. 어쩌면 그것은 물위를 걷는 것보다 더 큰 기적일지도 모른다. 예수님이 아셨던 바로 그 하나님과 당신이 사랑에 빠질 수 있게 되기를 바란다!

영혼의 훈련

잠 잘 자기

　기독교 영성개발에 첫째로 꼽히는 적은 '피로감'이다. 우리는 재정적으로나 육체적으로 주어진 것보다 항상 더 많이 쓰며 살아간다. 그 결과, 인간이 살면서 누려야 할 가장 기본적인 활동(혹은 비활동) 요소가 무시된다. 그것은 바로 수면(睡眠)이다. 여러 연구조사에 의하면, 인간은 기본적인 건강을 유지하기 위해 보통 여덟 시간의 수면을 취해야 한다고 한다. 다시 말하면, 하나님께서 인간을 만드실 때, 인생을 사는 동안 최소한 3분의 1은 잠을 자도록 만드셨다는 것이다. 참으로 기막힌 발상이다. 삶의 매우 많은 시간을 아무것도 하지 않도록 지어졌다는 말이다. 수면을 충분히 취하지 못할 경우, 우리는 육체적으로 손상을 입을 뿐 아니라, 몸도 쇠약해지고 생산성도 떨어진다. 뿐만 아니라, 수면부족은 다른 사람들에게도 피해를 준다. 음주운전 사고로 죽는 사람들의 숫자보다 졸음운전 사고로 죽는 사람의 숫자가 훨씬 더 많다고 한다.

　시앙-양 탄(Siang-Yang Tan) 박사는 자신의 저서 『안식Rest』에서 아치 하트의 말을 인용하여 다음과 같이 지적했다. "우리는 역사상 그 어느 때 보다도 많은 휴식을 취해야만 한다." 탄 교수는 1850년대의 미국인들은 평균 9.5 시간을 잠을 자는 데 썼는데, 1950년대에는 평균 수면시간이 하루 8시간 정도로 줄어들었다는 사실을 지적한다. 요즘 미국사람들은 평균 7시간 미만의 수면을 취한다고 한다. 미국인들의 평균 수면시간이 적정 수면시간보다 많이 줄어든 것이다. 그 결과 많은 사람들이 여러 방면에서 고통을 겪고 있다.

미국 국립수면연구학회의 여론조사에 의하면, 미국인의 49퍼센트가 수면장애와 관련된 고통을 겪고 있다. 성인 6명 중 1명꼴로 만성불면증에 시달리고 있다. 내 친구 의사 말에 따르면, 병원에서 수면장애와 관련된 처방전을 가장 많이 쓴다고 한다.

국립정신건강연구소에서 행한 연구에서, 연구 참여자들에게 "충분히 자고 싶은 만큼 자라"고 지시한 후 수면시간을 측정했더니, 참여자들이 매일 밤 평균 8.5시간의 수면을 취했다고 한다. 그 연구에 참여한 사람들은 모두 잠을 충분히 잤더니 행복지수가 더 높아지고, 피로감을 덜 느끼게 되었으며, 더욱 창의적이고, 힘이 넘치고 생산적이 되었다고 반응했다. 하나님께서 인간을 지으실 때, 우리를 자신의 영과 혼과 육신의 청지기가 되도록 만드셨다. 우리는 자신의 건강부터 챙겨야 한다. 그러기 위해 최소한 하루 평균 7시간에서 8시간은 자야 한다. 그렇지 않으면, 만성 피로감에 빠지게 되고, 결과적으로 삶의 많은 영역에서 어려움을 겪게 될 것이다.

그렇다면 이것이 기독교 영성개발과 도대체 무슨 상관이 있다는 말인가? 우리 몸은 단순이 영혼이 빌려 쓰는 집과 같은 것이 아니다. 우리의 몸과 영혼은 하나다. 그러므로 우리 몸이 병들면 영혼도 마찬가지로 병이 들게 된다. 영적 성장을 위해서 육신의 건강을 무시할 수 없다. 엄밀히 말하면 우리 육신의 연약함이 영적 성장을 방해한다. 영성개발을 위한 훈련을 포함해서 우리의 삶 가운데 행하는 모든 일들은 육신을 동반한다. 따라서 육신이 충분한 휴식을 취하지 못하면 에너지가 고갈될 것이며, 우리가 기도하고, 말씀을 읽고, 침묵을 훈련하며, 성경을 암송하는 능력이 저하된다.

이 장의 초점은 영성을 개발할 때 하나님의 일하심과 우리가 해야 할 영역이 다르지만, 어떻게 조화를 이룰 수 있는가에 관한 것이다. 분명히 우리가 해야 할 영역이 있다. 하지만, 변화를 위해서는 하나님께서 공급해주시는 것들을 의지하지 않으면 안 된다. 수면은 은혜와 훈련의 절묘한 조화를 잘 보여주는 행위다. 우리는 억지로 잠을 잘 수 없다. 우리 몸을 억지로 잠들도록 할 수 없다는 말이다. 잠을 잔다는 것은 온전한 순종, 혹은 항복의 행위이다. 신뢰의 선포이기도 하다. 그것은 우리 자신이 졸지도 주무시지도 않는 하나님이 아니라는 사실을 인정하는 것이다. 그것은 사실 우리에게 매우 기쁜 소식이다. 우리는 스스로를 잠들게 할 수 없다. 하지만 잠을 잘 수 있도록 환경에 변화를 주고, 조절할 수는 있다.

내가 지속적으로 강조하고 싶은 것은 훈련은 하나님께 우리가 원하는 무엇인가를 얻어내는 행위가 아니라는 사실이다. 영성훈련이란 하나님께서 친히 우리를 가르치시고, 훈련하시며 치유하시도록 우리 자신을 내어드리는 지혜로운 연습이다. 그러므로 잠을 자는 것은 어떤 면에서 보면 일종의 훈련을 '거부하는' 훈련이다. 나는 당신이 이 장에 나오는 연습을 시작으로 해서 이 책을 읽는 동안 (아니, 평생 동안) 이 소중한 영성개발 훈련을 지속하기 바란다. 이 훈련은 아무리 지나칠 정도로 한다고 해도 결코 필요 이상으로 잠을 자는 수준까지 도달하지 않을 것이라고 확신한다.

잠자는 훈련

이번 한 주간 적어도 하루는 당신이 정말 더 이상 잘 수 없다고 느낄 때까지 잠을 자도록 하라. 필요하다면 늦잠을 잘 수 있는 날을 특별히 정해서 늦잠을 자라. 이 훈련의 주요 목적은 당신 스스로 '나는 충분히 휴식을 취했다'는 생각이 들 때까지 잠을 자는 것이다. 만일 반드시 당신이 돌봐야 하는 가족이 있다면, 하루만이라도 양해를 구하고 꼭 이 훈련을 해야 한다.

만일 이 훈련을 할 수 없는 상황이라면, 또 다른 방법이 있다. 한주에 적어도 3일은 반드시 평균 7시간 이상 수면을 취하는 것이다. 그렇게 하기 위해서 어쩌면 평소보다 일찍 잠자리에 들어야 할지도 모른다. 아래에 적어 놓은 항목들은 어떻게 하면 쉽게 잠을 청할 수 있는지 도움이 될 만한 것들이다.

1. 매일 일정한 시간에 규칙적으로 잠자리에 들라.
2. 잠자리에 들기 전에는 스트레스를 주는 일(이를테면, 텔레비전을 본다거나 컴퓨터를 켜놓고 해야 하는 일 등)을 하지 않도록 주의하라.
3. 만일 카페인이나 매운 음식처럼 자극적인 것들에 민감한 체질이라면, 저녁에는 그런 것들을 피하라.
4. 억지로 잠을 자려고 하지 마라. 잠이 오지 않는다면 책을 읽거나, 시편을 묵상하거나 경음악을 듣는다거나 아니면 졸릴 때까지 창밖을 주시해보라. 그렇게 해서 졸음이 오면 그때 다시 잠을 청하라. 당신의 몸이 잠잘 준비가 되어있지 않다면 아무리 뒤척여도 잠은 오지 않는다.
5. 만약 한밤중에 잠이 깨었다면, 침대에 그대로 머물러 있으라. 다시 잠이 올 때까지 기다리라.

물론 위의 사항들을 다 지켜도 잠이 오지 않을 수 있다. 만일 그렇다면, 혹시 건강에 이상이 있지 않은지 의사에게 정밀진단을 받아보는 것도 좋은 방법이다. 혹은 자각하지 못하는 심리적인 요인들 때문에 불면증이 있는 것은 아닌지 심리치료사나 상담사 같은 전문가에게 도움을 청하는 것도 좋은 방법이 될 수 있다.

묵상을 위하여

당신이 이 책을 혼자 공부하든지, 혹은 공동체 안에서 함께 공부하든지 상관없이 아래의 질문들이 당신의 경험을 묵상하고 성찰하는 데 도움이 될 것이다. 아래의 질문에 대한 답을 일기장에 기록하는 습관을 들이는 것이 좋다. 만일 소그룹 안에서 다른 사람들과 함께 학습하고 있다면, 자신의 묵상과 체험을 다른 사람들과 나눌 때 기억하기 쉽도록 일기장을 모임에 가지고 가라.

- 지난 한 주간 동안 잠자는 훈련을 연습해볼 기회가 있었는가? 만일 그렇다면, 어떻게 연습했으며, 또 어떤 느낌이었는지 나누어보라.
- 이 훈련과정을 통해 하나님에 대하여 혹은 자신에 대하여 새롭게 깨달은 사실이 있다면 무엇인가?

chapter
2

좋으신 하나님

영혼의 훈련 : 침묵과 피조물 감상하기

| God Is Good |

한번은 어느 교회에 설교를 부탁 받고 간 적이 있다. 그 교회는 예배시간에 인도자와 청중이 함께 '선포하고 응답하는' 순서를 진행했다. 예배인도자가 큰 소리로 뭐라고 외치면, 청중들이 다시 되받아 외쳤다. 그 교회를 처음 방문한 내가 그 순서에 생소할 것이라고 생각한 담임목사님은 성도들에게 나를 소개하면서 이렇게 말했다.

"오늘 처음 우리교회를 방문하신 강사 목사님을 위해서 우리가 매주일 예배시간에 청중과 인도자가 서로 번갈아 선포하던 것을 먼저 연습하고 목사님이 말씀을 전하시기 전에 직접 한번 해봅시다."

그 목사님은 잠시 후 이렇게 소리쳤다.

"좋으신 하나님(God is good)!"

그러자 청중들이 화답했다.

"언제나(All the time)!"

목사님이 다시 외쳤다.

"언제나!"

그러자 또다시 청중들이

"좋으신 하나님!"

하고 화답했다. 그러더니,

"짐 목사님이 한번 하시죠."

라고 말하고는 나를 마이크가 있는 강대상으로 인도했다. 강대상에서 그렇게 소리치는 일에 익숙하지 않은 나는 기어들어가는 소리로 겨우 말했다.

"좋으신 하나님!"

그러자 나를 자극이라도 하려는 양, 청중들은 아주 큰 소리로 외쳤다.

"언제나!"

성령으로 충만해선지 아니면, 아드레날린으로 충만해서 그랬는지 잘 모르겠지만, 나도 이번에는 큰 소리로 외쳤다.

"언제나!"

그러자, 청중들도 큰 목소리로 응답했다.

"좋으신 하나님!"

그 당시만 해도 내가 "좋으신 하나님!" 이라고 외치는 것은 그다지 어려운 일이 아니었다. 그때까지만 해도 내 인생은 축복받고 성공한 것으로 여겨졌기 때문이다. 다른 사람들에게 '내가 믿는 하나님이 정말 좋으시고, 아니, 말로는 다 표현 하지 못할 정도로 좋으신 하나님' 이라고 말하는 것은 정말 아무렇지 않을 정도로 일상적인 일이었다. 사랑스러운 가족, 건강, 예쁘고 착한 아내, 잘 자라는 아들, 그리고 훌륭한 직업 등이 내 하나님이 얼마나 좋으신 분인지를 증명하고 있었다. 12년 전에 예수님을 믿게 된 이후, 하나님은 계속해서 내 인생을 순탄한 길로 인도하셨다. 그런 까닭에 그 주일 아침에 좋으신 하나님에 대하여 나누거나 소리 높여 선포하는 일은 아무 거리낌이 없었다. 그러나 그 후에 모든 상황이 바뀌었다.

"누구의 죄인가?"

그건 정말 숨을 멎게할 만큼 기가 막힌 소식이었다. 의사들은 겨우 임신 8개월 된 아내의 태중에 있는 여자아이가 매우 희귀한 염색체 이상으로 사산될 수도 있다고 말했다. 우리는 눈물을 머금고 넋이 빠진 채 집으로 돌아왔다. 의사들은 그 끔찍한 소식을 사무적으로 아주 덤덤하게 아무렇지도 않은 듯이 말해주었다. 난 의사를 붙잡고 흔들며 이렇게 소리치고 싶었다.

"지금 무슨 의료사고에 대해 얘기하는 게 아니라, 내 딸에 대해서 이야기하고 있는 거란 말이요!"

그때까지는 내 인생에 한 번도 끔찍한 일이 일어난 적이 없었다. 그런데 일생일대 최악의 상황에 직면하게 된 것이다. 내 딸아이의 죽음을 바로 눈 앞에 두고 있었다. 그런 끔찍한 소식을 듣고 어떻게 살아갈 수 있을까? 아기 방을 어떻게 예쁘게 꾸며줄까 계획하다가 하루아침에 그 아이의 장례식을 계획해야하는 심정이란! 하나님의 선하심을 믿는 기독교인으로서 그토록 가슴 찢어지는 끔찍한 소식을 접하게 되면 어떻게 반응해야 할까?

그러나 그 의사의 진단이 모두 맞지는 않았다. 우리 아기가 염색체 이상을 갖고 태어나기는 했지만, 태어나자마자 죽지는 않았다. 다행히도 우리 아기 메들린(Madeline, 아이러니하게도 이름의 뜻은 '강한 성루' 다)은 의사의 말대로 죽지는 않았지만, 체중미달이었고, 심장에도 문제가 있었으며, 청각을 잃은 상태였고, 먹는 즉시 토해냈다. 전문의들은 우리 아기가 1년이나 길어야 2년을 못 넘길 것이라고 얘기했다. 나와 내 아내는 또다시 누군가에게 배를 계속해서 걷어차인 것 같은 기분이었다.

그런데 그게 다가 아니었다. 오랫동안 알고 지내던 목사님 한 분이 나를 위로하겠다며 점심식사를 하자고 했다. 함께 샐러드를 먹고 있을 때, 그 목사님이 내게 이렇게 물었다. "짐, 누구의 죄 때문인 것 같아요? 당신 죄 때문인가요? 아니면 당신 아내의 죄 때문인가요?" 내가 물었다. "죄송합니다만……, 그게 무슨 말씀이신지?" 그 목사님은 다시 이렇게 말했다. "그러니까, 당신 둘 중 누군가 한 사람이 과거에 죄를 짓지 않았다면 어떻게 이런 일이 있겠느냐는 말이죠."

도대체 내가 어떤 죄를, 어떻게 지었기에 하나님이 그토록 분노하셔서 갓 태어난 아기가 치명적인 질병을 가지고 태어나게 하셨을까 고민하기 시작했다. 그 목사가 한 말이 정말 맞는 건 아닐까 궁금했다. 최소한 대 여섯 가지 정도의 지독한 죄가 생각나기는 했지만, 그렇다고 해서 갓난아기의 생명을 대가로 치를 만큼 비도덕적이거나 비윤리적인 것들은 아니었다. 그러자 이런 생각까지 들었다.

'그래, 어쩌면 집사람의 죄 때문이지도 몰라! 그 목사님도 우리 둘 중 누군가의 한사람의 죄 때문일 수도 있다고 하지 않았는가? 아마도 집사람이 무슨 큰 죄를 저질렀는지도 몰라. 그런데 대체 그게 무슨 죄였을까?'

그날 하루 종일 그런 생각들과 자책과 슬픔, 그리고 분노와 의심이 뒤범벅이 되어 마음이 심란했다. 그런 식으로 계속 생각하다보니, 어느 순간에는 정말 메들린의 탄생이 인과응보(因果應報)의 결과가 아닌가 하는 생각마저 들었다. 하나님의 모든 행위에 분명한 계산과 어떤 명분을 갖고 계신 것처럼 보였다. 하나님이 그렇게 하시는 것이 옳은지 아닌지를 고민하는 것조차 어쩌면 죄과를 더 키우는 것이 아닌가 하는 생각마저 들었다.

메들린은 2년 조금 넘게 살다가 조그마한 육신으로 싸우던 이 땅에서의 힘겨운 싸움을 마무리했다. 그 2년 조금 넘는 기간과 그 후 한 1년 동안 수많은 사람들이 정말 무례하고, 비정하기 짝이 없는 말들을 우리 부부에게 내뱉었다. 메들린의 장례식 전날 입관예배 때 어떤 여인은 내 아내에게 이렇게 말했다.

"애기는 또 낳으면 되지요. 괜찮아요."

진짜 내 마음을 힘들게 했던 것들은 하나님이 왜 이런 일이 내게 일어나게 하셨는지를 신학적으로 설명하는 것이었다.

"이 일에도 분명히 하나님의 뜻이 있을 거예요." 몇 사람이 그렇게 말했다. 또 어떤 사람은 이렇게 말했다.

"내 생각엔 하나님께서 그 아기가 이 땅에 있는 것보다 하늘나라에 있는 게 좋겠다고 생각하신 것 같아요."

또 어떤 사람은 이렇게 말했다.

"이 땅은 그렇게 아름다운 아기들이 살기에 적당하지 않아서 그런 걸 거예요."

그들이 말하는 하나님은 아주 성질 고약하고 속 좁은 신이었다. 그들은 분명 우리 아이의 죽음에도 하나님의 계획과 섭리가 있다고 믿고 싶었을 것이다. 하지만, 그 하나님의 계획이라는 것은 하나같이 하나님은 자기 자신밖에 모르는 아주 이기적인 분으로 보이게 만들었다. 기독교인이라는 그 친구들을 통해 나는 하나님이 잔인하고, 변덕스러우며 이기적인 분이라고 믿게 되었다.

퀘이커 운동의 창시자인 조지 폭스(George Fox, 1624-1691)가 쓴 일기에 보면, 어느 날 계곡 하구에 웅크리고 앉아 있는 자신에게 성령께서 이렇게 속삭이시는 것처럼 느껴졌다고 한다.

"오직 그리스도 예수만이 너의 상황에 대해 말씀하실 수 있다."

나도 예수께서 내 상황에 대하여 말씀하실 수 있고 말씀하실 것이라고 믿었다. 당시 내가 처한 '상황'은 너무도 뻔했다. 나와 내 아내는 신실하게 그리스도의 제자의 삶을 살고 있었음에도 불구하고 우리 아이를 먼저 묻어야 하는 일생일대의 가장 고통스러운 경험을 하고 있었다. 우리가 겪고 있는 상황으로 설명되는 하나님의 모습 가운데 어떤 것이 옳은 설명인지를 선택해야 할 때마다 나는 다음과 같이 스스로에게 물었다.

"하나님에 대한 지금 이러한 설명이 예수님이 알고 계셨던 그 하나님의 모습과 일치하는가?"

예수님이시라면 우리가 처한 상황에 대하여 어떻게 말씀하실까? 예수님도 내게 충고했던 그 친구 목사의 말처럼 내 딸아이의 죽음이 우리의 죄 때문이라고 결론 지으셨을까?

 하나님의 선하심을 의심할 만한 사건을 경험한 적이 있는가? 만일 그랬다면, 그것이 무슨 일이었으며, 어떤 느낌이 들었는지 나누어보자

 저자는 왜 우리가 가지고 있는 하나님에 관한 생각과 예수님이 갖고 계시던 하나님의 관한 생각이 일치하는지 확인하는 것이 중요하다고 주장하는가? 그의 주장에 동의하는가?

오래된 오해와 편견 :
착해야 복을 받고 죄를 지으면 벌을 받는다

"누구의 죄 때문이었을까?"라고 질문한 그 목사가 했던 하나님의 성품에 대한 오해는 수천 년의 인류역사와 함께했다. 거의 대부분의 원시종교들은 인간이 복을 받기 위해서는 뭔가 노력해야만 한다는 오래된 오해와 편견을 바탕으로 시작되었다. 바꾸어 말하면, 우리가 신을 노엽게 하면 그 신이 반드시 벌을 줄 것이라는 오해와 편견이 그 종교의 근간을 이룬다. 그런 이야기를 요약하면 다음과 같다. "하나님은 화난 재판관이다. 우리가 착하게 살면 복을 받을 것이고, 죄를 지으면 벌을 받을 것이다."

이러한 잘못된 생각은 거의 대부분의 원시종교에서 발견될 뿐 아니라, 구약성경에서도 찾아볼 수 있다. 출애굽기 20장 5절에, 우상숭배에 대하여 다음과 같이 경고하는 구절이 나온다. "그것들에게 절하지 말며 그것들을 섬기지 말라 나 네 하나님 여호와는 질투하는 하나님인즉 나를 미워하는 자의 죄를 갚되 아버지로부터 아들에게로 삼사 대까지 이르게 하거니와." 예수님 당시의 랍비들도 동일한 내용을 가르쳤고, 예수님 시대의 사람들 사이에서는 이 생각이 지배적이었다. 레이몬드 브라운이라는 성경학자는 이렇게 지적한다.

"랍비들이 말하는 하나님은 인간에게 '사랑의 징벌'을 주는 분이다. 이를테면, 어떤 사람이 하나님의 징벌을 달갑게 받으면 그로 인해 그 사람이 장수하고 상을 받게 된다는 것이다."

고대 헬라문화에 그 뿌리를 두고 있기는 하지만, 이러한 오해와 편견이 종종 현대 기독교인들에게도 발견된다. 9 · 11 테러 직후 유명한 텔레비전 부흥사 두 명이 그 테러는 미국, 특히 뉴욕을 하나님께서 친히 징벌하신 것이라고 주장했다. 게이와 레즈비언, 스트리퍼들과 겜블러 그리고 마약 상들에 질려버린 하나님께서, 예수도 믿지 않는 불신자들의 마음을 강퍅하게 하셔서 그들로 하여금 비행기를 몰고 건물로 돌진하게 하셨다는 것이다.

이러한 사고방식은 몇몇 비주류 신앙인들에게만 있는 것이 아니라, 평범한 기독교인들 사이에서도 가장 지배적인 생각이라는 게 문제다. 베일러(Baylor) 대학교에서 시행한 한 조사에 의하면 대부분의 보수신앙을 가진 사람들이 하나님에 대하여 바로 그런 시각을 가졌다고 한다. 대략 37퍼센트의 기독교인들이 하나님은 "심판하시는 하나님이시며, 모든 인간사에 적극적으로 간섭하신다"고 믿고 있는 것으로 드러났다. 마치 신성한 재판관처럼 하나님은 우리에게서 작고 소소한 잘못거리라도 찾아내면 그 즉시 징벌하시려고 우리를 아주 가까운데서 감시하시는 분으로 생각하는 것이다.

사실 나도 그렇게 생각하고 있었다. 착한 일들 - 오랫동안 기도를 했다거나 혹은 하루 종일 봉사활동을 하면 - 을 할때마다 '하나님께서 내 선행을 보시고 어떤 상을 주시려나?' 하고 궁금해 하곤 했다. 반대로 내가 나쁜 일 - 친구에게 거짓말을 한다던가, 혹은 주일 예배를 빼먹고 골프를 치러 가거나 하는 - 을 저질렀다면, 하나님이 언제 어디서 어떻게 나를 벌하실지 남몰래 두려워하고는 했다. 내 딸아이가 선천적인 질병으로 고통스럽게 죽는 상황을 겪고 나서야 비로소 내가 갖고 있던 하나님에 대한 오해에 대하여 심각하게 다시 생각하게 되었다. 아무런 죄도 짓지 않은 우리 아기가 우리가 모르는 어떤 죄 때문에 태어나면서부터 병을 갖고 태어났다는 말인가? 아니면, 도대체 내 아내나 내가 어떤 큰 죄를 지었기에 조그만 아기에게 그처럼 고통스러운 벌을 주실 정도로 하나님께서 진노하셨단 말인가? 우리가 처한 상황은 내가 가지고 있던 하나님에 대한 생각을 다시금 깊이 돌아보게 했다. 그리고 하나님에 대하여 이야기해줄 수 있는 이야기꾼들 중에서 내가 찾을 수 있는 최고의 이야기꾼을 찾아 나섰다. 그렇게 해서 내 모든 관심이 예수님께로 쏠리게 되었다.

"하나님은 성난 재판관이시다. 당신이 잘하면 복주시고, 죄지으면 벌을 받을 것이다." 위의 문장에 동의하는가? 왜 동의하는가? 아니면 왜 동의하지 않는가?

 어떤 잘못에 대하여 하나님이 언제 어떻게 벌주실지 두려워해본 적이 있는가? 아니면, 어떤 끔찍한 일이 벌어졌을 때, 내가 지은 죄 때문에 벌 받은 것이라고 여긴 적이 있는가? 설명해보자

오해와 편견을 깨뜨리는 예수님의 이야기

예수님은 담대하게 하늘에 계신 아버지는 선하시다고 선포했다 – 그분 외에는 선한 이가 없다고 선포한 것이다. "선한 이는 오직 한 분이시니라"(마 19:17). 예수님이 나누신 모든 이야기 가운데, 하나님은 언제나 좋으신 분이라고 이야기하며, 심지어 우리가 이해할 수 없을 때조차도 좋으신 분이라는 사실을 강조하신다. 예수님의 이야기에 담긴 나쁜 사람들을 벌하시는 하나님은 어떤가? 그러한 상황에 대하여 예수님은 두 번 질문 받은 적이 있다. 첫 번째는 두 가지의 소름끼치는 사건들에 대해 설명해달라는 질문이었다. 그중 하나는 인간의 잔인함에서 기인한 사건이었고, 또 다른 하나는 천재지변에 의한 것이었다.

그 때 마침 두어 사람이 와서 빌라도가 어떤 갈릴리 사람들의 피를 그들의

> 제물에 섞은 일로 예수께 아뢰니 대답하여 이르시되 너희는 이 갈릴리 사람들이 이같이 해 받으므로 다른 모든 갈릴리 사람보다 죄가 더 있는 줄 아느냐 너희에게 이르노니 아니라 너희도 만일 회개하지 아니하면 다 이와 같이 망하리라 또 실로암에서 망대가 무너져 치어 죽은 열여덟 사람이 예루살렘에 거한 다른 모든 사람보다 죄가 더 있는 줄 아느냐 너희에게 이르노니 아니라 너희도 만일 회개하지 아니하면 다 이와 같이 망하리라(눅 13:1-5).

그 질문 가운데 "징벌하시는 하나님"에 관한 이야기가 나온다. 그 고통가운데 처한 사람들은 정말 다른 사람들보다 더 중한 죄를 지었을까? 예수님은 단호하게 그렇지 않다고 말씀하신다. 그런 식의 사고방식에 쐐기를 박으신 것이다. 만일 죄와 벌 사이에 어떠한 상관관계가 있었다면, 예수님은 '그렇다'고 말씀하셨을 것이다. 하지만 그 비극적인 사고들은 하나님의 징벌이 아니라 죽음보다 더 무서운 말로가 있다는 사실을 알려주시려고 사용하신 이야기였다.

"랍비여, 누구의 죄로 인함이니까?"

"징벌하시는 하나님"에 관하여 예수님이 받은 그 두 번째 질문이 내게는 개인적으로 더욱 실감났다. 어느 날 예수께서 길을 가시다가 날 때부터 소경인 사람을 만난다. 그때 제자들이 이렇게 묻는다.

"랍비여 이 사람이 맹인으로 난 것이 누구의 죄로 인함이니이까 자기니이까 그 부모니이까 예수께서 대답하시되 이 사람이나 그 부모의 죄로 인한 것이 아니라 그에게서 하나님이 하시는 일을 나타내고자 하심이라"(요 9:2-3).

예수님 시대의 랍비들은 질병이 그 부모나 당사자의 죄의 결과라고 가르쳤다. 이 소경은 선천적 장애였기 때문에 – '날 때부터 소경된 사람' – 그 장애의 원인은 부모의 죄 때문이라고 여겼을 것이다. 하지만, 어떤 랍비들은 아기가 복중에 있을 때에 죄를 지었을 수도 있기 때문에, 그 사람 자신의 죄 때문에 고통을 겪고 있다고 가르치기도 했다. 윤회설을 믿는 어떤 무리의 사람들은 전생에서 지은 죄로 인해 이생에 태어날 때부터 그러한 장애를 가지고 태어난다고 믿기도 했다. 그런 경우, 소경으로 태어나는 이유는 전생에서 자신의 어머니를 죽였기 때문이라고 믿었다.

예수님은 어떻게 반응하셨을까? 출애굽기 20장 5절에 기록된 것처럼 그 사람이 소경으로 태어난 것은 그 부모의 죄 때문이라고 말씀하셨을까? 아니면, 당시 많은 랍비들의 주장처럼 이 사람이 어머니의 태중에 있을 때 죄를 지었기 때문이라고 생각하셨을까? 그것도 아니라면, 당시 유대인들의 전통적 사고방식에서 벗어난 윤회설의 주장처럼 전생에 지은 죄 때문에 이생에서 이 고통을 겪는다고 생각하셨을까?

그 질문에 대답하시기 위해 예수님은 그 시대에 지배적인 사고방식에 묻어가실 수도 있었지만, 그렇게 하시지 않았다. 예수님께서 "이 사람이나 그 부모의 죄로 인한 것이 아니라"고 하신 말씀이 처음에는 이해가 가지 않았다. 왜냐하면, 이 세상에 죄를 범하지 않은 사람은 아무도 없기 때문이다. 그러나 예수님은 그런 의미로 말씀하지 않았다. 예수님은 단지 죄와 질병사이에는 아무런 상관관계가 없다고 말씀하셨다. 물론 그렇게 말씀하실 수도 있었을 것이다.

"그렇다. 이것은 그 부모가 죄를 범한 까닭이다. 그 부모들이 우상숭배를 했고, 내 아버지께서 그것을 노엽게 여겨 그 아이에게 벌을 주셨다."

혹은,

"이것은 그 사람 본인의 죄 때문이다. 그가 어미의 복중에 있을 때 탐심을 품었다. 그래서 하나님께서 그의 눈을 멀게 하셨다." 라고 말씀하실 수도 있었다. 하지만, 다시 강조하지만, 예수님은 결코 그렇게 말씀하시지 않았다.

더 재미있는 것은, 예수님이 그 소경을 고치셨다는 사실이다. 그것은 아주 폭넓은 의미를 가지고 있다. 만일 예수님이 그 소경의 눈이 먼 것이 그의 부모 혹은 자신의 죄로 인한 당연한 벌이라고 생각했다면, 그를 그냥 지나치셨을 것이다. 하나님의 공의가 이루어진 것이기 때문이다. 하지만 예수님은 그 소경을 고치셨다. 그리고 하나님의 능력을 나타내셨다. 이 사건에 대하여, 신약학자인 메릴 테니(Merrill Tenney)는 다음과 같이 결론 내린다.

> 제자들이 질문에 대하여 예수님은 그 어느 쪽 손도 들어주지 않았다. 예수님은 그 소경이 처한 곤경이 그 부모의 죄나 자기 죄의 대가라고 생각하시지 않았다. 다만 하나님의 일을 나타내시려는 기회로 보셨다. 예수님은 결코 소경의 눈이 먼 것을 징벌이나 그 어떤 다른 가능성으로 여기지 않으셨다. 대신 그 사람을 통해 하나님의 치료의 능력을 드러내기 위한 절호의 기회라고 여기셨다.

어떤 사람이 고난을 통과하고 있을 때, '저 사람이 뭘 잘못해서 저런 일이 생겼을까'하는 생각이 든 적 있는가? 왜 우리는 흔히 그렇게 반응하는 것일까?

의로운 사람에게도 비는 내린다

예수님은 "인과응보"라는 통념을 완벽하게 깨뜨리셨다. 예수님이 아는 하나님은 예금계좌 추적하듯이 사람들의 죄의 계좌를 일일이 조사하고, 벌금 부과하듯, 그들의 죄에 대하여 죄과를 부과하고 계신 분이 아니다. 오히려 성경에는 하나님이 모든 사람을 동일하게 취급하시는 분이라고 기록되어 있다. "이같이 한즉 하늘에 계신 너희 아버지의 아들이 되리니 이는 하나님이 그 해를 악인과 선인에게 비추시며 비를 의로운 자와 불의한 자에게 내려주심이라"(마 5:45).

예수님은 너무도 분명한 진리를 우리에게 말씀하신다. 즉, 악인과 선인에게 똑같이 해를 비추시며, 의로운 자와 불의한 자에게 같은 비를 내리시는 하나님이 사람들의 행위와 상관없이 모든 사람에게 복을 주기 원하시는 분이라는 사실이다. 아주 좋은 사람들에게도 끔찍한 일이 생길 수 있다. 또한 정말 악질의 사람들에게도 놀랍게 좋은 일들이 생길 수 있다. 이 세상을 돌아보면, 죄인들이 반드시 벌을 받고, 의인들이 꼭 복을 받는다고 단정 지을 수 없다. 현실이 꼭 그렇지만은 않기 때문이다.

이 세상에 정의는 없다

생각해보면, 왜 "벌주시고 상주시는 하나님"의 이미지가 사람들에게 쉽게 인식되고, 인기가 많은지 알 것도 같다. 사람들은 지배하는 것을 좋아하기 때문이다. 그런 사고방식은 우리가 살고 있는 세상을 지배하고 조정할 수 있을지도 모른다는 환상을 갖게 한다. 그것이 지금 이 혼란한 시대를 살아가는 우리들에게 매우 매력적으로 다가온다. 하지만, 그런 사고는 '사다리 밑을 지나가지 마라, 거울을 깨뜨려서는 안 된다, 혹은 검은 고양이는 불길한 징조니 피하라'는 식의 미신적인 모습을 취하고 있다. 물론 미신 따위를 믿는 것은 어리석은 일이라고 생각하면서도 대부분의 사람들이 그런 미신을 믿는다.

하나님이 우리의 행위에 따라 상도 주시고 벌도 주시는 분이라는 믿음은 아무런 근거도 없는 미신일 뿐이다. 4세기경에 살았던 히포의 어거스틴은 이렇게 기록한다.

> 우리는 왜 하나님의 심판이 착한 사람은 가난하게 살고, 악한 사람은 부자로 살게 내버려 두는지 알지 못한다 ……왜 악인이 건강하고 신앙이 좋은 사람은 오히려 질병으로 쉽게 죽는지 알지 못한다 ……그마저 일관성도 없다 ……의로운 사람들이 큰 부를 누리고, 악한 사람들이 가난하게 사는 모습도 볼 수 있다 ……그런 까닭에 하나님이 왜 그런 일을 허락하셨는지, 하나님이 그렇게 행하셨는지 알 수 없을지라도, 그 분 안에는 최상의 덕과 최고의 지혜가 있으며, 또한 그분

안에는 약함도 없고, 경솔함이나 불공평함도 없으며, 오히려 악한 이들이나 선한 이들이 부자가 되는 것은 아무런 상관이 없으며, 그분 안에서는 악인이나 의인의 구별 없이 모든 것을 동일하게 누릴 수 있다는 것을 아는 것이 유익하다는 것을 안다.

나는 하나님께서 그런 불합리한 일들을 왜 허락하시는지 알 수 없다고 고백하는 어거스틴의 솔직함이 좋다. 그는 선한 사람들에게도 좋은 일이 생기며, 악한 사람들에게도 나쁜 일이 생긴다는 사실을 짚고 넘어간다.

질병을 예로 들어보자. 내가 아는 신앙이 아주 좋은 부부가 있다. 그들은 결혼한 지 오래되었지만 아직도 아기가 생기지 않아서 많이 고통스러워한다. 한편, 오늘 신문에 어떤 엄마가 마약 살 돈을 구하기 위해 자신의 딸에게 윤락행위를 시켰다는 기사가 났다. 왜 그런 나쁜 여자는 아이를 잉태하는 축복을 누리고, 내 친구 부부에게는 그런 복이 없을까? 그렇다면 선한 사람들은 항상 역경을 통과해야 하고, 악인들에게는 역경이 없다고 결론지어야 할까? 물론 그렇지 않다. 악인들도 고통을 경험하고, 착한 사람들도 형통을 경험한다. 한 가지 분명한 것은 인간사 모든 일이 인과응보에 의해 돌아가는 것도 아니고, 또한 그것이 옳다거나, 혹은 왜 우리가 이해할 수 없는 일들이 발생하는지를 증명할 만한 충분한 증거가 없다는 사실이다.

 선한 일들을 하는 착한 사람들의 인생에서 찾아볼 수 있는 그들만의 "특별한 보상"(성품, 성향, 평판 등)에 대하여 이야기해보자

선한 사람들만 알 수 있는 유익

어거스틴은 어떠한 상황에도 불구하고, 여전히 하나님은 "지고지선(至高止善)하며, 지혜롭고, 공의로운 분"이라는 사실을 믿는다고 고백했다. 하나님은 연약하거나 무모한 분이 아니다. 더 나아가 어거스틴은 좋은 일이나 나쁜 일이 왜 발생하는지를 염려하는 것이 우리에게 아무런 '유익'이 없다고 결론짓는다. 어차피 우리가 알아낼 수 있는 영역이 아니기 때문에 그런 고민은 쓸데없는 일이라는 것이다. 더 중요한 것은 올바른 일에 관심을 갖는 것이다. 어거스틴은 다음과 같이 결론 내린다. "그런 염려보다는 오히려 선한 사람들에게서만 볼 수 있는 유익을 찾아내고, 악한 사람들 특유의 악행을 멀리하려고 노력하는 것이 훨씬 낫다."

우리의 관심을 "선한 사람들에게만 있는 유익"에 두려고 노력해야 한다. 그것이 무슨 뜻인가? 그것은 우리가 선한 일을 추구할 때 누리는 복을 의미한다. 어떤 면에서 보면 바로 그것이 우리가 바라는 정의다.

예를 들면, 지금 나는 브라질에서 이 글을 쓰고 있다. 이곳에서 브라질 목사님 두 분을 만났는데, 그분들은 오랫동안 이곳 리오 데 자네이로와 캄피나스에서 수많은 사람들을 섬기며 설교하고 사랑을 나누는 사역을 하고 있다. 나는 포르투갈어를 잘 모르기 때문에, 사람들이 무슨 말을 하는지 잘 모르겠지만, 그 두 목사님의 사역에 은혜 받은 수많은 사람들이 하루 종일 두 사람을 찾아와 감사를 표시하며 안아주는 모습을 볼 수 있었다. 그 두 목사님, 에드와르도와 리카르도의 얼굴은 기쁨으로 빛이 났다.

악한 일만 저지르는 나쁜 사람들은 결코 그 기쁨을 알지 못한다. 이기적이고 악의가 가득하며, 비열한 사람들은 그 두 목사님이 느끼는 기쁨의 정체를 결코 알 수 없다. 바로 이것이 선한 사람만이 누릴 수 있는 유익이라는 말이다.

반면에, 어거스틴은 "악한 사람들에게 당연하게 일어나는 악한 일들"이 있음도 알아야 한다고 말했다. 이기적이고 악의에 찬 비열한 사람들은 얼마 지나지 않아 죄책감, 외로움, 가책, 그리고 자기혐오에 빠지게 된다. 그들은 어둠에 둘러싸여 눌리고 지배당하는 느낌이 어떤지를 너무 잘 안다. 물론, 이것이 선과 악의 문제에 관한 우리의 고민을 완벽하게 해결해주지는 못하지만, 적어도 최소한 하나님의 선하심을 아는 데 조금이라도 도움이 된다. 사랑이 많고 섬김의 삶을 살며 정직하고 신실한 사람들은 악한 사람들이 결코 알 수 없는 기쁨과 평강을 경험할 것이라고 하나님이 약속하셨다.

하나님은 여전히 공의로우시다

이 세상을 살아가는 동안, 우리에게 어떤 일들이 왜 발생하는지 결코 다 알 수 없다. 객관적으로 그리고 정직하게 말한다면, 우리가 사는 세상에서 정의를 찾아보기 어렵다. 어거스틴은 고통에 대하여 다음과 같이 설명하며, 언젠가는 우리가 그 모든 것을 알게 될 것이라고 말한다.

우리가 심판의 날을 맞을 때 알게 될 사실은, 그날 있을 대부분의 심판들이 공의로운 것이 아니라, 모든 심판이 처음부터 명확하게 공정하다는 것이다. 그뿐 아니라, 우리 인간들이 그동안 이해할 수 없었던 심판들까지 분명해질 것이다. 믿음을 가진 사람들은 감추어진 심판들까지도 명확하게 깨닫게 될 것이다.

만일 어거스틴이 우리 교회 목사님이었다면, 내게 이렇게 말해주었을 것이다. "지금 여기에서 일어나는 일들을 우리가 다 이해할 수는 없습니다. 우리 이해 밖의 일들입니다. 그러나 반드시 모든 것을 분명하게 알게 되는 날이 올 것입니다. 하나님께서 그날에 왜 당신의 딸이 태어날 때부터 아프고, 그토록 어린 나이에 죽도록 내버려 두셨는지를 분명하게 이해할 수 있을 것입니다. 그리고 당신이 왜 그런 일들이 당신에게 벌어졌는지를 이해하는 순간, 하나님은 공의로우실 뿐만 아니라, 선하신 하나님이라는 사실을 알게 될 것입니다."

 모든 일의 결론은 하나님께 달려 있다는 사실이 당신에게 위로가 되는가? 소망을 주는가? 아니면 절망감을 느끼는가? 왜 그렇게 생각하는가?

내가 믿을 수 없을 때도 예수님은 믿으신다

내가 분명히 말할 수 있는 것은, 예수님이 내 생각을 바꾸셨을 뿐만 아니라, 내가 슬픔과 의심을 통과하고 있을 때에도 나를 안고 함께 그 길을 걸어

가셨다는 사실이다. 예수님은 고난에 대하여 우리에게 설명하셨을 뿐만 아니라, 자신이 그 고난을 직접 통과하셨다. 예수님 자신이 십자가에 달리셔서 아버지가 자신을 버렸다는 느낌이 들 정도로 최악의 소외감을 경험하셨다. 우리가 딸아이 메들린에 대한 진단을 처음 접했을 때, 나도 하나님께 버림받은 느낌이었다. 예수님은 그것을 이미 경험하여 알고 계셨다.

갈라디아교회에 보내는 편지에서 바울은 다음과 같이 감동적인 고백을 한다. "내가 그리스도와 함께 십자가에 못 박혔나니 그런즉 이제는 내가 사는 것이 아니요 오직 내 안에 그리스도께서 사시는 것이라 이제 내가 육체 가운데 사는 것은 나를 사랑하사 나를 위하여 자기 자신을 버리신 하나님의 아들을 믿는 믿음 안에서 사는 것이라"(갈 2:20-21).

어떤 번역본에는 "하나님의 아들을 믿는 믿음"이라는 부분에 각주가 달려 있다. 대부분의 각주에 "혹은, '하나님의 아들의 믿음'으로 번역될 수도 있다"고 적혀 있다. 성경번역자들이 그렇게 따로 기록해 놓은 이유는 어쩌면 그 번역이 더 정확한 번역인지도 모르기 때문이다. 자신들의 번역이 확실하지 않을 수도 있다는 사실을 정직하게 인정하는 것이다. 그렇다면 왜 많은 성경번역자들이 '하나님의 아들의 믿음'이라고 번역하지 않았을까? 내 생각에는, 예수님을 향한 우리의 믿음을 우리를 향한 예수님의 믿음보다 더 강조하고 싶었기 때문이 아닌가 싶다.

예수님은 자신의 아버지가 선한 분이라고 말씀하셨다. 또한 예수님은 우리에게 외관상으로 주어지는 상이나 벌이 우리의 선행과 악행에 따라 하나님이 주시는 것이 아니라는 것을 분명히 하셨다. 선한 사람이나 악한 사람에게 차별 없이 동일하게 비는 내린다. 어떤 때는 우리가 농작물을 위해 비를 달라고 기도하기도 하지만, 또 어떤 때는 소풍을 갈수 있도록 비가 내리지 않게 해달라고 기도하기도 한다. 그들이 원하건 원하지 않건, 혹은 나쁜 사람이건 착한 사람이건 차별 없이 비는 내린다. 예수님도 고통과, 거절과, 소외를 겪으셨다. 그리고 사람들은 십자가에 달리신 예수님을 향해 '하나님이 저와 진실로 힘께 하셨느냐'며 조롱했다. 그러나 예수님은 믿으셨다. 그 예수님이 나를 위해 믿으셨다. 예수님은 우리가 믿지 못할 때에도 믿으신다. 예수님은 우리가 기도할 수 없을 때에도 기도하신다. 우리는 그분의 믿음에 동참한다.

　그리스도와 함께 자신도 십자가에 못 박혔다고 한 바울의 고백에 나도 동의한다. 나는 그 신비를 제대로 이해하지는 못하지만, 내가 내 자신에게 가까운 것보다 예수님이 내게 더 가까우시다는 사실을 안다. 그리스도가 내 안에 사신다. 그리고 나는 그의 믿음으로 산다. 나는 혼자가 아니다. 이것은 단순히 내 잘못된 생각을 바꾸는 것에 그치는 것이 아니다. 그것은 예수님이 내안에, 나를 통하여, 그리고 나를 위해 사시도록 허락하는 것이다. 나를 향한 아버지의 사랑, 예수님의 구속, 그리고 성령과의 교통은 내 행위에 달린 것이 아니다. 모든 것이 암담해 보일 때에도 여전히 선하신 하나님을 믿을 수 있는 것은 성령이 주시는 선물이다.

소망의 이유

메들린이 죽고 몇 년이 지난 어느 날, 홀로 있는 시간을 갖고 묵상할 때였다. 지나간 몇 년이 머릿속을 스쳐지나갔다. 의사에게 처음 그 소식을 들었을 때의 고통스러웠던 순간, 차가운 병원 바닥에서 잠 못 이루며 지새웠던 수많은 밤들, 그리고 그 아이를 땅에 묻어야 했던 어둡고 비 내리던 날이 생각났다. 그리고 나는 하나님께 아무런 생각 없이 이렇게 말했다.

"주님, 어쩌면 그 아이가 태어나지 않았으면 더 좋았을 뻔 했습니다."

바로 그때 이전에는 한 번도 경험해보지 못했던 하나님의 역사를 경험했다. 그전까지 한 번도 들어본 적 없는 꼬마 여자아이의 작은 목소리가 내 가슴을 뚫고 들려왔는데, 그것이 메들린의 목소리라는 걸 금방 알 수 있었다.

"아빠, 절대로 그렇게 말하지 마세요. 만일 제가 안 태어났더라면, 저는 이곳에 있을 수 없었을 거예요. 저는 여기 천국에서 얼마나 행복한지 몰라요. 그리고 언젠가 아빠 엄마랑 제이콥 오빠가 저를 보러 올 거잖아요. 그러면 우리는 영원히 이곳에서 함께 살 수 있잖아요. 그리고 저 때문에 좋은 일들이 더 많이 생길 거예요. 지금은 알 수 없겠지만 나중에, 그날이 되면 알 거예요."

그 즉시 내가 그런 형편없는 생각을 한 것에 대하여 회개하며, 땅바닥에 엎드려 흐느껴 울기 시작했다. 그리고 그 음성을 들을 수 있어 감사했다. 전혀 새로운 생각이 내게 찾아왔다. 천국의 약속에 관한 이야기가 들려온 것이다. 나는 사람이 어떻게 비참한 상황가운데서도 여전히 "하나님은 제게 좋으신 분입니다!"라고 말할 수 있는지 깨닫게 되었다. 어떻게 욥이 "그가 나를 죽이시리니 내가 희망이 없노라 그러나 그의 앞에서 내 행위를 아뢰리라"(욥 13:15)라고 말할 수 있었는지 이해할 수 있게 되었다. 또한 예수님이 어떻게 겟세마네 동산에서 떨며 기도하면서도, 여전히 자신의 아버지를 "아빠"라고 부를 수 있었는지 깨닫기 시작했다.

메들린이 죽은 지 2년이 지나서, 아내가 다시 임신했다. 8개월 동안은 어느 정도 믿음을 갖고 있었지만, 사실 거의 대부분 엄청난 긴장 속에 살았다. 마지막 초음파 검사를 받을 때는 혹시나 아이가 잘못되었으면 어쩌나 하는 생각에 어찌나 긴장을 했는지 내 심장 뛰는 소리가 목구멍에서 들리는 듯했다. 우리의 사연을 알 리가 없는 병원직원은 우리가 그토록 기다리던 말을 해주었다.

"손도 완벽하고, 심장도 제대로고…… 아기는 아주 완벽합니다. 건강해요. 아들인지 딸인지 알고 싶으세요?"

우리가 알려달라고 하자,

"딸이네요!"

라고 말해주었다. 아내와 내 얼굴에 웃음이 가득해졌다. 그 병원 직원이 물었다.

"아기 이름을 뭐라고 지을 거예요?"

아내와 나는 동시에 대답했다.

"호프(Hope, 소망)요."

이 세상에서는 여전히 어려움을 겪을 것이다

메들린이 죽은 지 10년이 지났다. 그 동안, 하나님의 본질에 대한 많은 사실들이 명확해졌다. 하나님의 선하심은 내가 결정할 수 있는 것이 아니다. 내 머리로는 모든 것을 이해하기에 한계가 있다. 그리고 내 믿음이 자랄수록 내가 얼마나 이해할 수 없는 일들이 많은지를 깨닫게 된다. 결국 내가 의지할 것은 예수님뿐이다. 하나님께 실망했던 내 경험들은 하나님에 대한 것이 아니라, 내 자신과 내가 가졌던 기대들에 대한 실망이었다는 사실을 알게 되었다. 지금은 더욱 선명하게 알게 되었지만, 하나님의 선하심은 실로 어마어마하고 또한 우리에게 절실한 것이다. 예수님은 우리의 삶이 고통도 없고 역경이나 문제도 없는 삶이 될 것이라고 약속하신 적이 없다. 오히려 그 반대다. "세상에서는 너희가 환난을 당하나 담대하라 내가 세상을 이기었노라 하시니라"(요 16:33).

우리는 살아가면서 가슴 아픈 일과 고통과 아픔과 상실을 경험하게 될 것을 예상해야 한다. 왜냐하면, 그것들도 우리가 살아가는 인생의 일부이며, 또한 우리가 더욱 인간다워지도록 돕는 유용한 요소들이기 때문이다. 그런 까닭에 야고보는 이렇게 말한다.

"내 형제들아 너희가 여러 가지 시험을 당하거든 온전히 기쁘게 여기라 이는 너희 믿음의 시련이 인내를 만들어 내는 줄 너희가 앎이라 인내를 온전히 이루라 이는 너희로 온전하고 구비하여 조금도 부족함이 없게 하려 함이라"(약 1:2-4).

나는 성공보다 역경을 통해 더욱 성장했다. 역경을 원한 것도 아니고, 야고보 사도만큼 하나님의 나라를 깊이 이해하여 내게 찾아오는 고난을 "기쁨"으로 여기지는 못하지만, 내게 찾아온 고난과 역경을 통해 하나님을 신뢰하는 법을 배운다.

틀림없이, 나는 지난 몇 년간 수많은 고난과 역경들을 통과했다. "좋으신 하나님"을 함께 외치던 그 교회에서 더 이상 초청해주지는 않지만, 하나님이 선하신 하나님이라는 사실을 외치기 위해 강단에까지 올라갈 필요가 없다. 이제 내가 확실히 아는 것은 내 아내의 죄나, 내 죄 때문에 우리 딸아이가 하나님께 벌을 받아 병을 가지고 태어난 것이 아니라는 사실이다. 또한 나는 하나님이 공의의 하나님이신 것을 안다. 그리고 이제는 천국에서 모든 오해들이 밝혀지고, 잘못된 것들이 올바로 변화될 것이라는 하늘나라의 소망을 굳게 붙잡고 산다. 내가 이 모든 것을 믿을 수 있는 이유는 나를 사랑하시고, 자기 자신을 내어주신 하나님의 아들을 믿는 믿음 때문이다. 내가 어디에 있든지, 나는 확신을 가지고 말할 수 있다.

"좋으신 하나님, 언제나! 언제나, 좋으신 하나님!"

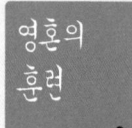

침묵과 하나님의 피조물 감상하기

하나님의 선하심을 알고 경험하려면 어떻게 해야 할까? 예수님이 아신 대로, 우리도 그런 하나님을 알기 위해서 어떠한 훈련을 받아야 할까? 하나님의 선하심을 경험할 수 있는 두 가지 영혼의 훈련방법이 있다. 첫째는 삶의 속도를 줄이고 침묵으로 들어가는 훈련이고, 둘째는 우리를 둘러싼 아름다운 하나님의 피조물들을 느끼고 누리는 것이다.

침묵

우리가 사는 세상은 시끄럽고 복잡하다. 그리고 잠잠히 침묵을 찾는 사람들이 드물다. 하지만 선하신 하나님은 우리가 잠잠하게 기다릴 때 우리를 찾아오신다. 시편 기자의 표현을 빌면, 하나님의 '선하심'을 맛보기 위해서는 우리가 먼저 '잠잠히' 기다려야 한다. 이 주간에는 매일 5분씩 침묵가운데 거하는 연습을 해보기 바란다. 따뜻한 차를 한잔 가지고 편안한 의자를 찾아 아무것도 하지 말고 그저 침묵가운데 앉아 있어보라. 그것만 하면 된다. 그다지 어렵지도 않은 훈련이지만, 엄청난 유익을 경험하게 될 것이다. 다음 사항을 참고하면 도움이 될 것이다.

- 하루 일과 속에서, 일과 일 사이에 잠시라도 짬을 내라.
- 평소보다 조금 일찍 일어나거나, 약속 장소에 약속 시간보다 조금 일찍 도착해서 시간을 확보하고 그 시간을 활용해서 아무것도 하지 말고 그냥 있어보라.

- 이 짧은 침묵의 시간에 아마 수많은 생각이 머릿속에 왔다갔다할 것이다. 이상할 것 없다. 그것이 정상이다. 우리 생각은 주로 문제를 해결하려고 하는 데 익숙하다. 그렇기 때문에 잠잠히 있는 것이 어렵다. 다음 두 가지 방법이 침묵의 시간을 방해하고 당신의 생각 속에서 이리저리 미치광이처럼 뛰어다니는 '생각 원숭이'를 다스리는 데 도움이 될 것이다.
  1) 전화를 걸어야 할 사람이라든가, 빨래를 해야 한다든가 갑자기 머릿속에 드는 생각들을 적을 노트를 하나 준비하라. 마음을 추스르고 다스리는 데 도움이 된다.
  2) 침묵의 시간을 시작하기 전에 1~2분 정도 성경을 읽으면 분주한 마음을 진정시키는 데 도움이 된다.

처음에는 매우 어렵게 느껴질 수 있다. 하지만, 조금만 노력하면 곧 매일매일 이 훈련을 연습하는 데 익숙해질 것이다. 이 훈련을 꾸준히 실천한다면, 얼마 지나지 않아 자신의 하루일과 가운데 가장 중요한 시간으로 자리하게 될 것이다. 이 연습은 분주함 가운데 속도를 줄이고 자신을 추스르며 침묵을 통해 하나님께 집중하는 데 큰 도움이 된다. 어쩌면 이 훈련은, 당신의 인생을 음악으로 친다면, 규칙적인 '쉼표'를 개발하여 당신의 인생을 더욱 멋진 음악으로 만들 것이다.

하나님이 만드신 자연을 감상하기

역사적으로 위대한 신학자들은 대부분 창조된 세상을 언급할 때 자연의 아름다움은 하나님의 선하심에 대한 증거라고 말했다. 바울도 로마서 첫 부분에 하나님의 피조물이 드러내는 아름다움에 대하여 기록했다. 피조물은 하나님의 선하심과 영광을 그 눈부신 색깔과 취하게 만드는 향기를 통해 전한다. 많은 사람들이 분주함 때문에 하루 두 번 꼬박꼬박 볼 수 있는 일출과 일몰의 장관을 놓치고 살아간다. 하나님은 세상을 추하게 창조하실 수도 있었다. 자연을 장엄하게 만들어 사람들로 하여금 경외감을 갖도록 아름답게 창조하실 이유가 없었다. 아름다움은 질서와 관계가 있다. 단순하게 태양만 바라봐도 하나님의 마음을 느낄 수 있다.

모린 콘로이(Maureen Conroy)는 자신의 책, 『하나님의 크고 놀라우신 사랑을 경험함Experiencing God's Tremendous Love』에서 하나님의 선하심을 경험하는 방법으로 "자연에 깊이 빠져 들어보라"고 권한다. 그녀는 이 경험을 연습하기 위해 다음과 같이 해보라고 제안한다. 먼저 길을 걸으면서 눈앞에 펼쳐지는 자연의 경관을 음미하고, 자연의 소리에 귀 기울이며, 그 색에 심취해보라. 집 주변에서 찾을 수 있다면, 비교적 사람들의 손길이 닿지 않은 장소나 공원에 가보라. 작은 지역을 화폭에 담듯 그곳에서 보고 느끼는 것을 기록할 수 있도록 노트를 가지고 가라. 하나님이 지으신 자연을 보고 느낀 대로 누군가에 말해주듯이 기록해보라. 새들의 색과 나뭇잎들의 완벽한 대칭과 바람소리에 귀를 기울여보라. 하나님을 위대한 화가로, 자신을 미술학도라고 생각하고, 하나님이 지으신 작품의 작은 부분까지도 꼼꼼하게 들여다보라.

묵상을 위하여

당신이 이 책을 혼자 공부하든지 공동체 안에서 함께 공부하든지 상관없이 아래의 질문들이 당신의 경험을 묵상하고 성찰하는 데 도움이 될 것이다. 아래의 질문에 대한 답을 일기로 기록하는 습관을 들이는 것이 좋다. 만일 소그룹 안에서 다른 사람들과 함께 학습한다면, 자신의 묵상과 체험을 다른 사람들과 나눌 때 기억하기 쉽도록 자신이 기록한 일기를 다음 모임에 가지고 가라.

- 이 주간에 영혼의 훈련 과제를 수행할 수 있었는가? 그렇다면, 뭘 어떻게 했는지, 어떤 느낌이었는지 적어보라.
- 이 영혼의 훈련을 통해 하나님에 대하여 혹은 자신에 대하여 새롭게 깨달은 사실이 있다면 무엇인가?
- 매일 5분씩 침묵의 시간을 갖는 것이 힘들었는가?
- 하나님이 창조하신 당신 주변을 들여다볼 때 무엇이 가장 인상 깊었는가?

chapter
3

신뢰할 만한 하나님

영혼의 훈련 : 받은 복을 세어보기

| God Is Trustworthy |

내 아들 제이콥이
6살 때쯤 놀이공원에 데려간 적이 있다. 그날은 사람이 그다지 많지 않아서 놀이기구들을 타기위해 줄을 서서 기다릴 필요가 없었다. 그날 나는 이전에 한 번도 타본 적 없지만 재미있을 것 같은 어떤 놀이기구를 탔다. 재미있게 놀려고 놀이공원에 온 게 아니던가? 놀이기구에 타자 10대로 보이는 남자 아이가 안전벨트를 매주었다. 곧 놀이기구가 움직이기 시작했고, 점점 더 빨라지면서 이리저리 빙글빙글 정신없이 회전하는가 싶더니, 다시 덜컹거리며 위 아래로 올라갔다 내려가기를 반복했다. 혹시나 아들 녀석이 떨어질까 봐 나는 있는 힘껏 아들을 붙잡았다. 두 주먹을 불끈 쥐고 이를 악물고 그 놀이기구가 멈출 때까지 90초 동안을 내내 간절하게 기도했다. 그런데 옆에 앉은 제이콥이 어쩌고 있나 보았더니, 녀석은 아주 즐거워하며 한껏 웃고 있었다.

놀이기구에서 내리자마자 내 눈 앞에 붉은 글씨로 선명하게 쓰인 그 놀이기구의 이름이 보였다. 스크램블러, 그 기계에 딱 어울리는 이름이었다. 제이콥이 내게 이렇게 말했다. "진짜 재미있었어요. 아빠, 우리 한 번 더 타요!" 나는 안 된다고 했다. (사실 나는 속으로 "절대로, 절대로 다시는 안 탈 거야. 나를 아주 나쁜 아빠라고 해도 좋다. 미안하다, 용서해다오!"라고 말하고 싶었다). 근처에 있는 벤치에 앉아서 아들에게 물었다. "안 무서웠니? 그 놀이기구 정말 위험하더라. 왜 그런 걸 탔니?" 아들은 어린아이답게 아주 솔직하게 대답했다. "아빠가 같이 타니까 나도 탔지요." 옳던 그르던 간에 이 꼬맹이는 아빠인 나를 믿었다. 나는 사실 그렇게까지 신뢰할 만한 사람은 아니다. 물론 내 아들을 사랑하고, 아들을 위해서라면 뭐든지 할 수 있다. 그리고 아들이 위험에 빠질만한 일은 결코 하지 않을 것이다. 하지만, 사람에게는 한계가 있다. 나 또한 유한하고, 무지한 인간이다. 그럼에도 불구하고, 아들의 눈에는 아빠인 나와 함께 있는 것이 가장 안전하다고 느낀 것이다.

  그날의 사건은 하나님이 신뢰할 만한 분이라는 사실을 아는 것이 얼마나 중요한지를 깨닫게 해주었다. 예수님이 보여주신 하나님은 결코 우리에게 해를 입히실 분이 아니다. 그분은 절대 원한이나 악한 의도를 품지 않으시는 분이시다. 하나님은 지고지선하신 분이다. 또한 하나님이 전지전능하신 분이라는 사실이 하나님의 선하심을 더욱 더 빛낸다. 상황이 아무리 어둡다 할지라도 나는 하나님을 신뢰할 수 있다. 하지만, 만일 하나님이 선하신 분이 아니시라면, 아무리 전지전능하다 할지라도 소용없다. 하나님이 선한 분이 아니라면, 나는 그분을 사랑할 수도 없고, 신뢰할 수도 없다.

하나님에 대한 당신의 신뢰지수는 얼마일까? 하나님이 신뢰할 만한 분이라는 사실을 의심하게 만드는 사건이 있었는가?

오해와 편견 :
회개하지 않은 죄가 있으면 형벌에 처하신다

모든 사람이 하나님이 신뢰할 만한 분이라는 사실을 믿는 것은 아니다. 어느 날 오후 젊은 청년하나가 금방이라도 숨이 넘어갈 것 같은 목소리로 내게 전화를 걸었다. 처음에는 난 그 청년이 아주 끔찍한 사고를 목격했거나 본인이 그런 사고를 당했는 줄 알았다. 그 청년은 내가 평소에 잘 알던 청년이 아니었다. 몇 달전 우연히 어떤 집회에서 내 설교를 들었는데, 그날 내 설교 내용이 평소 자신의 생각과 정반대였다고 했다. (그 청년과 나의 믿음체계가 서로 충돌한 것이다). 그 청년이 내게 전화를 건 이유는 차를 움직일 수 없어서라고 했다. 사실은 차가 문제가 아니라, 그 청년이 문제였다.

"스미스 박사님, 일전에 집회 때 하나님에 대해 말씀하셨던 것이 사실인지 알아야겠어요."

"구체적으로 어떤 부분을 말하는 거죠?"

"목사님은 하나님이 온전히 선하시고 사랑의 하나님이시기 때문에 우리가 믿을만한 분이라고, 또 하나님은 우리를 위해 뭐든 하실 분이라고 하셨잖아요. 그날 설교내용을 다 받아적었거든요. 정말 제가 하나님을 신뢰할 수 있다고 확신하시나요?"

"물론이죠. 그런데 그건 왜 묻죠?"

"제가 요 며칠 새 갑자기 운전을 못하겠어요."

"왜요?" 내가 물었다.

"왜냐하면, 내가 운전을 하다가 어떤 나쁜 생각이나 음란한 생각을 가질 수도 있는데, 그런 생각을 하는 순간 갑자기 내가 타고 있는 차가 사고가 나서 그 자리에서 죽을지도 모른다는 생각이 들어서요. 만일 죽기 전에 바로 회개하지 못하면, 하나님이 나를 지옥으로 바로 보내실 것 같아서요."

얼마간 이야기를 나누다 보니 그 청년이 자라면서 하나님에 대해 어떤 이미지를 갖게 되었는지 알게 되었다. 그 청년이 어렸을 때 다녔던 교회의 목사님 – 하나님을 대신하고 하나님의 말씀을 선포하는 사람 – 은 매주일 사람들에게 제발 더 늦기 전에 죄를 짓지 말라고 애원하는 설교를 하셨다고 한다. 만일 죄를 짓는다면 더 늦기 전에 회개해야 한다고 했단다. 하나님은 죄를 너무도 싫어하시기 때문에 세례를 받은 사람일지라도 작은 죄라도 지으면 그 즉시 영원한 형벌에 처하신다고 했단다. 어렸을 때부터 형성되어온 하나님이 어떤 분이신지에 대한 이 잘못된 오해와 편견이 젊은 청년의 인생을 망치고 있었던 것이다.

나는 그 청년을 초대해서 좀 더 자세한 이야기를 듣게 되었다. 그 청년이 알고 있던 하나님은 결코 신뢰할 만한 하나님의 모습이 아니었다. 누군가를 신뢰한다는 것은 그 신뢰의 대상이 나를 소중하게 여겨주고 위험에 빠지면 보호해주고, 의지할 만한 존재라는 사실을 믿는다는 것인데, 이 청년이 알고 있던 하나님은 결코 그런 모습의 하나님이 아니었다. 그가 알고 있던 하나님은 확신과 용기를 주는 게 아니라 오히려 두려움으로 몰고가 그 청년이 운전조차도 못하게 하는 존재였다.

예수님의 핵심적인 이야기

나는 그 청년에게 자신이 그동안 알고 있던 하나님에 대한 이미지와 예수님이 가지고 계셨던 하나님의 이미지를 비교해 볼 것을 권유했다. 예수님은 이렇게 말씀하셨다, "내 아버지께서 모든 것을 내게 주셨으니 아버지 외에는 아들이 누군지 아는 자가 없고 아들과 또 아들의 소원대로 계시를 받는 자 외에는 아버지가 누군지 아는 자가 없나이다 하시고"(눅 10:22). 예수님은 하늘에 계신 하나님 아버지에 대한 엄청난 양의 정보를 단 한 단어로 요약하셨다. "아바."

아바 하나님 : 겟세마네 동산에서 십자가를 지시기 전 마지막 밤에 예수님은 하나님을 이 '아바'라는 독특한 호칭으로 부르셨다. 이것이 매우 중요한 까닭은 예수님이 사용하신 호칭이 예수님 자신이 하나님을 어떤 분으로 알고 계셨는가를 알려주는 열쇠이기 때문이다. '아바'를 굳이 번역하면 "친애하는 아버지"라고 번역할 수 있다. 그것은 매우 친근감을 나타내는 호칭이다. 또한 순종의 의미를 담고 있는 호칭이기도 하다. 예수님이 하나님을 부를 때 '아바'라는 단어를 사용했다는 것은, 하나님을 아주 먼 곳에 계시다거나, 동떨어진 관계 속에 있는 분이 아니라, 자신의 삶에 아주 친밀한 관계를

맺은 분으로 여겼다는 사실을 말해준다. 그 단어 자체에는 하나님이 선하시다는 의미가 들어 있지는 않다 ('친애하다'라는 단어나, '아버지'라는 단어에 '선하다'라는 의미가 포함되어 있지는 않다). 하지만, 신약학자인 C.F.D. 모울은 다음과 같이 해석한다. "친밀함을 나타내는 단어는 그저 익숙하거나 친하다는 의미가 아니다. 그것은 가장 깊고, 가장 신뢰할 만한 경외감을 의미한다."

예수님이 호칭으로 하나님을 부르셨을 때는 예수 자신의 인생에서 가장 힘들고 어려운 때였다. 그는 이렇게 기도했다. "아바 아버지여 아버지께서는 모든 것이 가능하오니 이 잔을 내게서 옮기시옵소서 그러나 나의 원대로 마옵시고 아버지의 원대로 하옵소서"(막 14:36). 예수님은 자신의 고초와 죽음을 앞두고 계셨다. 누가복음은 예수님이 얼마나 애를 쓰고 기도했는지 땀이 핏방울이 되어 떨어졌다고 기록하고 있다 (눅 22:44). 그럼에도 불구하고 예수님은 여전히 "내 뜻대로 마옵시고 아버지의 뜻대로"라고 기도하셨다. 어떻게 예수님은 그토록 고통스러운 순간에도 그런 기도를 드릴 수 있었을까? 내가 생각할 수 있는 유일한 대답은 주님이 자신의 아버지를 신뢰했다는 것이다.

하나님은 선하시고 사랑이 많은 아버지시다. 하나님은 선하셔서 어떤 일이 있어도 순종할 수 있는 분이라고 예수님이 우리에게 가르쳐주신다. 하지만 어떤 사람들은 '그렇다면, 예수님은 왜 의심하셨는가? 그는 하나님이 아니셨던가!'라고 물을지도 모른다. 물론이다. 예수님은 하나님이셨다. 하지만, 한편으로 온전한 인간이시기도 하셨다. 성육신(인간이 되심)하셨다는 것은 스스로를 제한하셨다는 의미도 있다. 예수님은 완전한 인간이기도 하셨기 때문에 의심과 두려움을 포함한 우리가 경험하는 모든 것들을 경험하셨다. 하지만 하나 분명히 알아둘것이 있다. 의심이 생겼던 바로 그순간, 가장 고통스러웠던 순간에도 예수님은 하늘에 계신 아버지를 전적으로 신뢰하셨다.

하나님 아버지 : 예수님은 하나님을 '아바'라고 부르셨을 뿐 아니라, 또한 '아버지'라고 부르셨다. 이 사실 또한 어떤 사람들에게는 질문의 여지가 있을 수 있겠다. '그렇다면, 하나님은 남성인가? 학대하는 아버지 밑에서 자란 사람이나, 아버지가 없는 사람들은 어쩌란 말인가? 하나님을 아버지라고 부르는 것이 도저히 힘든 사람들은 어떻게 하란 말인가? 어떻게 하나님이 예수님의 아버지가 될수 있단 말인가? 예수님에게 어머니도 있다는 말인가?'

한번은 기도에 대하여 강의를 마친 뒤 마무리 기도를 할 때 다음과 같이 시작되는 기도를 드렸다. "하늘에 계신 아버지 하나님……" 강의가 끝난 뒤 한 여성이 눈물을 글썽이며 나를 찾아와 이렇게 말했다. "오늘 목사님이 가르쳐주신 모든 내용이 너무 좋았어요. 하지만 강의를 마치는 기도를 하시면서 하나님을 '아버지'라고 부르실 때는 견딜 수가 없었어요. 제 아버지는 정말 끔찍한 분이셨거든요. 그래서 저는 하나님이 아버지라는 사실을 인정할 수가 없어요." 물론 그 여인의 상황은 매우 유감스럽다. 하지만 그 여인이 하나님을 부를 때 '아버지'라는 단어를 사용하지 않는 것이 해결책이 될 수는 없다. 문제는 우리가 아버지의 의미를 생각할 때 우리가 갖고 있는 이미지를 하나님께 투영한다는 것이다.

하지만, 그렇게 해서는 안 된다. 예수님이 하나님을 자신의 아버지라고 부르셨다면, 예수님이 갖고 계시던 아버지의 모습이 무엇인지 먼저 알아봐야 한다. 칼 바르트는 이렇게 지적한다. "인간들이 생각하는 아버지의 모습이 하나님께서 지니신 아버지의 모습보다 먼저 올 수 없다. 오히려 그 반대다. 진정으로 올바른 아버지의 모습은 하나님께 담겨 있다. 그리고 하나님이 지니신 아버지의 모습에서 인간이 따라야 하는 아버지의 모범을 배워야 할 것이다."

칼 바르트가 한 말의 의미는 무엇일까? 삼위일체 하나님은 이 세상이 창조되기 이전부터 계셨다. 하나님이 자기형상을 따라 사람을 창조하시기 훨씬 이전부터 하나님은 이미 계셨다. 하나님은 아버지와 아들과 성령의 삼위일체로 존재하셨다. 예수님이 친히 하나님과 자신은 아버지와 아들의 관계라고 밝히셨다. 그 아버지와 아들의 관계는 인간세계의 남자가 자식을 낳기 훨씬 이전부터 존재했었다. 아버지로서의 하나님과 아들로서의 예수님의 관계는 인간들의 아버지와 아들(혹은 딸) 관계보다 먼저 있던 관계라는 말이다.

그러므로 아버지의 개념은 하나님과 예수님 사이에서 처음 규정된 관계이지, 아담과 그 자녀들과의 사이에서 처음 규정된 것이 아니다. 이것이 우리에게 주는 의미는 매우 크다. 그리고 우리에게 엄청난 치유의 능력을 가져다 준다. 앞서 언급한 여성처럼 많은 사람들이 육신의 아버지로부터 깊은 상처를 받고 자라났다. 그렇기 때문에 하나님을 아버지로 여기는 것이 힘든 것이다. 그렇다고 해서 아버지라는 단어를 폐기처분해 버리는 것이 문제의 해결책이 될 수는 없다. 오히려 예수님이 갖고 계신 '아버지'라는 의미로 우리의 생각을 바꾸는 것이 올바른 해결책이다. 예수님의 비유에 아버지가 등장하는 비유도 몇 개 있지만(예를 들면, 탕자의 비유), 예수님께 아버지라는 존재가 어떤 분이셨는지를 잘 보여주는 예수님의 기도를 살펴보는 것이 좋을 듯하다.

 예수님께서 '아바'라는 단어를 사용해 하나님을 불렀다는 것이 하나님과 예수님의 관계에 대하여 무엇을 말해주는가?

 육신의 아버지 때문에 하나님을 아버지라고 부르는 게 힘들다고 말하는 사람에게 뭐라고 말해주겠는가?

우리 아버지 : 예수님의 기도 내용 가운데 하나님의 본질이 잘 드러나 있다. 제자들이 예수님께 기도하는 법을 가르쳐달라고 부탁한다. 아마도 예수님의 왕성하고 열정적인 기도생활을 가까이에서 지켜보았기 때문일 것이다. 제자들의 요청에 예수님은 우리들에게도 매우 친근한 다음과 같은 기도를 가르쳐주신다.

그러므로 너희는 이렇게 기도하라
하늘에 계신 우리 아버지여
이름이 거룩히 여김을 받으시오며

나라가 임하시오며

뜻이 하늘에서 이루어진 것 같이 땅에서도 이루어지이다

오늘 우리에게 일용할 양식을 주시옵고

우리가 우리에게 죄 지은 자를 사하여 준 것 같이

우리 죄를 사하여 주시옵고

우리를 시험에 들게 하지 마시옵고

다만 악에서 구하시옵소서

(마 6:9-13).

예수님은 우리에게 기도를 시작할 때 하나님을 "아버지"라고 부르라고 하신다. 그리고 예수님 자신도 그렇게 하셨다. 하지만 기억할 것이 있다. 하나님의 아버지 되심은 예수님의 기도에 의해 정해진 것이다. 우리는 주님의 기도로부터 무엇을 배울 수 있을까?

첫째로, 하나님이 우리 가까이에 계시는 분이라는 사실을 배운다. "하늘에 계신 우리 아버지." 유대인들의 우주론에 의하면 '하늘'은 저 멀리 떨어져 있는 공간적인 개념이 아니다. '하늘(heaven)'은 그들이 날마다 숨 쉬는 공기처럼, 그들이 살고 있는 주변을 둘러싸고 있는 그 무엇이다. (예수님이 세례를 받으셨을 때 '하늘'이 열린 것을 기억하는가? 그 하늘은 저 멀리 있지 않았다!). 다른 말로 하면, 하늘은 하나님의 임재를 의미한다.

둘째로, 우리는 하나님이 거룩하시다는 사실을 배운다. "아버지의 이름이 거룩히 여김을 받으시오며." 거룩함은 순전함을 의미한다. 예수님은 우리에게 하나님은 아무런 흠이 없는 분이라고 가르쳐주신다. 하나님은 죄를 지을 수도 없고, 악한 일에 동참할 수도 없다. 한마디로 하나님은 순전하시다.

셋째로, 우리는 또한 하나님이 하늘을 다스리시는 왕이시라는 사실을 배운다. "(당신의) 나라가 임하시오며. (당신의) 뜻이 하늘에서 이루진 것 같이 땅에서도 이루어지이다." 왕에게는 다른 사람들을 다스리는 힘이 있다. 또한 하나님은 만왕의 왕이시다. 한마디로, 하나님은 전능하시다.

여기까지는 하나님이 우리를 위하시는 분이라고 믿을 만한 여지가 언급되지 않았다. 사람들이 믿는 수많은 신들도 그들 가운데 거하고, 거룩하고 힘이 있지만, 그들을 돌봐주는 신은 아니다. 다음의 몇 구절을 더 살펴보면 예수님이 나타내시는 하나님의 자비로우심에 대하여 발견할 수 있다.

넷째로, 우리는 하나님이 우리를 돌보시는 분이시라는 사실을 배운다. "우리에게 일용할 양식을 주시옵고." 우리 하나님은 비를 내리시고 햇빛을 비추시는 분이며, 심지어 공중에 나는 새를 포함한 당신의 모든 피조물들을 먹이시는 분이다. 그러므로 우리는 채우시는 하나님을 배운다.

다섯째, 하나님은 우리의 죄와 허물을 용서하시는 분이다. 리처드 포스터가 말했듯이, "하나님의 마음에는 용서하시고 베푸시고자 하는 열망이 있다." 하나님은 우리가 용서받기 원하는 것보다 훨씬 더 우리를 용서하기 원하신다. 한마디로 하나님은 용서의 하나님이시다.

여섯째, 주님의 기도에서 배울 수 있는 하나님은 우리를 시험과 악에서 구해주시는 분이다. "우리를 시험에 들게 하지 마시옵고 다만 악에서 구하시옵소서." 하나님이 우리가운데 거하시고 전능하신 까닭은 우리를 보호하고자 하시기 때문이다. 우리가 역경과 사고와 비참한 일들로 고통을 겪을 수도 있지만, 결국 마지막은 하나님께 달려 있다. 하나님이 구원하시지 못할 일은 결코 우리에게 일어나지 않는다.

예수님의 아버지는 가까이 계시며, 거룩하시고, 전능하시고, 우리를 돌보시며, 용서하시고, 보호하시는 분이다. 이러한 속성들은 하나님이 어떤 분이시며, '아버지'가 된다는 것이 무슨 의미인지를 강력하게 시사한다. 이제 우리도 아버지의 선하심을 어떻게 정의해야 하는지 알게 되었다. 진짜 부모가 된다는 것이 어떤 의미인지, 어떻게 좋은 부모가 될 수 있는지를 측정할 기준도 갖추었다. 좋은 부모가 된다는 것은, 아버지든 어머니든, 바로 이 여섯 가지 성품을 지녀야 한다.

좋은 아빠가 되기 위해 열심히 노력하지만, 나는 위의 여섯 가지 성품들을 드러내는 데는 여전히 모자란 아빠다. 아이들과 늘 가까이 있는 편이기는 하지만, 어떤 때는 신문을 읽느라 바빠서 아이들과 놀아주지 못하는 멀리 있는 아빠이기도 하다. 또 어떤 때는 일 때문에 몇 주씩 아이들과 함께 지내지 못한다. 아이들에게 순전하고 좋은 아빠가 되어주려고 노력하지만, 아주 처절하게 실패할 때도 있다. 아주 사소한 일에도 아이들에게 화를 버럭 내거나, 속 좁고 이기적으로 굴 때도 있다. 아이들에게 늘 힘 있는 아빠가 되어주고 싶지만, 때로는 나도 그 애들처럼 두렵고 혼란스러울 때가 있다. 아이들에게 남부럽지 않게 해주려고 채워주고 공급해주지만, 때로는 너무 지나친 요구까지 들어주어서 아이들의 버릇을 망칠 때도 있다. 아이들이 잘못하면 용서하는 아빠이지만, 때로는 지난 잘못까지도 들추는 모습이 내게 있다는 것을 잘 안다.

내가 그 아이들을 보호하려고 노력하기는 하지만, 안타깝게도 그들을 위협하고 괴롭히는 모든 위험과 원수들에게서 보호해줄 수 없다는 사실을 잘 안다. 내 아이들과, 아내, 그리고 대부분의 친구들은 내가 꽤나 괜찮은 아빠라고 평가해 줄 것이다. 매년 아버지날이 되면 내 두 아이들이 카드에 이렇게 써서 준다. "아빠가 세상에서 최고에요!" 하지만, 나는 나 자신의 부족함을 알고 있고, 내 아이들이 내 부족함 때문에 고생하지 않기를 기도한다.

내가 강조하고 싶은 것은 인간 아버지의 모습은 어때야 하는가를 하나님 아버지의 모습에서 찾아야지 그 반대가 되어서는 안 된다는 것이다. 내 침대 머리맡에는 『좋은 아빠가 되는 법』이라는 소책자가 있다. 그 책에는 "아이들과 놀아주라" "아이들에게 귀 기울여라" 등의 좋은 조언들이 적혀 있다. 하지만 내가 하늘에 계신 아버지께 더 가까이 나아가 그 아버지께서 내 마음을 당신의 형상대로 변화시킨다면, 그 책에서 주장하는 것보다 훨씬 더 좋은 아빠가 될 수 있다. 하나님이 어떤 아버지이신가는 내가 우리 아이들에게 어떤 아빠가 되어야 하는지를 가르쳐준다.

하나님을 아버지라고 부를 수 없었던 그 여인은 끔찍한 어린 시절을 보냈다. 그녀에게 아버지란 학대하는 모습과 폭력적인 모습을 갖고 가장 필요할 때 곁에 없었던 존재다. 그 여인에게 비친 아버지로서의 하나님은 사랑할 수도 없고 믿을 수도 없는 존재다. 그런 사람에게 "이겨내세요. 예수님이 하나님을 아버지라고 부르셨다면, 당연히 당신도 그렇게 해야지요." 라고 말해주는 것은 어쩌면 잔인한 일이다. 더 나은 해결책은 그녀가 예수님이 아셨던 하나님 아버지를 경험하도록 격려하는 것이다. 그래서 바로 그 하나님 아버지를 직접 체험할 수 있게 하는 것이다. 그때 그녀는 비로소 치유를 경험할 것이다.

예수님이 나타내신 하나님은 아버지가 어떠한 모습이어야 하는지를 가르쳐줄 뿐만 아니라, 어머니의 모습도 보여준다. 우리는 아버지를 강하고, 엄격한 모습으로 여기고, 어머니는 부드럽고 온유한 존재로 여긴다. 하지만, 예수님이 묘사하신 '아버지'의 모습에는 그러한 모든 성품들이 균형 있게 들어있다. 좋은 어머니는 언제나 자녀들 가까이에 머물며, 완전하고, 강하고, 베풀며, 용서하고, 보호하는 이다. 사실 결혼을 했건 안했건, 자녀가 있건 없건 상관없이, 이 모든 성품들을 다 갖춘 사람을 좋은 사람이라고 말할 수 있다. 예수님 안에서 우리는 좋은 아버지의 모습을 본다. 그런 까닭에 우리가 예수님을 볼 때 좋은 아버지로 볼 수 있다. 우리는 예수님 안에서 이러한 성품들이 완벽하게 조화를 이루고 균형 잡힌 모습을 본다. 예수님은 물론 온유하신 분이다. 그러나 필요할 때는 강한 분이다.

하나님이 보여주신 여섯 가지 아버지의 성품(함께하심, 순전하심, 전능하심, 공급하심, 용서하심, 보호하심)은 주기도문에서 찾아볼 수 있다. 여섯 가지 성품 중 하나님을 제대로 이해하기 위해 당신이 꼭 알아야하는 성품은 무엇인가?

우리의 진정한 아버지를 찾아서

하나님을 우리 아버지로 여기고 신뢰한다는 것이 어떤 의미인지를 아주 잘 묘사하는 이야기가 있다 그 이야기 주인공인 영국 출신의 목사님을 만난 적이 있다. 칼 목사님에게 어떻게 그리스도인이 되었는지 물었다. 그는 원래 교회를 거의 나가지 않는 가정에서 자랐다고 한다. 대신에, 아버지와 관계가 정말 가까웠다고 한다. 그가 14살이 되었을 때, 그의 아버지가 직장에서 아주 끔찍한 사고로 돌아가셨다. 그때부터 칼 목사의 인생은 완전히 산산조각나기 시작했다고 한다. 고통을 잊기 위해 학교에서는 계속 싸움질을 하기 시작했고, 곧 술에 취해 살게 되었다. 하지만, 어떤 것도 고통을 이기게 하지는 못했다.

칼이 17살 때 쯤, 한 친구가 파티에 초대했는데, 칼은 술에 취해 완전히 맛이 간 상태에서 얼떨결에 가겠다고 대답을 했다. 사실 그것은 당시 영국에서는 흔히 볼 수 있는 일종의 수련회 같은 '크리스천 파티' 였다. 사람들이 큰 집에 모여서 며칠 동안 말씀도 듣고 대화도 하며 예배하고 쉬는 모임이다. 나중에 그것이 파티가 아니라 수련회라는 것을 알았지만, 거절하기에는 이미 늦었다. 처음 이틀 동안 칼은 여전히 하나님에 대한 쓴 뿌리가 있었다. 하지만, 마지막 집회가 주일 아침 예배였는데, 바로 그때 아주 특별한 음성을 들었다고 한다. "나는 네 아버지다. 내게로 오라." 칼은 흐느껴 울기 시작했고, 아버지가 돌아가신 이후로 처음으로 자신의 마음이 치유되는 것을 느꼈다고 한다.

우리는 모두 고통과 역경을 만난다. 때로는 비극적인 일까지도 경험한다. 예수님이 아셨던 하나님을 알고 그분께 가까이 나아가면, 우리가 겪는 어려움을 이기는 새로운 힘을 얻는다. 우리가 하나님을 아바 아버지로 알지 못하면, 우리의 문제를 직면할 용기도 없다. 하지만 예수님이 아셨던 선하고 아름다우신 하나님을 알게 되면, 우리가 겪는 고통들은 전혀 새로운 의미로 다가온다. 만일 하나님이 진정으로 좋으신 하나님이며 우리를 위하는 분이라면, 우리는 완전히 솔직한 마음으로 주님 앞에 갈 수 있다. 우리가 기도할 때 우리는 정직을 훈련한다. 그리고 기도는 하나님의 선하심을 의심하게 하는 문제들을 주님 앞에 내려놓고 그분의 치유를 바라는 영혼의 벌거벗음이며 정면 대결이다.

당신의 잔은 무엇인가?

이 장 앞부분에서 언급했듯이, 예수님은 겟세마네 동산에서 아주 힘든 시간을 보내셨다. 그리고 '아바'에게 자신이 받은 '잔'을 옮겨달라고 부탁했다. 여기서 '잔'은 우리 삶 가운데 원하지 않은데도 해야만 하는 일들을 의미한다. 우리는 반드시 그 질문을 해야만 한다. '내 잔은 무엇인가?' 당신의 삶에서 하나님을 신뢰하지 못하게 하는 것들은 무엇인가? 이혼의 아픔 때문에 아파하고 있는가? 상실감 때문에 고통 받고 있는가? 평생의 반려자를 찾지 못해서 여생을 혼자 살지도 모른다는 두려움에 시달리고 있는가? 사랑하는 사람의 죽음 때문에 아파하고 있는가? 꿈을 잃은 채 살아가고 있는가? 아니면 사업이 망해서 힘들어하고 있는가? 그것도 아니면 육신의 기력이 쇠진해가고 있는가?

'잔'은 살아가면서 우리의 운명으로 받아들이기에 힘든 그 무엇이다. 그리고 우리의 '잔'은 보통 하나님의 선하심을 믿기 어렵게 만든다. 우리 딸아이가 치명적인 결함을 가지고 태어날 것이라는 진단을 들어야했던 것은 수많은 잔들 가운데 하나였다. 예수님처럼, 나도 내 바람과는 전혀 다른 현실과 마주해야만 했다. 나는 건강한 딸아이를 원했다. 내가 기도할 때 "아바, 아버지"라고 부를 수 있었을까?

그로부터 몇 년이 지난 후, 겟세마네 동산에서 예수님이 하신 기도에 대하여, 그리고 예수님이 어떻게 그 고통스러운 상황 가운데서도 하나님을 신뢰할 수 있었는지에 대하여 토마스 스메일이 쓴 글을 읽은 적이 있다. 그 글은 하나님을 신뢰하는 것의 의미를 이해하는 데 매우 중요한 도움을 주었다. 그리고 사람들이 내게, "짐, 그런 일을 겪고도 어떻게 여전히 하나님을 신뢰할 수 있는 거죠?"라고 물을 때 좋은 답이 되었다. 몇 년 동안은 그 질문에 어떻게 답해야 할지 몰랐는데, 지금은 분명하게 안다. 스메일은 다음과 같이 설명한다.

> 예수님이 겟세마네 동산에서 부르셨던 그 아버지는 바로 예수님 자신이 전 생애동안 알던 분이었다. 베푸실 때 아낌이 없으시며, 주신 약속을 반드시 지키는 분이시며, 그분의 사랑은 순전하게 믿을 수 있는 바로 그 하나님을 아버지라고 부르신 것이다. 예수님은 자신을 십자가로 보내는 그 아바 아버지의 뜻에 소망과

기대를 갖고 순종할 수 있었다. 왜냐하면 그것은 자신이 그렇게까지 순종해도 결코 아깝지 않을 사랑을 보여주신 아바 아버지의 뜻이었기 때문이다. 그것은 명령에 의한 강제적인 순종이 아니라, 이미 베푸신 사랑에 대한 신뢰의 반응이었다.

정말 기막힌 표현이다. 우리와 아버지의 관계는 "이미 베푸신 사랑에 대한 신뢰의 반응"이라는 것이다. 예수님은 자신을 향한 아버지의 사랑을 알았기 때문에 고통을 감수하면서까지 그 아버지를 신뢰할 수 있었다. 예수님이 자신의 인생에서 가장 어두운 때에도 여전히 하나님을 신뢰한 까닭은 영원토록 선하시고 아름다운 그 아버지와 아주 가까이 교제하고 살아왔기 때문이다. 나는 이제 상황이 도무지 이해할 수 없을 때조차도 믿고 신뢰할 수 있는 사랑이 어떤 것인지 안다. 그렇기 때문에 쓰나미, 아동 성추행범, 비행기 충돌사고, 마약에 중독된 아기엄마를 만난다 해도 모든 것이 잘될 것이라고 말하는 것이 어렵지 않다. 대신에 나는 이렇게 말한다. "예수님은 자신의 '아바'를 신뢰하셨습니다. 그리고 나도 바로 그 선하신 하나님을 신뢰할 것입니다."

 당신앞에 놓인 그 '잔'은 무엇인가? 그 잔을 어떻게 다루고 있는가? 그 경험을 통해 하나님이나 자신에 대하여 어떠한 사실을 새롭게 알게 되었는가?

우리의 생각을 하나님의 생각으로 덮어씌우기

우리 딸의 죽음은 예고도 없이 찾아왔다. 수술경과가 좋지 않아 딸아이의 상태가 갑자기 안 좋아졌다. 그전에도 메들린이 그렇게 위독한 상태였던 적이 몇 번 있었지만, 그때마다 잘 이겨냈었다. 하지만 혹시 몰라 예배를 마치자마자 급하게 병원으로 달려갔다. 다행스럽게도 내 친구이며 동방 정교회 신부인 폴 핫지 신부가 동행해주었다. 메들린의 죽음이 임박했을 무렵, 폴 신부가 나와 내 아내를 위해 기도해주었다. 그는 자신의 기도책에서 아주 오래된 고전적이고, 깊은 신학적 가르침이 있는 기도문 하나를 골랐다. 아래는 폴이 기도했던 기도문의 전문이다.

오, 주님, 우리의 생각은 당신의 생각과 다릅니다. 또한 우리의 방법은 당신의 방법과 다릅니다. 메들린의 고통 속에 담긴 당신의 섭리의 손길이 보이질 않음을 고백합니다. 주여 비옵나니, 이 악한 상황 가운데에도 우리가 알지 못하고 이해할 수 없는 어떤 목적이 감추어져 있음을 깨닫게 하옵소서.

지금 우리의 마음이 혼란스럽습니다. 우리의 마음이 번민하고 있습니다. 우리의 의지는 연약합니다. 또한 우리에게 남은 힘도 없습니다. 이 죄 없는 어린아이가 세상의 죄와 악한 힘에 무자비한 고통과 아픔의 희생자가 되었습니다. 이 아이에게 자비를 베푸소서! 자비를 베푸소서! 고통이 오래가지 않게 하옵소서! 고통과 아픔이 더 커지지 않도록 하소서! 당신께 무엇을 구해야 할지 모르겠나이다. 다만, "뜻이 하늘에서 이루어진 것처럼 땅에서도 이루어지이다"라고 기도할 수 있도록 은혜를 내리소서. 우리가 믿사오니, 믿음을 주옵소서, 오, 주님! 우리의 믿음 없음을 도우소서.

당신의 자녀 메들린과 함께해 주옵소서. 태초부터 계획하신 당신의 구원 계획에 따라, 치료하시고 구원하소서. 당신만이 유일한 소망입니다, 오 하나님, 그리고 당신만이 우리의 유일한 피난처이십니다. 아버지와 아들과 성령의 이름으로, 이제와 영원까지, 세세 무궁토록. 아멘.

몇 년이 지난 지금도 나와 메간은 그 기도를 생생하게 기억한다. 그것은 우리에게 치유의 순간이었고, 딸아이의 죽음을 준비할 수 있도록 마음의 준비를 도와준 기도였다.

왜 그랬을까? 그 기도문은 우리 같은 사람들의 사소한 이야기(아픈 아이를 둔 엄마와 아빠의 이야기), 우리의 아주 개인적인 이야기를, 하나님이 직접 쓰시는 더 큰 이야기에 연결시켰기 때문이다. 또한 우리의 고통과 소망을 동시에 제대로 표현하고 있기 때문이다. 그 기도는 솔직한 기도다. 하나님의 '섭리의 손길'이 보이질 않는다, 그리고 그 모든 일에 목적이 있음을 알기 원한다고 고백한다. 고통이 주는 의미가 무엇인지 알지 못할 때 우리의 영혼은 결국 깨어지고 만다. 기도는 계속된다. 우리의 불신 가운데서도 여전히 하나님의 섭리를 믿는다고 고백하고 있다. 그리고 우리의 고통을 영원 전부터 계획된 하나님의 '구원 계획'이라는 아주 적절한 곳에 가져다 놓는다. 하나님은 선하신 분이다. 그리고 하나님은 여전히 역사하시고, 하나님의 나라는 결코 한 번도 곤경에 처한 적이 없었다.

우리의 이야기를 하나님의 이야기와 연결시킬 때, 그리고 그 선하시고 아름다우신 하나님이 우리들 이야기의 마지막을 쥐고 계실 때, 비로소 모든 것의 의미를 깨닫게 된다. 여전히 고통은 있겠지만, 이제는 견딜만해진다. 그리고 비로소 우리는 삶을 계속 영위할 수 있게 된다. 또한 우리는 고통 너머를 볼 수 있게 되며, 주변에 항상 편만하게 뿌려진 자비를 향한 기대를 갖게 된다.

받은 잔만 보지 말고, 받은 복을 세어보라

토마스 스메일은 말하기를, 예수님이 하나님을 신뢰할 수 있었던 까닭은 하나님이 넘치도록 공급해주시는 분임을 알았기 때문이라고 했다. 예수님은 하나님과 매일 함께하시며 하나님이 하신 일과 복 주심을 경험했기 때문에 하나님의 선하심을 누구보다도 잘 알았다. 그런 까닭에 주님은 마지막 고통의 순간까지도 하나님을 신뢰할 수 있었다. 실망스러운 상황을 견뎌내기 위해서는, 하나님이 우리에게 유익을 주신다는 사실을 분명하게 알아야 한다. 매순간 우리에게 주신 축복을 세다 보면 하나님의 선하심을 더욱 잘 알게 된다.

조지 버트릭(George Buttrick)은 뉴욕시에 있는 매디슨 애비뉴 장로교회의 목사로 1927년부터 1954년까지 시무했다. 그는 정말 능력 있는 설교자요, 교사요 작가였다. 특별히 그가 쓴 책 『기도*Prayer*』는 기도에 관한 책 중 최고의 역작이라고 여겨진다. 하루는 그의 책을 읽다가 내 세계관을 통째로 바꾸는 놀라운 부분을 발견하게 되었다. 거기서 버트릭은 사람들이 하나님의 선하심을 알도록 돕는 아주 독특한 예화를 사용한 사람에 관해 소개한다.

> 한 강연자가 일단의 사업가들을 앞에 놓고 얼룩 한 점이 묻은 흰 종이 한 장을 내밀며 무엇이 보이느냐고 물었다. 모든 사람들이 "얼룩이요!"라고 대답했다. 그러나 그 질문은 애초부터 잘못된 질문이었다. 왜냐하면, 잘못된 답을 유도했기 때문이다. 역시 인간의 본성에는 은혜를 쉽게 잊어버리는 경향이 있어서, 눈에 띄는 검은 얼룩만을 보고, 나머지 희고 넓은 부분, 즉 '편만한 은혜'는 잊어버린다. 우리는 삶의 여정가운데 경험한 기쁨들을 의도적으로(deliberately) 생각하고 돌아볼 필요가 있다. 어쩌면 하루 동안의 축복을 기록해보는 것도 좋은 방법일 것이다. 그 일은 시작하는 건 쉬울지 몰라도, 끝맺기는 어려울 것이다. 크신 하나님의 은총을 기록하려면 이 세상의 모든 펜과 종이로도 모자랄 것이다. 하지만, 그러한 시도를 통해 우리가 이미 가진 '엄청난 보물'을 깨닫게 될 것이다.

버트릭은 분명하게 말한다. 우리를 둘러싼 하나님의 은총을 '의도적으로' 생각해 내야 한다고. 만일 그 은총을 한꺼번에 볼 수 있는 눈이 우리에게 있다면, 이 세상에 있는 모든 펜과 종이를 동원해도 다 기록할 수 없을 것이다. 그는 지금 "긍정적 사고방식"을 주장하는 것이 아니다. 우리가 살고 있는 이 세상에 관한 깊은 진리를 말하고 있다.

어떤 여자아이가 자신의 생일날 친구들과 부모님 앞에서 그날 받은 선물을 열어보고 있었다. 나도 그 자리에 있었다. 그 아이는 꼭 갖고 싶은 어떤 선물이 있었는데, 그걸 못 받은 모양이었다. 선물을 하나씩 열자, 선물을 준 아이가 기대에 찬 미소를 지으며 자신이 준 선물의 포장 뜯는 것을 지켜보고 있었다. 그런데 그 여자아이는 이내 콧방귀를 하고는 선물을 옆으로 제쳐놓는 것이었다. 그것을 지켜보고 있던 우리는 정말 민망해서 어쩔 줄을 몰랐다. 특별히 그 아이의 부모는 더욱 민망해 했다. 정말 모두가 깜짝 놀랄 정도로 감사할 줄 모르는 아이였다. 생일선물을 하나씩 열기는 하지만, 그 아이 머릿속에는 온통 자신이 바라는 물건 하나밖에 없었다. 나중에 안 사실이지만, 그 아이가 그렇게 원했던 선물은 값비싼 것도 아니고 그렇게 좋은 것도 아니었다. 그날 받은 선물들 중에서 아마도 제일 하찮은 거였을 것이다.

집으로 돌아오는 길에 그 황당한 경험을 돌아보면서 그 여자아이가 얼마나 버릇없고 감사할 줄 모르는 아이인가를 생각하게 되었다. 그런데 그 순간 성령이 내 귀에 이렇게 속삭이셨다. "그래, 너는 얼마나 다르냐?" 얼마나 자주 하나님께서 나를 위해 해주셨으면 하는 일에만 온통 생각을 빼앗겨, 이미 내게 베푸신 수만 가지를 무시했는지 생각하게 되었다. 크든 작든 간에 내 앞에 놓인 '잔' 때문에 (예를 들면, 이런 저런 일을 하기 위한 돈이 모자란다거나, 직장에서의 문제, 관계 때문에 겪는 어려움들) 호들갑을 떨면서도, 정작 멈추어 하나님께 단 한 번도 내게 앞을 볼 수 있는 두 눈이 있는 것을 인하여 감사하지 못했었다. 만일 내가 시력을 잃었는데, 내게 백만 달러가 있었다면, 망설임 없이 그 돈을 시력을 되찾는 데 사용했을 것이다. 내 눈이 백만 달러보다 더 가치 있기 때문이다. 내 심장도 마찬가지다. 내 귀도 그렇고. 내 아내, 그리고 아이들도 모두 소중하다. 만일 내가 지혜롭다면, 매일 매일 하나님께서 내게 주신 '엄청난 보물'을 인하여 감사했을 것이다. 한번 감사하기 시작하면 끝낼 수 없을 것이다.

우리 인생에 많은 어려움들이 있는 것은 사실이다. 하지만, 버트릭이 말했듯이, 하나님의 '편만한 은혜'에 비하면 아무것도 아니다. 우리에게 주어진 축복이, 그것도 받을 자격 없는 사람에게 공짜로 주어진 축복이 얼마나 큰지 깨달을수록 하나님이 얼마나 우리를 위하시는 분인지를 깨닫게 된다. 그리고 그때 하나님을 향한 우리의 신뢰가 더욱 커진다.

내 아들은 그 무서운 놀이기구를 전혀 무서워하지 않고 오히려 웃으며 탔다. 왜 그랬을까? 바로 내가 아들과 함께 타고 있었기 때문이다. 그때까지 내가 아들의 모든 것을 돌봐주었다. 먹이고, 입히고, 씻기고, 함께 기도하고, 아플 때 돌보고, 아들에게 필요한 모든 것을 공급해 주었다. 그런 까닭에 제이콥은 아무런 거리낌 없이 나를 신뢰할 수 있었다.

당신과 나도 비슷한 상황에 있다. 우리가 살아가는 인생은 두려운 때도 있지만 엄청난 기쁨도 있다. 중요한 열쇠는 누가 우리와 함께하시는가를 기억하는 것이다. 당신과 내가 홀로 그 어려움을 직면해야 할 때는 단 한순간도 없을 것이다. 하나님이 우리와 함께하신다. 하나님이 우리를 위하신다. 가장 고통스러운 상황일지라도 하나님이 우리를 구원하실 수 있음을 믿는다. 하나님을 신뢰하는 자들에게는 "모든 것이 합력하여 선을 이루는 것"을 우리가 믿기 때문이다(롬 8:28). 이제 우리가 할 일은 그것을 누리는 것뿐이다.

조지 버트릭의 검은 얼룩에 관한 예화가 당신에게 어떠한 깨달음을 주는가? 어떻게 하면 부정적인 면보다 긍정적인 면을 보도록 우리의 시각을 바꿀 수 있을까?

> 영혼의 훈련

받은 복을 세어보기

받은 복을 세어보는 것은 아주 강력한 영혼 훈련 방법이다. 하나님이 베푸신 축복들, 당신의 인생을 더욱 멋지게 만들어 주는 것들을 적어서 목록을 만들어 보라. 삶의 아주 세세한 부분까지 관심을 갖고 들여다보라. 감추어진 부분들을 살펴보라. 쉽게 놓치기 쉬운 삶의 모든 경이로운 일들에 관심을 가져라. 처음에는 작게 시작하라. 하나님이 축복하신 것들 가운데 우선 열 가지만 생각해서 목록에 적어보라. 그 목록에는 당신이 사랑하는 사람들, 물질적인 축복이나 특별한 기회들도 포함될 수 있다. 또한 하나님이 이 세상에 만드신 특별한 피조물들로 인해 감사할 수 있다. 태양과 별들, 혹은 산 등. 아니면 커피나 아이스크림처럼 당신이 좋아하는 것들을 적을 수도 있다. 마지막으로, 하나님께서 특별히 당신만을 위해 베푸신 일들을 생각해 보라. 우리가 알지 못하는 사이에도, 하나님은 매일 우리에게 공급하고 계신다. 이 영혼 훈련의 목적은 당신의 삶속에 있을지도 모르는 '검은 얼룩' 보다 훨씬 더 큰 '편만한 은혜' 에 집중할 수 있도록 돕는 것이다.

당신의 목록에 매일 감사할 것들을 적어나가라. 50가지 목록을 적어보겠다는 욕심을 부려도 좋다. 지속하는 것이 중요하다! 이번 주를 살면서 감사할 일들로 100가지 목록을 만들 수 있는지 시도해보라! 이 훈련을 마칠 때쯤이면, 조지 버트릭이 표현한 것처럼 어쩌면 '엄청난 보물' 을 발견하게 될지도 모른다. 우리들 대부분은 아침에 일어나자마자 문제들을 먼저 떠올리는 습관을 갖고 있다. 이 영혼 훈련은 몇 가지 안 되는 잘못된 것들보다 훨씬 더 많은 선하고 아름다운 일에 관심을 둘 수 있도록 도울 것이다.

받은 복을 세는 훈련을 시작하는 것이 어렵게 느껴진다면, 아래에 있는 목록들을 참조해보라. 이 목록은 내가 몇 년 전에 『하나님을 찬양할 10,000가지 이유』라는 책을 읽고 기록하기 시작한 감사의 조건들이다. 그 책에 기록된 하나님을 찬양할 만한 이유들 중 몇 가지 내 마음에 드는 것들이 있어서 내 목록에도 추가했다. 나는 이 훈련을 몇 년에 걸쳐 수많은 사람들과 지속하면서, 그 사람들 목록에서도 몇 가지 따다가 내 목록에 더하기도 했다. 내 목록에는 내 가족과 친구들이 빠져있는데, 그것은 내가 그들로 인해 감사하지 않아서가 아니라, 그들로 인해 감사하는 것이 이제는 습관이 되었기 때문이다. 나는 이 목록을 통해 내가 자주 지나치기 쉬운 일들을 찾아내어 하나님께 감사하는 훈련을 하고 싶었다.

제임스가 받은 축복으로 인한 감사 목록

- 하나님의 존재
- 하나님께서 나와 함께하심
- 예수님
- 교회
- 따뜻한 쿠키
- 바다
- 세상의 빛이 되는 사람들
- 사랑하는 사람들이 드디어 주님을 영접한 것
- 커피
- 다양한 향기
- 꿈들 – 낮이나 밤이나
- 나를 기다리고 있을 천국에 대한 소망
- 아이스크림
- 호기심
- 숲속에서 나는 냄새
- 더운 날에 시원한 아이스티
- 책
- 상쾌한 낮잠
- 놀라운 내 몸의 면역체계
- 테니스
- 비내릴 때 나는 냄새
- 기도
- 다른 사람들의 지혜
- 다시 주어진 기회들

- 웃음
- 오랜 친구들
- 우리집 개가 꼬리를 흔들며 나를 반겨주는 것
- 대화를 풍성하게 해주는 것들
- 놀라운 일들을 발견해 내는 과학자들
- 예술가들
- 훌륭한 찬송가들
- "할렐루야" 합창 부분
- 어린아이가 껴안아 줄때
- 재능 있는 사람들의 겸손
- 여행할 때마다 새로운 것에 마음을 열도록 하는 깨달음들
- 낯선 사람의 미소
- 자녀들을 사랑하는 부모들
- 크리스마스
- 성경
- 초콜릿
- 악성 루머들이 잠잠해질 때
- 깨끗한 양말
- 스승들
- 용기
- 에어컨

찬양이 습관 되게 하기

이 영적훈련이 일회성으로 그치는 연습이 아니라, 평생 동안 지속되는 새로운 습관으로 자리 잡기를 바란다. 가수이자 작가인 데이비드 크라우더(David Crowder)는 이렇게 말한다.

> 좋은 것이 주어졌을 때 그것을 기쁨으로 받아들이는 것은 그것을 주신 분을 인정하는 것이다……매순간이 찬양의 기회가 될 수 있다. 우리는 선택하며 살아간다. 매순간 선택을 해야 한다. 그것이 찬양 습관이다. 뜻밖의 순간에 하나님을 발견하는 것, 거룩한 것과 세속적인 것에서, 골짜기와 언덕에서, 역경의 때와 비참한때에도 살아 있는 찬양이 우러나올 수 있다. 그것을 위해 우리는 지음을 받았다.

그의 생각이 옳다. 우리가 평범한 것들을 신비로운 것만큼 감사함으로 대

한다면, 우리는 그것으로 하나님께 찬양을 올리는 것이다. 매순간 평범함 속에서 특별한 것들을 발견할 수 있는지 노력해보라. 그렇게 할수록, 그것이 우리의 습관이 될 것이며, 어느 순간이 되면 생각하지 않고도 그렇게 할 수 있는 경지에 이른다. 그러면, 어거스틴의 표현처럼, 우리는 "머리끝부터 발끝까지 할렐루야로 가득 찬" 사람이 될 것이다.

묵상을 위하여

당신이 이 책을 혼자 공부하든지 공동체 안에서 함께 공부하든지 관계없이 아래의 질문들이 당신의 경험을 묵상하고 성찰하는 데 도움이 될 것이다. 아래 질문에 대한 답을 일기에 기록하는 습관을 들이는 것이 좋다. 만일 소그룹 안에서 다른 사람들과 함께 학습하고 있다면, 자신의 묵상과 체험을 다른 사람들과 나눌 때 기억하기 쉽도록 기록한 일기를 다음 모임에 가지고 가라.

- 이 주간에 축복받은 것을 기록한 목록을 만들었는가? 목록을 만드는 것이 어렵게 느껴졌는가? 그렇다면, 무엇 때문에 어려웠는지 나누어보자.

- 이 영혼 훈련을 통해 하나님에 대하여 혹은 자신에 대하여 새롭게 깨달은 사실이 있다면 무엇인가?

- 당신이 만든 목록 중에서 당신을 놀라게 한 항목이 있다면 무엇인가? 무엇 때문에 놀랐는지 나누어 보자.

chapter
4

넉넉하신 하나님

영혼의 훈련 : 시편 23편으로 기도하기

| God Is Generous |

달라스 윌라드는
이렇게 말했다. "그리스도 안에서 하는 영성개발 과정은 파괴적인 이미지들과 생각들을 예수님의 마음으로 가득 찬 이미지들과 생각으로 대체하는 점진적인 과정이다. 그리스도 안에서 하는 영성개발은 우리의 생각과 이미지들을 주님의 것들로 교체하는 것을 지향한다."

  대학 3학년 때, 우리학교 캠퍼스 주변에서 매일 '불과 유황'에 대하여 설교하는 한 여자에 관한 소문이 무성했다. 나는 종교학을 전공하고, 앞으로 목회자가 될 계획이었기에 이 여인이 야기하는 모든 소란에 묘한 관심이 생기기 시작했다. 그 여인의 설교를 듣기 위해 수백 명의 학생들이 모이곤 했다. 물론 그 설교에 감동을 받아서가 아니라, 그 여인을 조롱하기 위해 모인 것이다. 사람들은 그 여자를 '작은 여예언자'라고 불렀다. 그리고 매일 오전 10시 50분이면 정확하게 캠퍼스 중앙에 있는 공원 벤치에 올라서서 약

30분 정도 설교 – 좀더 정확하게 표현하자면, 책망 – 를 하기 시작했다. 매주 모이는 사람들의 숫자가 늘어났다. 나는 도대체 무슨 일이 벌어지고 있는지 알고 싶어졌다.

내가 도착한 시간은 그녀가 설교를 시작하기 약 10분 전쯤이었던 것 같다. 그 유명한 벤치 주변에 수많은 학생들이 모여 있었다. 정확한 시간에, 작고 평범해 보이는 여인이 오래전에 유행이 지난 하얀 드레스를 입고 – 마치 1890년대 사진에서 방금 나온 듯 보였다 – 도도하게 벤치로 올라섰다. 그녀는 자신만의 '강대상'에 서서 아래를 한 번 내려다보고는 청중들을 등지고 뒤돌아서서 기도를 하는 듯했다. 그녀가 다시 돌아서자 청중들은 환호하기 시작했다 (혹시 그게 야유는 아니었을까?). 그녀는 손을 들어 사람들을 조용히 시키더니, 너덜너덜해진 성경을 하늘을 향해 번쩍 들고서는 설교를 하기 시작했다 (아니, 어쩌면 호되게 꾸짖기 시작했다는 게 맞을지도 모른다).

"주님의 불꽃같은 눈이 죄인인 당신들을 지켜보고 계십니다! 당신들의 행위를 하나님이 못 보실 거라고 생각하지 마십시오. 하나님이 나를 이 캠퍼스로 보내신 것은 당신들의 죄악을 두고 보실 수 없었기 때문입니다. 하나님은 여러분의 간음과, 술 취함과, 모든 거짓과 속임수를 낱낱이 알고 계시며, 당신들 같은 죄인들을 향해 이렇게 한 마디로 말씀하십니다. '너희들은 모두……'" 그러자 모였던 무리들이 그녀와 함께 합창하듯 소리쳤다. "지옥불에 던져질 것이다!" 그녀는 학생들이 자기를 흉내 내고 조롱하는 것이 아무렇지도 않아보였다. 그녀는 사람들의 반응에 아랑곳하지 않고 계속해서 설교해 나갔다. 이번에는 구체적인 죄목들을 나열하며 사람들을 혼냈으며,

그녀의 마지막 선포는 모두가 매번 함께 따라 소리쳤다. "너희들은 모두 지옥 불에 던져질 것이다!"

 나는 학생회관 건물의 차가운 벽에 등을 기대고 이 코미디 같은 상황을 지켜보고 있었다. 나 또한 기독교인으로서 그녀가 말한 항목들이 모두 죄에 해당한다는 것쯤은 알고 있었다. 거만하게 그녀를 조롱하던 다른 학생들과는 달리, 나는 그녀의 설교를 들으며, 어쩌면 그녀가 한 말이 꼭 틀린 얘기만은 아니라는 생각이 들었다. 그 작은 여예언자는 우리가 죄인이기 때문에 하나님은 우리를 미워하시며, 우리의 죄가 결국 우리를 영원한 지옥 불에 타게 할 것이라는 아주 분명한 생각을 갖고 있었다. 하지만, 단 한 번도 하나님의 사랑에 대한 언급은 없었다. 하나님의 은혜에 관한 언급도 없었다. 거의 30분간의 설교 가운데 예수님의 이름은 단 한 번도 거론되지 않았다. 죄악에 대하여만 계속 얘기했고, 그것도 죄가 무시무시한 징벌을 초래한다는 차원에서만 얘기했지, 사람의 영혼에 죄가 미치는 파급효과에 대해서는 전혀 말하지 않았다. 그렇게 불완전하고 잘못된 이야기를 전할뿐 아니라, 전혀 효과 없는 죄책감과 두려움 외에 사람을 변화시키는 지속적인 변화의 요소에 대하여서는 전혀 언급하지 않았다.

 이 여인이 가진 하나님에 대한 이토록 잘못된 오해와 편견은 어디에서 비롯한 것일까? 예수님이라면 이 작은 여선지자에게 뭐라고 말씀하셨을까?

 당신을 괴롭히는 "파괴적인 이미지와 생각들"은 무엇인가?

오해와 편견 :
하나님의 은혜를 우리 힘으로 얻어내야 한다

그 여인의 이야기가 극단적이기는 하지만, 우리 주변에서도 종종 그런 이야기를 들을 수 있다. 그렇게까지 완벽한 흑백논리나 지나치게 단순화되고, 적나라한 표현까지는 아닐지라도 말이다. 아무튼 그녀의 주장에 의하면, 하나님의 은혜는 우리 노력으로 얻어내야 한다. 그런데 그러한 잘못된 생각이 우리 문화와 적지 않은 교회들 안에 깊이 자리 잡고 있다. 그 여인의 주장은 이렇다. 사랑과 용서는 일종의 상품거래처럼 주고받는 것이며, 그렇기 때문에 우리 하기 나름이라는 것이다. 하나님의 사랑, 인정, 그리고 용서는 우리의 올바른 삶에 대한 보상이라는 것이다. 하나님이 우리에게 가장 원하시는 것은 우리가 죄 짓지 않고 착한 삶을 사는 것이라는 말이다. 이 이야기는, 대부분의 거짓 가르침이 그러하듯, 반은 맞고 반은 틀리다. 물론 하나님은 우리가 더 이상 죄 짓지 말기를 바라시고, 착한 일만을 하면서 살기를 원하신다. 하지만 그 이유는, 죄가 우리를 상하게 하고, 선한 행위는 베푸는 사람이나 받는 사람 모두를 치유하는 힘이 있기 때문이다.

문화 속에 뿌리내린 잘못된 생각 : 이 이야기는 우리가 갖고 싶은 것을 얻어내는 방법을 잘 보여주는 세계관에 뿌리를 두고 있다. 우리는 아주 어렸을 때부터 우리가 어떻게 행동하는가에 따라 부모님께 사랑을 받을 수도 있고 그렇지 못할 수도 있다는 사실을 터득해왔다. 학교 성적도 우리 노력에 따라 달라지고, 우리가 사랑받을 만하고, 매력이 있을 때만 사랑받을 수 있다는 사실도 배운다. 외로움과 고립은 우리가 뭔가 실패한 결과로 주어지는 것이라고 알고 있다. 모든 사람이 매 순간 우리가 어떻게 비쳐지나, 어떻게 행동하고, 뭘 잘하는지에 따라 우리를 대하는 태도가 달라지는 것을 매일 경험한다면, 그러한 생각을 하나님께 투영하지 않기란 쉬운 일이 아니다. 무엇보다도, 하나님은 우리 부모님보다 크신 분이기 때문에 더 많이 알고 계시고, 우리를 가장 가까이에서 지켜보는 친구들보다 더 가까이에서 지켜보시는 분이다.

그러므로 전지전능하시며, 모든 것을 보시는 하나님께서 내가 갖고 있는 나쁜 생각이나 행동들을 속속들이 다 알고 계시지 않겠는가? 만일 하나님이 내 부모님이라면, 내가 잘못하면 부모님이 그렇게 하셨던 것처럼 (네 방으로 가, 그리고 오늘 저녁은 굶어!), 하나님도 분명 내게 더 이상 사랑을 베푸시지 않으실 것이 뻔하다. 만일 하나님이 우리 선생님이시라면, 분명히 우리는 F학점을 받을 것이다. 또한 하나님이 판사라면, 우리는 '유죄' 선고를 받을 것이다. 죄책감, 두려움, 수치, 그리고 인정받고자 하는 욕구 때문에 우리는 성취중심의 문화를 만들어가도록 내몰린 것이다.

 무엇인가를 얻어내는 것에 대하여 우리 문화는 우리에게 어떻게 가르치는가? 그 가르침 때문에 부담을 느껴본 적이 있는가?

성취에 대한 잘못된 성경 이해 : 우리가 사는 세상과 문화뿐 아니라, 성경조차도 이 권선징악적 사고를 지지하는 것처럼 보인다. 이스라엘 백성들은 그들의 불순종 때문에 야훼 하나님에 의해서 이방나라의 종살이를 한다. 다윗의 부적절한 관계로 태어난 아기가 죽는다. 불륜을 저지른 결과다. 하지만, 그런 이야기들도 좀 더 폭넓은 시야에서 볼 필요가 있다. 이스라엘 백성들은 뚜렷한 이유도 없이 하나님의 선택을 받았고, 그럴만한 자격이 없음에도 불구하고 오랜 노예의 삶에서 해방되어 젖과 꿀이 흐르는 땅으로 인도되었다. 다윗이 불륜과 살인 때문에 벌을 받았어야 했다면, 다윗이 직접 죽임을 당해야 하는데, 오히려 하나님의 마음에 합한 사람이라는 평을 받는다. 다윗은 자신과 부적절한 관계에 있던 여인에게서 또 다른 아들을 낳는데, 그 아들이 솔로몬이다. 그 아들 솔로몬이 지혜롭고, 능력 있고, 부유한 왕이 된다. 죄를 지으면 대가를 치른다는 것과 우리가 죄를 지으면 하나님이 우리를 철저하게 외면하신다고 말하는 것은 엄연히 다르다.

  성경에도 인과응보나 권선징악에 관련한 이야기가 몇 가지 있기는 하지만, 여전히 죄책감과 두려움이라는 작은 헝겊 조각을 완전히 덮고도 남을 만큼 큰 옷감 같은 하나님의 놀라운 은혜와 넉넉하심을 나타내는 이야기들로 가득하다. 성경 속 이야기들의 더 큰 주제는 은혜와 풍부함으로 넘쳐난다. 야훼 하나님이 친히 몸을 굽혀 이제 막 죄를 짓고 두려워하는 아담과 하와를 위해 옷을 지어주신다. 또한 야훼는 틈만 나면 이방신들을 좇는 불쌍하고 음탕한 유목민 집단을 친히 선택하시고, 결코 그들을 포기하지 않으신다. 그런 까닭에 시편기자는 야훼 하나님에 대한 깊은 진리를 이렇게 선포한다. "그의 인자하심이 영원하다." 우리가 '인자하심' 으로 번역하는 히브리 단어 '헤세드(hesed)'는 시편에만 147번 나온다. 그리고 그 단어는 매번 하나님의 본성을 나타낸다. "하늘의 하나님께 감사하라 그 인자하심이 영원함이로다"(시 136:26).

흔히 말하기를, 뮤지컬은 세 부분으로 나눌 수 있다고 한다. "소년이 소녀를 만났다, 그런데 소녀를 잃어버렸다, 그래서 소년이 소녀를 다시 찾았다." 하지만, 어느 한부분만 따로 떼어서, 예를 들면, "소년이 소녀를 잃어버렸다"는 한부분만으로 전체 이야기를 설명하려고 하면 어떻게 될까? 우리는 전체가 아니라 일부분만 알게 되고, 그것도 앞뒤 안 맞는 뒤죽박죽된 줄거리만 알게 된다. 성경을 볼 때도 마찬가지다. 우리 마음을 불편하게 하는 성경 이야기를 따로 떼어서 (예를 들면, 사도행전 5장1-11절에 나오는 아나니아와 삽비라의 이야기), 성경 전체의 주제를 이해하려고 노력한다면, 성경을 제대로 이해할 수 없다. 또는 로마서 9장 13절에 나온 "내가 야곱은 사랑하고 에서는 미워하였다"라는 한 구절이나 단편적인 이야기만을 가지고 하나님은 어떤 분이신가에 대한 신학을 정립하려고 한다면, 우리는 결국 성경을 곡해하고 잘못 해석하는 우를 범하고 만다. 성경을 해석할 때, 부분을 가지고 전체를 해석하려고 하면 안 된다. 성경전체에 흐르는 중심 주제는 자격없는 자에게 주어진 은혜, 인간의 죄성에 방해받지 않으시는 하나님의 사랑, 죄인을 위해 죽으신 그리스도에(롬 5:8) 관한 것들이다. 그 밖의 이야기들은 전체 주제에서 모호한 몇 가지 에피소드에 불과하다.

성경 전체의 핵심 주제는, 성육신하시고 십자가에서 죽으셨다 부활하신 예수님을 통해 나타난 하나님의 변함없는 사랑이 죄악으로 가득한 세상에 친히 찾아오신 이야기이다. 그런 까닭에 우리는 성경 전체나, 혹은 성경 속의 어떤 이야기들을 해석할 때, 반드시 예수님을 통해 보아야 한다. 사도바울이 히브리 성경을 인용할 때마다 항상 예수님과 연관 지어 해석했다는 사실을 주목하라. 바울은 아브라함의 이야기를 본래 있는 이야기대로 되풀이해서 하지 않는다. 아브라함의 이야기를 예수님의 이야기와 결부시켰다. 아브라함의 믿음은 율법과 상관없이 그리스도 안에서 갖는 믿음과 같다(롬 4장). 아담의 타락은 끝이 아니다. 죄 없는 예수님이 자기희생을 통해 아담이 지은 죄에 대한 모든 것을 뒤집어 놓으셨다(롬 5:12-15). 사소한 이야기들은 좀 더 큰 이야기 안에서 해석되어야 한다. 성경의 중심 이야기는 은혜다. 자격 없는 자들에게 거저 주어지는 사랑인 것이다.

 만일 하나님과 더 깊은 사랑의 관계에 빠져든다면, 당신의 행동은 어떻게 변화되겠는가?

교회에서 들은 잘못된 이야기 : 하나님의 은혜는 인간의 노력으로 얻어내는 것이라는 취지의 이야기가 많은 교회에 받아들여진 것이 사실이다. 강단에서 선포되는 말씀가운데 그런 설교가 상당히 많다. 헨리 클라우드는 우리가 주일에 어떤 교회로 들어섰을 때, 강단에서 선포되는 설교를 다음과 같이 단순하게 요약할 수 있다고 주장한다. '하나님은 선하시지만, 당신은 죄인이다. 그러므로 더욱 노력하라!' 이런 식으로 은혜는 우리의 노력과 공로를 통해 얻어 낼 수 있다는 이야기가 교회 안에 만연하고, 또한 죄책감과 두려움과 수치심만큼 사람들을 조정하기 쉬운 주제가 없기 때문에, 지옥 불에 빠져가는 영혼들을 구원하여 천국의 기쁨으로 인도하겠다는 명분은 설교자들이 종종 사용하는 레퍼토리다. 그럴듯한 성경구절 몇 구절을 인용하기는 하지만, 결국 청중들의 마음을 불안하게 만들기 위해 교묘하게 설교가 조작된다.

하루는 텔레비전 채널을 이리저리 돌리다가 마침 기독교 텔레비전에 어떤 설교자가 나와서 히브리서 6장을 설교하는 것을 보았다. 마침 그 본문을 나도 연구하고 있었던 차라, 그 설교자가 그 본문을 어떻게 풀어내는지 궁금해서 채널을 고정시켰다. 그는 다음 본문을 읽었다.

> 한 번 빛을 받고 하늘의 은사를 맛보고 성령에 참여한 바 되고 하나님의 선한 말씀과 내세의 능력을 맛보고도 타락한 자들은 다시 새롭게 하여 회개하게 할 수 없나니 이는 그들이 하나님의 아들을 다시 십자가에 못 박아 드러내 놓고 욕되게 함이라(히 6:4-6).

본문을 다 읽은 그 설교자는 안경을 벗고 강대상에 팔을 걸쳤다. 카메라는 그의 얼굴을 클로즈업해서 비쳤다. 화면에 비친 설교자의 얼굴은 점점 붉어지고 있었다. 잠시 카메라를 노려보던 그 설교자는 조용히 떨리는 목소리로 이렇게 물었다. "지금 이 본문이 혹시 당신 얘기는 아닌가요?" 잠시 말을 멈추더니, 다시 카메라를 노려보다가, 이번에는 아주 크게 화가 난 목소리로 이렇게 소리쳤다. "혹시 당신이 예수를 영접했고, 하나님의 선하심을 경험한 적은 있지만, 다시 지은 죄로 말미암아 예수 그리스도의 보혈을 짓밟고 있지는 않은가요?" 그러고는 한 10분 동안 예수를 믿지만 여전히 죄를 짓고 있는 사람들을 향해 광분했다. 겉으로 보기에는 그 설교자는 이제 더 이상 죄를 짓지 않고 있는 듯했다. 그리고 그 설교를 듣고 있노라니, 예수님과 그 아버지 하나님은 회심 이후에도 죄짓는 사람들에 대해서는 가차 없는 분일 것이라는 생각이 들었다.

그의 본문해석은 완전히 엉터리였다. 히브리서에 기록된 그 본문의 주제는 그리스도의 희생이 자신들의 죄를 완전히 용서하기에 충분하다는 사실을 믿기 어려워하는 사람들의 애쓰는 모습에 관한 것이었다. 예수를 믿는다고 자처하던 사람들도 여전히 이방신전에 들락거리면서, 유대교의 전통을 따라 짐승을 잡아 희생 제물로 드림으로 자신들의 죄 사함을 받고 하나님 앞에 바로 서려고 했던 것들이 그들의 문제였다. 그런 까닭에 히브리서 6장 6절에 있는 "타락한 자들"은 음욕을 품거나 술 취하거나 거짓말하는 사람들을 지칭하는 것이 아니다. 여기서 말하는 타락은 예수를 믿는다면서도 성전으로 빠져나가 염소를 희생 제물로 바치는, 교묘하게 양다리를 걸치는 모습을 가리킨다. 다시 말하면, 그런 사람들은 십자가의 능력을 부인함으로 말미암아 "하나님의 아들을 다시 십자가에 못 박는" 것이다. 마치 예수님이 거듭해서 십자가를 지셔야 하는 것처럼 말이다.

그렇다면, 그 설교자는 그 본문을 어떻게 그토록 그릇되게 해석했을까? 우리 생각이 온통 인과응보나 권선징악의 가르침에 길들어 모든 상황을 꼭 그런 눈으로 보기 때문이다. 그렇기 때문에 '타락'이라는 단어만 나오면 무조건 자동적으로 우리의 죄와 연관시킨다.

　그 설교자는 점점 더 목소리가 커지고, 자신의 분노가 극에 달할 때까지 열변을 토했다. 카메라를 향해 손가락질을 하며 이렇게 말했다. "당신이 스스로 그리스도인이라 하면서 여전히 죄를 짓고 있다면, 당신은 예수님의 얼굴에 침을 뱉고 있는 것입니다. 그리고 당신은 영원한 지옥 불을 면치 못할 것입니다." 그 설교자 뒤에 앉아 있는 성가대원들은 모두 하나같이 자신들의 성경을 쳐다보며 뭔가 적고 있었다. 어쩌면 카메라와 마주치는 것을 교묘하게 피하려 했는지도 모른다. 걱정에 가득한 그들의 얼굴이 화면에 비쳐진 것을 보면서 나는 충격을 받았다. 그리고 예수님의 가르침과는 정반대로 설교하는 그 설교자 때문에 더욱 마음이 불편했다.

예수님의 이야기 :
넉넉하게 베푸시는 하나님

　아주 어려운 상상을 한번 해보자. 당신이 기존에 알던 하나님에 대한 모든 지식을 잠시 내려놓아라. 물론 불가능할 것이다. 하지만, 잠시 당신이 하나님에 대하여 아무것도 모른다고 가정해보자. 그리고 이제 예수님이 하나님에 관한 이야기를 들려주실 것인데, 그 이야기가 우리와 어떤 연관이 있는지 생각해보자. 아무런 편견 없이 예수님이 하나님에 관하여 어떻게 이야기하시는지 귀기울여보자.

천국은 마치 품꾼을 얻어 포도원에 들여보내려고 이른 아침에 나간 집 주인과 같으니 그가 하루 한 데나리온씩 품꾼들과 약속하여 포도원에 들여보내고 또 제삼시에 나가 보니 장터에 놀고 서 있는 사람들이 또 있는지라 그들에게 이르되 너희도 포도원에 들어가라 내가 너희에게 상당하게 주리라 하니 그들이 가고 제육시와 제구시에 또 나가 그와 같이 하고 제십일시에도 나가 보니 서 있는 사람들이 또 있는지라 이르되 너희는 어찌하여 종일토록 놀고 여기 서 있느냐 이르되 우리를 품꾼으로 쓰는 이가 없음이니이다 이르되 너희도 포도원에 들어가라 하니라 저물매 포도원 주인이 청지기에게 이르되 품꾼들을 불러 나중 온 자로부터 시작하여 먼저 온 자까지 삯을 주라 하니

제십일시에 온 자들이 와서 한 데나리온씩을 받거늘 먼저 온 자들이 와서 더 받을 줄 알았더니 그들도 한 데나리온씩 받은지라 받은 후 집 주인을 원망하여 이르되 나중 온 이 사람들은 한 시간밖에 일하지 아니하였거늘 그들을 종일 수고하며 더위를 견딘 우리와 같게 하였나이다 주인이 그 중의 한 사람에게 대답하여 이르되 친구여 내가 네게 잘못한 것이 없노라 네가 나와 한 데나리온의 약속을 하지 아니하였느냐 네 것이나 가지고 가라 나중 온 이 사람에게 너와 같이 주는 것이 내 뜻이니라 내 것을 가지고 내 뜻대로 할 것이 아니냐 **내가 선하므로**(because I am generous) 네가 악하게 보느냐(마 20:1-15)

하나님의 넉넉하심에 관한 비유 : 이 이야기는 예수님 당시의 사람들에게는 매우 익숙한 내용이다. 예수님 시대에는 일거리가 없는 사람이 태반이었다. 예루살렘 성 주변에 18,000명 정도의 실업자들이 있었을 것이라고 추정한

다. 매일 아침이면 사람들이 일거리를 찾아 나선다. 그러다 그날 일거리를 찾지 못하면 시장에 가서 다른 사람들과 노닥거리며 혹시나 일감이 생기지 않을까 하는 기대감을 갖고 하루를 보낸다.

이 비유에 보면, 포도원 주인이 이른 아침에, 아마 오전 6시쯤에 일군들을 구해서 자신의 포도원에서 일을 시킨다. 그 품꾼들은 당시의 평균 하루 임금을 받고 일하기로 했다. 포도원의 일이 많고, 품꾼은 모자란 것을 본 주인은 다시 시장으로 가서 또 다른 그룹의 품꾼들을 고용한다. 이때가 오전 9시쯤이다. 그리고 주인은 오후 3시에 한 번, 5시에 한 번 품꾼들을 데려다 일을 시킨다. 일과를 마치고 주인이 품삯을 지불한다. 어떤 사람들은 12-13시간 정도 일했고, 어떤 사람들은 대여섯 시간, 그리고 마지막에 고용된 사람들은 고작 한두 시간 정도 일을 했을 것이다. 그런데 여기서 충격적인 일이 벌어진다. 모든 품꾼들이 똑같이 하루치 평균임금을 받은 것이다. 정말 기가 막히고 말도 안 되는 불공평한 일이 벌어진 것이다! 그래서 하루 종일 일한 품꾼들이 불평을 하기 시작한다. 이에 주인이 이렇게 대답한다. "여보게, 나는 자네에게 잘못한 것이 없네. 자네는 나와 한 데나리온 받기로 약속하지 않았는가? 자네 몫이나 가지고 돌아가게. 나중에 온 이 사람에게 자네와 똑같이 주는 것은 내 맘일세. 내 것이니 내 뜻대로 하는 것이 마땅하지 않은가, 내가 저 사람들에게 긍휼을 베푼 것이 자네가 나를 악하다고 볼 만한 이유가 되는가?"

요아킴 예레미야스(Joachim Jeremias)라는 성경학자에 의하면 유대 랍비들도 이와 비슷한 비유를 가르쳤다고 한다. 하지만 랍비들의 비유에서는 이야기의 결론이 예수님의 비유와 사뭇 다르다고 한다. 그들의 비유에서는 포도원의 주인이 마지막에 일하러 온 사람들이 그만큼의 품삯을 받을 만한 자격이 있다고 설명했다는 것이다. 일찍 와서 일한 사람들보다 일할 시간이 적었기 때문에 더욱 열심히 일했고, 그렇기 때문에 그만큼의 품삯을 받아도 문제될 게 없다는 것이다. 하지만, 예수님의 비유에서는 전혀 그 반대다. 그들의 품삯은 공정함, 공의함 혹은 품꾼들이 일한 양과는 전혀 상관이 없다 것이다. 예레미야스는 다음과 같이 결론을 내린다.

> 예수님의 비유에서 마지막 시간대에 불려온 품꾼들이 하루치 품삯을 받은 것은 그들이 그럴만한 자격이 있어서가 아니라, 전적으로 넉넉히 베푸는 포도원 주인의 선함 때문이었다. 결론적으로 이 사소해 보이는 결론이 전혀 다른 두 세계관을 명확하게 구분한다. 공로를 중시하는 문화 대 은혜를 중시하는 문화, 율법 대 그 반대되는 복음⋯⋯. 그렇다면, 당신은 하나님의 선하심을 불평할 것인가? 바로 이것이 예수님께서 지지하시는 복음의 핵심이다. 하나님이 어떤 분이신가 보라. 하나님은 선한 분이다.

만일 이 이야기가 당신이 하나님에 대하여 하는 유일한 이야기라면, 어떤 결론을 내리겠는가? 나라면 하나님이 지금 우리가 사는 세상 속에서 우리 눈에 보이는 것처럼 행하시지 않을 것이라고 확신한다. 우리가 사는 세상에서는 유대 랍비들이 가르친 결론이 더욱 말이 된다. 늦게 일하기 시작한 사람들은 먼저 일하기 시작한 사람들보다 더욱 열심히 일했기 때문에 품삯을 받을 자격이 있었다. 하지만, 예수님의 비유에서 나타난 하나님의 넉넉한 보상 때문에 나는 충격을 받았다. 늦게 온 품꾼들은 그만큼 받을 자격이 없었던 게 분명하다! 예수님이 나타내신 하나님은 우리가 생각하는 방식과 반대로 생각하신 분이다. 브래넌 매닝은 다음과 같이 아주 적절하게 표현했다.

> 예수님이 보여주신 하나님은 우리에게 뭔가를 요구하시는 분이 아니라, 베푸시는 분이다. 그분은 우리를 억압하는 분이 아니라 일으키는 분이며, 상처를 주는 분이 아니라 치유하는 분이고, 정죄하는 분이 아니라 용서하는 분이다.

하지만, 우리는 지금 끊임없이 요구하고, 억압하고, 상처를 주며, 정죄하는 세상에 살고 있다. 이 세상에서는 우리가 일한 만큼 얻는다. 그리고 그 원칙을 하나님에게도 투영한다. 우리에게 끊임없이 요구하고 억압하고 정죄하고 상처를 주는 신(神)을 어떻게 해서든 달래야 한다고 생각하는 것은 너무 당연하다. 하지만, 예수님이 보여주신 하나님은 넉넉하고 선한 분이다.

 하나님이 넉넉하게 베푸시는 관대한 분이며 우리에게 거저 베푸시는 분이라는 사실에 동의할 수 있는가? 왜 그렇게 생각하는가?

풍요의식과 핍절의식

다른 사람에게 넉넉하게 베푸는 태도는 보통 풍요로움을 누리며 살고 있거나, 다른 사람들의 필요를 보고 마음에 감동이 있을 때 나타난다. 만일 내가 토마토를 300개 가지고 있을 때 다른 사람에게 열몇 개를 나누어주는 것은 전혀 어렵지 않다. 내게 필요한 것 이상으로 가졌기 때문이다. 내게 남아도는 것을 나누는 일이기 때문에 어렵지 않다. 웹스터 새영어 사전은 'generous'라는 단어를 '풍성하고 풍부함 속에서 무엇인가를 다른 사람에게 아낌없이 나누거나 베푸는 태도'라고 정의한다. 하지만 내가 많이 가지지 않은 상태에서도 다른 사람과 나눌 수 있다. 단 한 개의 토마토밖에 없다 할지라도, 어떤 가난한 여인은 하나도 갖지 못했고, 그 여인이 정말로 그 토마토를 원하는 것 같으면, 내 마음이 감동되어 그 여인에게 줄 수도 있다. 베푸는 마음이 꼭 풍요 가운데서만 나오는 것이 아니라, 긍휼히 여기는 마음에서 비롯할 수도 있다. 하나님이 우리에게 베푸시는 이유는 그 두 가지 이유 다이다. 하나님은 나누고 베풀어도 다함이 없는 풍요로운 분이시기 때문에 우리에게 넉넉하게 베푸신다. 또한 하나님은 우리의 필요를 보시고 긍휼히 여기는 마음으로 우리에게 베푸신다.

사랑과 용서, 인정과 친절은 우리가 남들에게 나누고 베푼다고 해서 줄어들지 않는다. 우리가 용서를 베풀수록 우리에게 남은 용서가 줄어들거나, 다른 사람을 용서해줄 때마다 우리가 용서할 수 있는 능력이 감퇴하지 않는다. 그렇다면, 왜 우리는 그렇게 나누고 베푸는 데 인색할까? 그것은 우리가 핍절의식을 가지고 살아가기 때문이다. 우리 부모님에게서 충분한 사랑을 받지 못했고, 생일날에 충분한 선물을 받아보지 못했으며, 우리를 아는 사람들에게 충분히 인정받지 못했기 때문이다. 우리의 감정은행은 한도가 있고, 우리는 충분히 벌기도 전에 다 써버린다. 그러한 핍절한 환경에서 살다 보니, 우리가 가진 것을 지켜야한다고 배워왔다. 그런 까닭에 우리가 가진 것을 베풀고 나누다 보면, 언젠가 무시무시한 곤경에 처하게 될 것이라고 여기게 된 것이다.

교회와 관련된 일에도 사람들이 얼마나 인색하고 무자비한지, 사실을 들을 때마다 얼마나 놀라는지 모른다. 한번은 자신의 교회에서 얼마 떨어지지 않은 곳에 새로운 교회가 들어선다는 얘기를 듣고 몹시 화가난 목회자와 점심식사를 한 적이 있다. 그는 이렇게 말했다. "어떻게 그럴 수가 있느냐고요. 그렇게 가까운 데다 교회를 세우는 건 교인을 훔쳐가겠다는 말밖에 더 되느냐고요!" 그는 다른 교회의 개척을 자신의 핍절의식을 가지고 바라보았다. 그에게는 새 교회가 성공하면 자신이 패배자로 보일 것이라는 두려움이 있었다. 어차피 그리스도 안에서 다 한 가족이기 때문에, 다른 교회의 성공이 곧 자신의 성공이 될 수도 있다는 사실을 못 보는 것이다. 교회야말로 베풂과 나눔의 정신이 부족한 곳이 되기 쉽다. 다른 교회들은 다 틀렸어. 우리 교회만 옳지. 우리 교회는 반드시 성공해야 돼. 다른 교회야 망하든 말든 무슨 상관이야?

하지만 우리 하나님은 끊임없이 넉넉하게 베푸시는 하나님이다. 우리가 가진 모든 것은 선물이다. 우리가 태어난 것은 우리 자신이 노력한 대가가 아니다. 우리가 숨 쉬는 공기는 우리가 자격이 있기 때문에 마실 수 있는 것이 아니다. 태양이 뜨고 세상을 따뜻하게 비추지만 우리에게 아무런 대가를 요구하지 않는다. 또한 비를 내려주고, 땅을 풍요롭게 하며 맛있는 과일들과 곡식들이 열리게 해주지만, 우리는 아무런 대가를 치르지 않아도 그것들을 받아 누린다. 그 모든 것들은 넉넉하고 사랑이 많으신 하나님이 우리에게 아무런 대가도 바라지 않고 내려주시는 만나와 같다. 우리가 하나님을 향하여 "하나님, 제게 빚지셨습니다. 꼭 갚으셔야 합니다. 제가 충분히 받을 자격이 있습니다."라고 말할 상황은 결코 있을 수 없다. 우리가 받은 모든 것들은 우리가 받을 자격이 있어서 받아 누리는 것이 아니다. 하지만 하나님은 끊임없이 주고 또 베푸신다. 그 이유는 하나님은 우리가 자신을 위해 뭘 해줄 수 있는지에 관심이 없기 때문이다. 하나님은 우리의 선행보다 훨씬 더 크고 중요한 것에 관심을 두신다.

 내가 아무것도 하지 않았는데 받아 누리는 하나님의 축복을 경험할 수 있는 방법은 무엇인가?

예수님이 아셨던 바로 그 하나님이 진정으로 원하시는 것

하나님과 동행하는 삶에 대한 우리의 생각은 어쩔 수 없이 다음의 아주 중요한 질문과 직면하게 된다. 하나님이 내게 원하시는 것은 무엇인가? 예수님은 크고 첫째 되는 계명이 무엇이냐는 질문에 다음과 같이 분명하게 대답하신다. 마음을 다하고 목숨을 다하고 뜻을 다하여 하나님을 사랑하라고. 만약 우리가 예수님께 하나님은 도대체 내게 무엇을 원하시냐고 묻는다면, 나는 주님이 이렇게 대답할 것이라고 믿는다. "네가 하나님을 바로 알고 사랑하기를 원하신다." 이 이야기는 우리를 사랑하시고 또한 사랑받기 원하시는 사랑과 자비로우신 하나님에 대하여 말해준다. 물론 이것이 하나님께서 죄의 문제에 대하여 단호하시다는 사실을 부정하는 것은 아니다. 하나님이 죄를 미워하시는 이유는 죄가 하나님의 자녀들을 해롭게 하기 때문이다. 하지만, 하나님은 여전히 당신 자녀들을 미치도록 사랑하신다.

1648년에 작성된 웨스트민스터 대요리 문답은 다음과 같이 시작한다.

문: 사람의 첫째 되고 가장 높은 목적은 무엇인가?
답: 사람의 첫째 되고 가장 높은 목적은 하나님을 영화롭게 하고 영원토록 하나님을 온전히 즐거워함이다.

나는 특별히 "영원토록 하나님을 온전히 즐거워함"이라는 표현을 좋아한다. 하나님은 당신이 온전히 하나님을 즐거워하기를 원한다고 생각하는가? 많은 사람들이 동의하지 않을지 모르지만, 나는 분명히 그것이 하나님이 우리에게 가장 원하시는 것이라고 생각한다. 노르위치의 줄리앙이라는 사람은 이렇게 기록했다. "하나님께 가장 큰 영광을 돌리는 방법은 우리를 향한 하나님의 사랑을 알기 때문에 우리가 기쁘게 살아가는 것이다."

처음 이 문장을 읽었을 때는 정말 충격적이었다. 우리가 하나님께 가장 큰 영광을 돌릴 수 있는 방법? 선교지에서 순교하는 것 아닐까? 하지만, 줄리앙은 전혀 다른 얘기를 한다. "하나님이 가장 보고 싶어 하는 것은, 하나님이 얼마나 당신을 사랑하는지 깨닫고 웃는 당신 모습이다." 선교지에서 죽어야 하나님이 기뻐하실 거라는 내 생각은 하나님을 있는 그대로 사랑하고 싶게 만들지 못한다. 하지만, 줄리앙이 말하는 하나님은 사랑하지 않고는 견딜 수 없는 하나님이다. 줄리앙이 알았던 하나님은 우리로 인해 기쁨을 이기지 못하시는 분이다.

당신을 기뻐하시는 하나님

캐서린 노리스는 『놀라운 은혜 Amazing Grace』라는 제목의 자신의 책에서 하나님에 대한 전혀 새로운 이야기를 소개한다. 그녀는 어린아이의 얼굴에서 발견한 하나님의 모습에 대하여 이렇게 이야기한다.

> 지난 봄 어느 날 아침, 한 공항의 탑승구에서 갓난아이를 데리고 여행하는 젊은 부부를 보았다. 그 아기는 다른 사람들을 쳐다보다가 사람의 얼굴이 보이기만 하면, 그것이 누구의 얼굴이 되었든, 젊은이건 나이든 사람이건, 예쁘건 못생겼건, 지루하게 생겼든지 행복해 보이든지 걱정스런 얼굴이든지 상관없이 그저 해맑고 기쁜 얼굴로 반응했다. 정말 보기 좋은 광경이었다. 단조롭기 그지없는 탑승구가 천국 문으로 변한 듯했다. 그 아기가 어른들의 얼굴을 쳐다보며 장난치는 모습을 지켜보다가 문득 야곱처럼 환도뼈를 한 대 얻어맞은 듯한 충격에 빠졌다.

왜냐하면, 어쩌면 이것이 하나님이 당신 피조물들의 얼굴을 들여다보시며 보시기에 좋았다고 기뻐하시는 모습일 것 같은 생각이 들었기 때문이다 ……하나님과 사랑스러운 아기들만이 사람들을 이렇게 보지 않을까 하고 생각했다.

만약에 하나님이 당신에게 성난 분이 아니시라면 어쩌겠는가? 만일에 하나님이 바로 저 이야기에 나오는 것처럼 우리의 생김새나 감정, 혹은 우리가 행한 일에 상관없이 '온전한 기쁨'으로만 우리를 대하는 분이라면 어쩌겠는가?

거기에 대한 우리의 반응 또한 '온전한 기쁨' 밖에 없을 것이다. 하나님이 나를 기뻐하신다면 – 그것도 내가 잘하고 못하고와 상관없이 – 나의 즉각적인 반응은 하나님을 사랑할 수밖에 없는 것이다. 그렇게 함으로서 나는 크고 첫째 되는 계명을 지키게 된다. 앞에서 말한 캠퍼스의 작은 여선지자는 내가 하나님을 더욱 사랑하게 만든 것이 아니라, 오히려 두려워하게 만들었다. 그녀는 두려움과 죄책감을 이용해서 나를 변화시키려고 했지만, 진정으로 순수한 변화를 이끌어내지는 못했다. 하지만 하나님이 우리를 사랑하시고, 우리가 하나님을 사랑하기를 기대하는 분이라는 사실은 변화를 위한 순수하고 지속적인 보상을 이끌어 내기에 충분했다.

내 생각에는 성경에 가장 중요한 두 구절이 있다면, 그것은 요한일서 4장 10절과 11절이다. 이 두 구절이 내 마음을 새롭게 하여 변화를 시작하게 만든 구절이다.

> 사랑은 여기 있으니 우리가 하나님을 사랑한 것이 아니요 하나님이 우리를 사랑하사 우리 죄를 속하기 위하여 화목 제물로 그 아들을 보내셨음이라 사랑하는 자들아 하나님이 이같이 우리를 사랑하셨은즉 우리도 서로 사랑하는 것이 마땅하도다.

이 두 구절이 하나님에 대한 내 생각의 기초를 제공해주었다. 하나님을 향한 우리의 사랑이 우리를 향한 하나님의 태도를 결정한 것이 아니다. 하나님이 우리를 먼저 사랑하셨다. 우리가 하나님과 화목하기 위하여 하나님의 아들이 자신의 생명을 내놓았다는 사실이 그것을 우리에게 분명하게 증거한다. 그리고 그 사랑이 나로 하여금 하나님과 다른 사람들도 사랑하도록 몰아가는 것이다. 하나님은 우리를 먼저 사랑하셨고, 우리를 향한 그 사랑을 결코 멈추지 않으실 것이다. 하나님이 우리에게 원하시는 가장 중요한 것은 우리가 도덕적인 행위에 발전을 이루는 것이 아니라(물론 저절로 이루어지겠지만), 그분이 우리를 먼저 사랑하셨으므로 우리도 하나님을 사랑하는 것이다.

당신에 관한 가장 중요한 것

미국의 위대한 설교자이며 영성작가인 A. W. 토저(Tozer, 1897-1963)는 이렇게 기록했다.

> 우리가 하나님을 생각할 때 가장 먼저 떠오르는 생각, 바로 그것이 우리에게 가장 중요한 것이다……만일 어떤 사람에게서 "하나님을 생각할 때 무엇이 가장 먼저 떠오르는가?"라는 질문의 답을 듣는다면, 그 사람의 영적 미래를 예측할 수 있다.

매우 대담한 표현이다. 사람들이 하나님을 어떻게 생각하느냐는 질문이 가장 중요하다는 말이다. 오랜 묵상 끝에 토저의 말이 전적으로 옳다고 생각했다. 하나님에 대한 우리의 생각이 어떠한가에 따라 우리가 누구인가의 문제뿐 아니라 어떻게 살아야 할 것인가에 대한 문제도 결정한다. 따라서 단지 그 사람이 하나님에 대하여 어떻게 생각하는가만 알면 그 사람의 영적인 미래를 예측할 수 있다.

우리가 하나님을 어떻게 생각하는가 – 하나님은 어떤 분일까에 대한 생각 – 하는 것이 우리와 하나님의 관계를 결정짓는다. 우리가 만일 하나님을 포악하고 우리에게 지나친 요구를 하는 분으로 여긴다면, 우리는 아마도 두려움에 움츠리고, 하나님과 거리를 두려고 할 것이다. 만일 우리가 하나님을 막연하고 비인격적인 분으로 여긴다면, 우리 또한 그 하나님과 막연하고 비인격적인 관계를 형성하게 될 것이다. 그런 까닭에 우리가 하나님을 올바로 생각하는 것이 무엇보다 중요하다. 만일 우리가 하나님에 대해 잘못 생각하고 있다면, 어떤 면에서 우리는 우상숭배를 하는 것과 마찬가지다. 왜냐하면 잘못된 신을 예배하는 것이기 때문이다.

내가 깨달은 것은 바로 이것이다. 만일 내가 예수님이 아셨던 그 하나님을 바로 알기만 한다면, 절대적으로 그 하나님과 사랑에 빠질 수밖에 없다는 사실이다. 하나님의 본성과 일하심을 알면 알수록, 그 성부·성자·성령 삼위일체의 하나님에 관한 진리와, 선하심과 아름다움에 더욱 더 사로잡히게 된다. 나는 당신이 예수님이 나타내고자 했던 바로 그 하나님께로 관심을 돌리기를 원한다. 예수님이 아셨던 하나님은 선하고 아름다운 하나님이며, 사랑이 넘치고, 신뢰할 만한 분이고, 자신을 희생하고, 용서하며, 전능하며, 우리를 돌보고, 우리를 위하는 분이다. 당신이 이 책을 다 읽고 나면, 예수님이 아셨던 바로 그 하나님과 사랑에 빠지기를 바란다. 그리고 나는 당신이 이 선하고 아름다우며 넉넉하게 채우시는 하나님과 영감이 충만하고 감격에 찬 하루를 시작할 수 있게 되기를 소망한다.

 하나님에 대한 당신의 믿음은 당신이 어떻게 살아야 할 것인가에 어떠한 영향을 끼치는가?

> 영혼의
> 훈련

시편 23편으로 기도하기

시편 23편은 하나님의 나라에 대한 아름다운 표현이다. 그 속에는 우리와 함께하시며, 우리를 돌보시고, 공급하시며, 괴로운 상황에서도 우리에게 복 주시는 하나님에 대한 이야기가 담겨 있다. 시편 23편이 그리는 하나님은 넉넉하게 베푸시는 하나님이다. 하나님의 은혜로운 공급과 보호하심과 돌봄이 있기 때문에 우리에게는 부족함이 없다. 하나님은 우리를 쉼으로 부르신다. 회복과 재충전을 위해 초청하신다. 하나님은 우리가 가장 고통스러운 상황에 처했을 때도 여전히 우리를 이끄시고 인도하신다. 그리고 하나님이 우리와 함께하시므로, 우리는 두려움 없이 살 수 있다. 심지어, 하나님은 우리를 해치려고 하는 원수의 목전에서 '상'을 베풀어주시는 분이다. 하나님은 우리가 필요한 것을 공급해주실 뿐만 아니라, 우리가 요구한 것 이상을 베풀어주시는 분이다—그런 까닭에 우리의 잔이 넘친다. 우리가 목자이신 하나님과 동행하면, 우리의 인생 전체—심지어 우리의 역경과 고통까지—를 그분의 선하심과 자비의 눈으로 볼 수 있다.

이 시편은 대부분의 기독교 장례식에 거의 빠짐없이 사용된다. 우리에게 위로를 주기 때문이다. 특별히 사망의 음침한 골짜기를 지나더라도 두려워하지 않는다는 구절 때문에 더욱 자주 장례식에서 읽힌다. 하지만, 이 시편은 죽음과 관련한 장례식에서뿐만 아니라 살아 있는 우리들의 일상에도 매우 유용한 시다. 다음 한 주간을 지내면서 이 시편을 들고 다니면서 될수 있는 한 자주 암송하라.

여호와는 나의 목자시니 내게 부족함이 없으리로다

그가 나를 푸른 풀밭에 누이시며 쉴만한 물가로 인도하시는도다

내 영혼을 소생시키시고

자기 이름을 위하여 의의 길로 인도하시는도다

내가 사망의 음침한 골짜기로 다닐지라도 해를 두려워하지 않을 것은

주께서 나와 함께 하심이라

주의 지팡이와 막대기가 나를 안위하시나이다

주께서 내 원수의 목전에서 내게 상을 차려주시고

기름을 내 머리에 부으셨으니 내 잔이 넘치나이다

나의 평생에 선하심과 인자하심이 반드시 나를 따르리니

내가 여호와의 집에 영원히 살리로다(시 23편).

매일 밤, 잠자리에 들기 전에 이 시를 암송하도록 해보라. 또한 잠에서 깨자마자 암송해보라. 잠자리에서 일어나서 첫 걸음을 떼기 전에 이 시의 단어 하나하나를 천천히 묵상해보라. 이번 한 주동안 수없이 되풀이해서 암송하여 생활의 일부가 되게 해보라. 전혀 뜻밖의 순간에 이 시편을 기도하는 자신을 발견하게 될 것이다.

이 연습이 어떻게 내 영혼을 훈련시키는가?

이 시편은 상상할 수 없을 정도로 넉넉하게 나누고 베푸시는 하나님에 대한 이미지를 내포한다. 그 이미지들이 당신이 가지고 있을지 모르는 오해와

편견을 씻어내고, 당신의 영혼에 하나님에 대한 새롭고 변화된 이미지를 심어줄 것이다. 당신의 마음과 몸이 이 말씀을 따라 새롭게 형성될 것이다. 시작할 때마다 당신의 생각을 다시 추슬러야 할지도 모르지만, 곧 그것이 기도로 변하는 체험을 하게 될 것이다.

묵상을 위하여

당신이 이 책을 혼자 공부하든지 혹은 공동체 안에서 함께 공부하든지 상관없이 아래의 질문들이 당신의 경험을 묵상하고 성찰하는 데 도움이 될 것이다. 아래의 질문에 대한 답을 일기에 기록하는 습관을 들이는 것이 좋다. 만일 소그룹 안에서 다른 사람들과 함께 학습하고 있다면, 자신의 묵상과 체험을 다른 사람들과 나눌 때 기억하기 쉽도록 기록한 일기를 다음 모임에 가지고 가라.

- 이 주간에 영혼 훈련 과제를 수행할 수 있었는가? 그렇다면, 뭘 어떻게 했는지, 어떤 느낌이었는지를 적어보라.
- 이 영혼 훈련을 통해 하나님에 대하여 혹은 자신에 대하여 새롭게 깨달은 사실이 있다면 무엇인가?
- 시편 23편에서 당신에게 가장 의미 있게 다가온 구절이나 단어가 있다면 무엇인가?

chapter
5

사랑이신 하나님

영혼의 훈련 : 렉시오 디비나

| God Is Love |

내 친구이자 목회자인

제프 게논이 하루는 사무실에 앉아있는데 전화가 울렸다. 전화를 건 사람은 젊은 여성이었는데, 이런 질문을 했다.

"물어볼 게 있는데요, 제가 그 교회에 나가도 될까요?"

제프는 여자의 엉뚱한 질문에 어리둥절했다.

"우리교회에 나올 수 있냐고요? 당연하죠. 왜 그런 걸 물어보고 결정하려고 한 거죠?"

"가타부타 대답하시기 전에 먼저 제 얘기 좀 들어 주세요."

그 여인이 이야기를 시작했다.

여자가 고등학교 2학년 때 한 남자와 교제하던 중 임신을 하게 되었다. 그런데 그 남자는 이 여자나 아이에게 관심이 없었다. 하지만 그 여인은 아이를 유산하지 않기로 결심하고, 어느 정도 마음을 추스른 후에 자기 인생의 질서를 되잡아야할 필요성을 느꼈다. 그래서 자신이 어린 시절에 다니던 교회로 돌아갔고, 그때부터 모든 것이 제자리로 돌아오기 시작했다고 느꼈다.

그 교회에 출석한지 몇 달이 지난 후에 교회의 다른 젊은이들이 자신과 같은 실수를 하지 않았으면 좋겠다는 생각이 들어 담임목사를 찾아가 교회의 중고등학생들에게 데이트와 성에 대하여 강의를 한 번 해도 괜찮겠느냐고 물었다. 그러자 그 목사가 이렇게 말했다고 한다. "절대로 허락할 수 없어요. 당신 같은 사람들은 우리 학생들에게 좋지 못한 영향을 끼쳐요." 거절감이 들기는 했지만, 한편으로 그 교회가 집처럼 느껴졌기에 계속 출석했다. 몇 달 뒤 아기가 태어났다. 목사에게 전화를 걸어 아기의 유아세례를 언제 받을 수 있는지 물었다. 그 목사는 또 단호하게 이렇게 말했다. "우리 교회에서는 그 아기에게 절대로 세례를 줄 수 없습니다. 저는 사생아에게는 세례를 베풀지 않습니다."

"이제 제 사연을 아시겠죠? 이런 제가 목사님 교회에 출석해도 될까요?" 여자가 제프에게 물었다.

오해와 편견 :
하나님은 우리가 착할 때만 사랑하신다

어떤 사람들은 그 여인의 부탁을 거절한 목사의 이야기를 듣고 도무지 믿기지 않을 만큼 충격을 받았을지도 모르겠다(사실 정말 충격적이기는 하다). 하지만 어쩌면 그런 사고방식이 오늘날 많은 기독교인들의 실상이기도 하다. 그런 사람들에게 하나님은 우리가 착할 때만 우리를 사랑하시는 분이다.

 많은 사람들이 우리를 향한 하나님의 사랑은 조건부 사랑이라는 생각을 가지고 산다. 우리의 행위가 하나님이 우리를 어떻게 보실지를 결정한다고 믿는다. 그 결과, 우리가 아는 하나님의 사랑은 끊임없이 변한다. 어떻게 보면 하나님의 사랑은 마치 회전의자 같다. 우리의 행동과 말과 생각이 순전하고 착하게 잘 살면 우리를 바라보시며 미소 지으시고, 그렇지 못하면 우리에게서 등을 돌리시는 것처럼 말이다. 하나님이 다시 우리를 돌아보게 만드는 유일한 방법은 우리가 착한 일을 많이 하는 것이다. 나는 그런 일을 몸소 겪어봐서 안다. 오래 전 내 마음속에 내가 만들어낸 하나님의 모습은 하도 많이 돌아앉으셔서 그걸 보는 내가 다 어지러울 정도였다.

 자신의 삶에서 이런 회전의자와 같은 하나님의 사랑을 경험해본 적이 있는가? 설명해보라.

성과중심적인 세상

 이 세상에 태어난 지 얼마 지나지 않아 우리가 사는 세상이 성과 중심적이라는 사실을 발견한다. 부모들이 자녀가 어렸을 때부터 자녀의 행동을 그렇게 형성해간다. 우리가 처음 배우는 말들 중 하나는 '좋은 것과 나쁜 것'

이다. "콩을 다 먹었구나 - 착하다, 우리 딸!" 혹은 "벽에다 크레용으로 낙서하면 안 돼요 - 나쁜 아이에요!"라는 말을 수도 없이 들으며 자란다. 우리가 말을 배우기도 전에 행동에 따라 인정받을 수도 그렇지 못할 수도 있다는 사실을 터득하고, 매우 조건적인 사랑에 적응하는 법을 배우기 시작한다.

사실 부모라면 누구나 그런 방법을 선호한다. 나도 아이들을 키우면서, 그 애들이 뭔가 잘하면 곧바로 칭찬한다. 반대로, 그 애들이 뭔가 잘못된 행동을 하면 즉시 혼을 낸다. 그렇게 하지 않으려고 아무리 노력해도 그렇게 된다. 물론 가끔은 그렇게 하는 것이 필요하다. 왜냐하면 부모의 역할은 옳고 그른 것을 제대로 가르치는 것이기 때문이다. 하지만, 그 애들을 혼내는 건 자신들의 행동이 잘못된 것이지 그 애들의 됨됨이 자체가 잘못된 것이 아니라는 사실을 가르쳐주는 것이 매우 어렵다.

이렇게 성과에 따라서 인정받는다는 생각은 원래 가정에서 시작되지만, 바깥세상도 별반 다르지 않다. 세상의 원리도 성과중심적인 사고방식을 부추긴다. 학교에서 공부를 잘하면 칭찬 받는다. 농구 게임에서 결승점을 올리면 인기가 높아진다. 그리고 외모가 잘생겼거나 예쁘면 사람들에게 사랑을 받는다. 인정받는 것, 우리의 가치와 진가는 겉으로 드러나는 능력과 재능, 성과에 의해 결정된다는 사실을 재빨리 터득하게 되는 것이다.

 성과지향적인 풍토에 대한 경험이 있는가? 자신의 삶에서 어떤 부분들이 성과지향적인가?

바로 이것이 우리가 사는 세상 속에서 늘 보고 경험하는 것들이기 때문에, 그와 똑같은 생각을 하나님께 투영하는 것은 너무도 당연하다. 하나님은 우리 부모나 코치나 직장상사보다 더 크고 똑똑하고 전능한 분이다. 하나님은 모든 걸 아신다! 그런 하나님께 인정받고 사랑받으려면 얼마나 더, 어떻게 노력해야 할까? 이미 알고 있듯이, 정답은 그것들이 우리의 종교적인 노력과 관련이 있다는 것이다. 보통 사람에게, "하나님의 사랑과 은총, 은혜를 받아 누리려면 뭘 어떻게 해야 할까요?"라는 질문에, 아마도 대답은 명확하고 일률적으로 다음과 같을 것이다. "교회에 열심히 다니고, 성경 읽고, 헌금 잘하고, 교회봉사도 하고, 어려운 사람들을 도와야 할 것 같아요. 아, 그리고 하나님께서는 제가 죄짓지 않기를 원하실 거예요. 혹시 죄를 짓더라도 최소한으로 적게 지어야겠지요."

그런 방식으로, 행위의 열심과 최대한 죄를 짓지 않는 노력으로 우리에 대한 하나님의 생각을 조절하려고 한다. 이것이 율법주의다. 우리의 행위로 하나님의 사랑을 얻어내고, 독실한 신앙심으로 하나님의 은총을 받아 내고, 혹은 하나님의 저주를 피해보겠다는 생각 말이다. 결국 그러한 율법주의는 검은 고양이나 사다리를 피해야 한다는 식의 미신과 별반 다를 게 없다. 우리는 그렇게 미신적이고 율법적인 행동에 집착한다. 그렇게 하지 않으면 세상이 혼란에 빠질지도 모른다는 두려움을 주입시켰기 때문이다. 하지만, 하나님의 은총은 마치 행운의 상징을 항상 몸에 품고 다니는 것과 같이 우리의 행위를 조절해서 얻어지는 것이 아니다. 성과중심적인 풍토는 우리를 끊임없이 불안하게 하고 염려하게 만드는데도 불구하고, 여전히 우리 사회에

만연해 있다. 하지만 다행인 것은 그것이 예수님의 가르침이 아니라는 사실이다. 예수님은 말과 행위에 대해 세상이 가르치는 생각이 잘못되었다는 것과, 그것이 전혀 하나님의 뜻이 아니라는 것을 몸소 보여주셨다.

 하나님의 사랑이 우리의 행위에 따른 보상이라고 생각해본 적이 있는가?

예수님의 이야기로 생각 바꾸기

성경을 아무리 뒤져봐도, 어디에서도 하나님께서 우리가 착하게 행동할 때나 신앙적인 열심이 있을 때만 우리를 사랑하신다고 예수님이 말씀하신 것을 찾을 수 없다. 대신 예수님은 하나님께서 모든 사람을 무조건 사랑하신다고 거듭 말씀하신다. 예수님의 말씀을 보기 전에, 예수님이 어떻게 하셨는지를 먼저 살펴보자.

죄인들을 맞아주시는 하나님 : 예수님은 비유로 아버지를 나타내셨을 뿐만 아니라, 자신의 성품과 행동을 통해 아버지의 모습을 반영하셨다. 아래에 나오는 마태복음의 한 이야기가 예수님이 나타내신 하나님이 어떤 분이신가를 잘 보여준다.

예수께서 그 곳을 떠나 지나가시다가 마태라 하는 사람이 세관에 앉아 있는 것을 보시고 이르시되 나를 따르라 하시니 일어나 따르니라 예수께서 마태의 집에서 앉아 음식을 잡수실 때에 많은 세리와 죄인들이 와서 예수와 그의 제자들과 함께 앉았더니 바리새인들이 보고 그의 제자들에게 이르되 어찌하여 너희 선생은 세리와 죄인들과 함께 잡수시느냐 예수께서 들으시고 이르시되 건강한 자에게는 의사가 쓸 데 없고 병든 자에게라야 쓸 데 있느니라 너희는 가서 내가 긍휼을 원하고 제사를 원하지 아니하노라 하신 뜻이 무엇인지 배우라 나는 의인을 부르러 온 것이 아니요 죄인을 부르러 왔노라 하시니라(마 9:9-13).

마태는 세리였다. 세리는 당시 유대인들 사이에서 비열한 직업으로 여겨지던 일이었다. 세리는 길가에 요금징수소 같은 곳에 앉아서 로마를 대신해서 유대인들에게 세금을 징수하던 사람이다. 한마디로 '나쁜 사람들'을 위해 일하는 앞잡이였던 것이다. 하지만, 더 심한 것은 당시의 세리들이 중간에서 돈을 가로채기로 유명했다는 사실이다. 그런 까닭에 그들은 배신자요 사기꾼으로 낙인찍힌 사람들이다.

이 본문에 보면 예수님께서 세리 마태를 제자로 부르신다. 당시에 랍비들이 제자를 선정하는 방식은 매우 엄격했기 때문에 예수님의 행동은 파격적이었다. 랍비의 제자로 부름을 받는다는 것은 소수의 의로운 사람들에게만 주어지는 엄청난 특권이었기 때문이다. 그렇기 때문에 예수님의 행동은 가히 충격적이고 엽기적으로 여겨지기에 충분했다.

제자로 부름을 받은 다음 마태는 예수님을 자신의 집에 초대했다. 이것은 자신의 새로운 랍비인 예수님에 대한 충성의 표시였다. 당연히 마태의 친구들 대부분은 세리였거나 각양각색의 '죄인들' 이었다. 종교성이 강한 바리새인들은 예수님의 그런 행동들을 예의주시하고 있었다. 그러다가 죄인들과 함께 식사를 하는 모습을 보고는 예수를 거짓 선지자요, 협잡꾼이요, 가짜며 위선자로 몰아붙였다.

하지만 예수님은 그들에게 자신이 세상에 온 이유는 건강한 사람들을 위한 것이 아니라 병든 자들을 위해, 의로운 자들을 위한 것이 아니라 죄인을 위해서라고 말씀하신다. 아이러니한 것은 바리새인들도 세리들 못지않게 병들었으며 죄인들인데, 단지 차이가 있다면 그들은 그 사실을 스스로 인정하지 못한다는 것이었다. 반면에 세리들은 전혀 가식이 없었다. 어차피 죄인이라고 여겨지는 것에 익숙해져 있었기 때문이다. 그들이 궁금한 게 있다면 왜 자신들이 그 자리에 초대받았느냐는 것이다.

만일 예수님이 그런 부류의 사람들을 초대하셨다면, 우리에게도 기회는 있다. 브레넌 매닝은 다음과 같이 기록한다.

> 여기 밤하늘의 별처럼 분명한 계시가 있다. 예수님은 세리처럼 비열하고 꿈도 없는 죄인들을 위해 이 땅에 오셨다. 그가 이 땅에 오신 이유는 최고 경영자, 길거리의 노숙자들, 슈퍼스타들, 농부, 창녀들, 중독자들, 세무청 감사원들, 에이즈 환자, 그리고 심지어는 중고차 영업사원들을 위해서였다……이 본문은 읽고 또 읽고, 암송되어야 한다. 많은 기독교인들이 이 사실을 믿기 어렵다고 여기거나, 그 의미를 제대로 모르고 있다.

매닝이 말한 것처럼, 우리는 왜 이 메시지를 잘 모르는 것일까? 왜 '믿기 어려운 진실'이라고 여기는 걸까? 우리 삶 깊숙이 뿌리내린 성과중심적인 삶의 태도와 예수님의 무조건적인 사랑이 상충되기 때문일 것이다. 하나님이 도대체 어떻게 죄인들을 사랑하신단 말인가? 아마도 그들이 앞으로 잘하겠다고 약속하면, 어쩌면 용서해주시고 사랑해주실지도 모르겠다. 하지만, 예수님은 그렇게 가르치시지 않았다. 예수님의 말과 행동으로 보여주신 하나님의 사랑은 그들을 있는 모습 그대로 받아주는 사랑이다. 어떻게 하면 사랑해 주실 것이라는 조건부 사랑이 아니다.

죄인을 사랑하시는 하나님 : 아마 성경에서 가장 유명한 구절은 바로 예수님의 이 말씀일 것이다.

> 하나님이 세상을 이처럼 사랑하사 독생자를 주셨으니 이는 그를 믿는 자마다 멸망하지 않고 영생을 얻게 하려 하심이라 하나님이 그 아들을 세상에 보내신 것은 세상을 심판하려 하심이 아니요 그로 말미암아 세상이 구원을 받게 하려 하심이라(요 3:16-17).

이 구절은 수많은 사람들에게 위로를 주었다. 그리고 또한 성경의 핵심을 가장 잘 요약한 구절일 것이다. 예수님은 당신의 사명 이유를 이렇게 설명하신다. 하나님이 세상을 사랑하셨고, 그 세상을 구원하기 원하셨다고. 많은 사람들이 하나님은 자신들에게 분노하고 계시다고 믿는다. 하지만, 어떤 이유에선지 몰라도 아직 벌을 완전하게 내리신 것은 아니라고 생각한다. 그런 사람들은 예수님이 이렇게 말씀하셔야 마음이 편할지도 모르겠다. "하나님이 세상에 단단히 화가 나서 독생자를 보내시고, 사람들에게 똑바로 살라고 경고하시며, 똑바로 사는 사람들은 영생을 얻을 것이라고 하셨으니, 과연 하나님이 독생자를 보내셔서 세상을 정죄하시고, 누구든지 선행을 통하여 구원을 얻게 하려 하심이라".

예수님은 하나님이 "몇몇 사람"이나, "어떤 사람들" 아니면 "많은 사람들"을 사랑한다고 말씀하시지 않으셨다. 하나님이 세상을 사랑하셨다고 말씀하셨다. 그리고 우리가 알다시피, 그 세상은 죄인들로 가득하다. 그러므로 하나님은 죄인들을 사랑하신 것이다. 예수님은 "하나님이 의롭고 종교적이고 착한 사람들을 사랑하사 독생자를 주셨으니"라고 말씀하시지 않으셨다. 하나님이 죄인들이 살고 있는 이 세상을 사랑하셨다고 말씀하셨다. 사도바울도 그 사실을 다음과 같이 반영한다. "우리가 아직 죄인 되었을 때에 그리스도께서 우리를 위하여 죽으심으로 하나님께서 우리에 대한 자기의 사랑을 확증하셨느니라"(롬 5:8).

하나님은 자신이 사랑하는 사람들의 상황이나 죄의 상태에 아랑곳하지 않으신다. 그것이 순수한 사랑의 확실한 증거다. 아마 예수님의 비유들 가운데 가장 많이 알려진 것은 하나님께 무조건적으로 사랑받고 싶은 우리의 소원을 잘 표현한 탕자의 비유일 것이다.

당신이 어떤 사람들과 어울리는지를 본다면 사람들이 당신의 기본적인 사고방식이 어떻다고 생각하겠는가?

탕자의 아버지

돌아온 탕자 이야기는 사실 탕자 아버지의 사랑 이야기로 불려야 할 것이다. '방탕하다'라는 단어의 사전적 의미는 '무모하게 나누고 베풀다'라는 뜻이다. 우리는 그 표현을 보통 재산을 허랑방탕하게 탕진한 둘째 아들을 묘사할 때 주로 사용한다. 하지만 정작 무모하게 나누고 베푼 사람은 배은망덕한 아들에게 재산을 물려주고 그 아들이 돌아왔을 때 사랑으로 받아준 그 아버지다. 이 비유는 대부분의 그리스도인들에게 친숙하지만, 예수님이 아버지의 사랑에 대하여 가르치신 중요한 점 몇 가지만 살펴보자. (누가복음 15장 11-32절을 보라.)

우리는 이 비유를 수도 없이 들어왔지만, 정작 이야기 속의 정말 충격적인 부분은 종종 놓친다. 작은 아들은 자신이 아버지를 떠나 독립할 수 있도록 유산을 미리 분배해 달라고 한다. 이것은 정말 충격적이고 있을 수 없는 요구였다. 하지만 아버지는 아들의 말대로 유산을 나누어준다. 작은 아들은 전 재산을 허랑방탕하게 사용하고 결국 빈털터리가 되고 만다. 겨우 구한 일자리가 돼지를 먹이는 일이었는데, 돼지들이 먹는 먹이를 같이 먹다가 결국 탈이 난다. 그러고는 자기 아버지 집에서 일하는 품꾼이 자기 신세보다 나을 것이라고 생각하고, 아버지에게 자기를 품꾼의 하나로 보라고 매달려야겠다며, 계획을 세운 뒤에 집으로 돌아간다.

그리고 이야기는 매우 놀라운 반전을 보여준다. 내가 생각하기에, 성경에 나오는 가장 아름다운 구절이 등장한다. "아직도 거리가 먼데 아버지가 그를 보고 측은히 여겨 달려가 목을 안고 입을 맞추니"(눅 15:20). 아마도 이 아버지는 매일 매일 아들이 돌아오기를 기다렸던 것 같다. 그러다가 아들이 돌아오는 모습을 보고 "측은히 여긴다" 이 짧은 구절은 우리에게 많은 것을 시사한다. 하나님의 마음과 성품을 그대로 반영한다. 하나님은 우리가 결코 저질러서는 안 되는 최악의 잘못을 저질렀을 때에도 여전히 긍휼이 가득한 마음으로 측은하게 우리를 바라보신다.

예수님 당시에는 그 아버지가 아들을 원로들 앞에 끌고 가서 돌에 맞아 죽게 할 수도 있었다. 아버지에게 그런 권리가 있었다. 그 아버지가 그렇게 한다고 해도 뭐라 할 사람은 아무도 없었다. 그렇게 함으로서 (우리가 생각하는 대로) 정의가 지켜질 수 있었을 것이다. 하지만, 아버지는 아들을 부둥켜안는다. 그리고 용서의 표시로 입을 맞추고 집으로 데려가 잔치를 베푼다. 종에게 명하여 좋은 옷과, 반지와 신발을 가져오게 한다. 그 세 가지는 모두 아들로서의 권리회복을 의미한다. 이제 아들의 모든 권리를 다시 갖게 된 것이다. 아들의 지위가 회복된 것이다. 작은 아들은 잃은 것이 아무것도 없다. 그러나 그에게는 그것들을 누릴 자격이 전혀 없었다.

얼핏 보아도 하나님은 죄인들을 무척 좋아하신다. 그들의 죄를 좋아하시는 것은 아니다. 그 아버지는 당연히 아들의 결정 때문에 마음 아파했을 것이다. 아버지는 아들의 허랑방탕한 삶을 묵과하지도 않았고, 인정하지도 않았다. 어떤 아버지든, 그가 좋은 아버지라면 작은 아들의 행동에 화를 냈을 것이다. 하지만 예수님은 우리가 짓는 최고의 악행도 우리를 향한 하나님의 사랑이나, 우리를 기다리시는 아버지의 마음을 결코 막지 못한다고 말씀하신다. 이 비유는 죄인이 어떻게 하면 구원을 받는가에 대한 이야기가 아니라, 죄인까지도 기꺼이 사랑하시는 하나님의 사랑 이야기다.

 당신을 거부하는 사람을 사랑해본 경험이 있는가? 혹은 당신이 상처 준 사람에게 사랑을 받아본 경험이 있는가? 설명해보라.

큰 아들과 나

이 비유는 죄인들과 함께 식사를 했다고 비판하는 사람들에게 예수님이 답하신 이야기임을 기억해야 한다. 누가는 그 상황을 이렇게 설명한다. "모든 세리와 죄인들이 말씀을 들으러 가까이 나아오니 바리새인과 서기관들이 수군거려 이르되 이 사람이 죄인을 영접하고 음식을 같이 먹는다 하더라"(눅 15:1-2). 앞서 언급한 것처럼, 예수님의 행동은 다소 혁명적이었다. 어떠한 랍비도 명백하게 죄인으로 여겨지는 사람들과 함께 식탁을 대하지 않았기 때문에, 바리새인들은 공공연하게 예수님을 비판했다.

대부분의 사람들은 탕자와 아버지에게 관심을 둔다. 하지만 비유의 후반부(눅 15:25-32)는 예수님의 비유를 듣는 사람들이 누구인지 알려준다. 이 비유의 직접적인 대상은 학대받고 억압받는 사람들이나 소외된 계층의 사람들이 아니라, 하나님의 파격적이고 무조건적인 사랑을 그대로 받아들이지 못하는 정직하고 종교적인 열심을 품은 사람들이었다. 이야기속의 큰아들의 모습은 하나님이 죄인들을 사랑하신다는 사실에 안달복달하는 사람들을 연상시킨다. 큰 아들의 모습은 다른 사람들과 자기 자신조차도 조건 없이 사랑하는 하나님의 모습에 불편함을 느끼는 사람들을 나타낸다.

잔치가 벌어지고 있을 때 큰 아들은 들판에서 일하고 있었다. 그가 집으로 돌아오자 동생을 위한 잔치가 벌어졌다는 사실을 알게 된다. 그래서 아버지에게 불평한다. "이건 말도 안됩니다! 나는 매일 죽어라 일만해도 이런 잔치를 베풀어주시지 않더니, 저 망할 놈의 자식이 – 동생이라고 부르기조차 싫은 – 우리 재산을 챙기들고 다 말아먹었는데, 이제 돌아왔다고 잔치를 베푼다고요?" 큰 아들이 화를 낼만도 하다. 자신은 아버지에게 결코 불효한 적도 없었다. 집안의 재산을 축낸 적도, 이기적으로 군 적도 없었다. 하지만 동생은 그 말도 안 되는 불효막심한 삶을 살았는데도 돌아온 영웅 대접을 받고 있지 않은가?

아버지는 자신이 그렇게 잔치를 베푸는 것이 하나도 잘못된 것이 없다고 큰 아들을 설득한다. 그리고 이렇게 말한다. "내가 가진 것이 다 네 것이 아니더냐?" 다른 말로 하면, 동생이 가진 모든 것을 너도 갖고 있지 않으냐는 말이다. 이것은 각각 일한 시간은 다른데 같은 품삯을 받았던 포도원 품군들의 비유와 비슷하다. 예수님은 하나님의 은혜에 대한 우리의 태도에 일침을 가하신다. 우리가 은혜를 싫어한다는 것이다. 어쩌면 불공평해 보일런지 몰라도, 사실은 그것이 완벽하게 공평한 것이다. 하나님은 모두에게 은혜를 베푸신다. 문제는 그것이 우리가 가진 성과중심적인 사고방식과 일치하지 않는다는 것이다.

가장 중요한 핵심은 하나님과 우리를 갈라놓는 것이 하나 있는데, 그것이 죄는 아니라는 사실이다. 그것은 우리가 갖고 있는 독선 혹은 자기의(自己義)다. 우리가 가진 자기의는 하나님을 우리에게서 돌아서게 하는 것이 아니라, 우리가 하나님에게서 돌아서게 만든다. 내 죄가 하나님으로부터 나를 떼어놓는 것이 아니라, 다른 사람들과 나를 향한 하나님의 은혜를 거부하는 것이 나를 하나님으로부터 멀어지게 만든다. 아버지는 큰아들에게 작은 아들이 돌아온 것으로 충분히 잔치를 베풀고 기뻐할 만하다고 말한다. 예수님이 바리새인들에게 하시려는 말씀도 이것이다. "세리든 창기든, 어떤 죄인들이라도 내게 돌아오는 것을 보면 너희들도 당연히 기뻐해야 한다. 왜냐하면 그들이 죽었다가 이제 다시 산 것이기 때문이다. 그런데 너희들은 불평을 하고 있다."

바리새인들은 이제 하나님께서 죄인들을 환영하신다는 것을 인정하고, 그 기쁨에 동참할지의 여부를 결정해야 했다. 유감스럽게도 그들은 거부했다. 나는 작은 아들보다는 큰 아들의(바리새인) 모습에 가깝다. 하지만 죄인들을 향한 하나님의 은혜에 대한 거부감은 없다. 오히려 나를 가끔 힘들게 하는 것은 나를 향한 하나님의 은혜다. 내 신학에 뿌리 깊게 자리 잡은 성과중심적인 사고방식이 하나님의 사랑을 거저 받아들이기 힘들게 한다. 바로 그 때문에 도서관에서 발견한 오래된 책에 실린 시 한편에 감동을 받았다.

자신이 마치 그 이야기에 등장하는 큰 아들처럼 하나님이 다른 사람들이나, 심지어 당신 자신을 인정하고 받아들여주시는 것이 못마땅하게 느껴진 적이 있는가?

하나님에 관한 진실

최근에 아주 좋아하게 된 작가들 가운데 시모네 웨일이라는 사람에 관한 책을 몇 년 전에 읽었다. 그녀의 저서들은 독실한 믿음에 대한 깊은 생각들을 잘 보여준다. 그녀는 유태인의 가정에서 자라났지만, 훗날 기독교인이 되었다. 그녀에 대한 전기를 쓴 작가의 말에 의하면, 그녀가 기독교인이 되는데 17세기 영국의 작가이며 시인인 조지 허버트의 시 한편이 엄청난 영향을 끼쳤다고 한다. 그 시는 조지 허버트가 쓴 사랑에 관한 세 번째 시다.

나는 즉시 도서관으로 달려가 허버트의 시가 담긴 책을 빌려왔다. 앉아서 시를 읽다가 얼마간 말을 잃을 정도로 큰 감동을 받았다. 그 시를 읽고 묵상하면 할수록 그 깊이를 알 수 없을 정도로 심오했다.

사랑(III)

사랑은 나를 반기셨으나,
내 영혼은 수치와 죄책감에 찔려 뒷걸음질 쳤네.
그러나 민감하신 사랑은 내가 처음 들어설 때부터 머뭇거린 것을 아시고

내 곁에 더 가까이 다가오셔서

내게 필요한 것이 무엇이냐고 부드럽게 물으셨네.

"이곳에 합당한 손님입니다"라고 나는 대답했네.

사랑은 "네가 바로 그 사람이다"라고 말씀하셨네.

"오, 주님! 불손하고 은혜도 모르는 저 말입니까?

저는 감히 주님을 쳐다볼 수도 없습니다."

사랑은 내 손을 잡고, 웃으며 대답하셨네.

"누가 네 두 눈을 지었느냐, 내가 아니더냐?"

"하지만 주님, 제가 그 눈을 더럽혔나이다.

제 죄에 합당한 자리로 나를 보내소서."

"정녕 누가 그 죄 값을 치렀는지 모르느냐?" 주님은 물으셨네.

"사랑하는 주님, 그러면 제가 섬기겠나이다."

"너는 먼저 앉아 내 음식을 먹어라" 사랑이 말씀하셨네.

나는 앉아 음식을 먹었네.

[결말]

높은 곳에 계신 하나님께 영광, 그리고 땅에는 평화

모든 이들에게 선하심이 함께 하기를.

이 시는 매우 오래된 시고, 문체도 어렵기 때문에 이 시가 전하고자 하는 통찰과 의미를 설명해야할 것 같다(적어도 내게는 시가 좀 어려웠다).

사랑이 나를 반기셨다. 허버트는 즉각적으로 하나님의 본질을 이야기하고 있다. 시인은 하나님은 사랑이시라는(요일 4:8) 요한의 말씀에 동의한다. 시 전체에 나타난 '사랑' 이라는 단어는 '하나님' 이라는 단어로 바꾸어 읽어도 무방하다. 시인은 지금 "하나님이 나를 반기셨다"고 말한다. 하나님이 우리를 초대하신 것이다.

하지만 내 영혼은 뒷걸음질 쳤네. 영혼의 반응은 어떠한가? 하나님이 우리에게 다가오시면 뒷걸음질치는 것이 당연한 반응이다. 왜냐하면 하나님은 거룩하시고 공의로우신 분이기 때문이다.

죄로 인한 수치심과 죄책감. 허버트는 우리가 왜 뒷걸음질치는 지를 말해준다. 우리는 죄로 얼룩진 인생이기 때문이다. 우리는 마음속 깊이 우리가 실패했으며, 하나님의 영광에 수도 없이 이르지 못하며, 우리의 죄 때문에 뒤로 물러설 수밖에 없다는 사실을 안다.

민감하신 하나님의 사랑. 허버트는 하나님이 "눈치 빠르고 민감하신 사랑"이라고 표현한다. 아름다운 표현 아닌가? 하나님은 우리를 완벽하게 꿰뚫어 보신다. 맞다. 하나님은 우리를 지켜보고 계신다. 하지만, 사랑과 긍휼의 눈으로 지켜보고 계신다.

내가 처음 들어설 때부터 머뭇거렸던 것을 아시고. 허버트가 살던 시대에는 '기운이 없다(grow slack - 원문의 표현)' 는 것은 머뭇거린다는 것을 의미한다. 그

림이 그려지는가? 하나님이 우리를 부르셨고, 우리는 뒤로 물러선다. 하나님은 왜 그런지 알고 계신다. 우리가 죄책감을 느끼기 때문이다. 그래서 하나님이 어떻게 하시는가?

내 곁에 더 가까이 다가 오셔서. 하나님이 가까이 오신다. 우리가 머뭇거리는 것을 보시고, 하나님이 먼저 다가서신다. 우리가 뒤로 물러서고 넘어질 때에도 하나님이 우리에게 가까이 다가오신다.

부드럽게 물으셨네. 하나님은 우리에게 부드럽게 질문하신다. 여기 가벼운 언쟁이 시작된다. 하나님이 우리에게 다가오셔서 질문하신다. 성과중심적인 사고방식을 가지고 나는 하나님이 "넌 왜 그토록 많은 죄를 지었느냐?"라고 물으실 것이라고 생각하지만, 그렇지 않다.

내게 필요한 것이 무엇이냐고. 하나님의 첫 번째 질문은 "이 패악한 죄인아, 그래 뭐라고 변명할 것이냐?"가 아니다. "뭐가 필요하니? 부족한 게 뭐니?"라고 물으신다.

"이 곳에 합당한 손님입니다." 우리는 자존감이 낮다. 우리 대부분은 하나님 앞에서 스스로를 무가치하게 여긴다. 그러므로 이렇게 말한다.

사랑이 말했다. "네가 바로 그 사람이다." 사랑은 우리 스스로 무가치하게 여기는 것에 대하여 "넌 존귀한 존재다."라고 말씀하신다. "내가 그렇게 말하기 때문에 너는 존귀하다. 너는 내가 사랑하는 사람이기 때문에 존귀하다." 어거스틴은 이렇게 적었다. "하나님은 우리를 사랑하심으로 사랑스러운 존재로 만들어 가신다." 우리의 가치는 우리가 성취하거나 얻어내거나 이룰 수 있는 것이 결코 아니다. 그것은 우리에게 선물로 주어진다. 선물은 획득

하는 것이 아니라 그저 받는 것이다.

불손하고 은혜도 모르는 저 말입니까? 저는 감히 주님을 쳐다볼 수도 없습니다. 하지만, 우리는 선물을 받는 것조차 힘들어한다. 온 세상이 자기 자신의 공로에 의지하기 때문이다. 우리가 노력한 만큼 얻을 수 있다. 그래서 "저요? 은혜도 모르고, 몰인정한 저 말입니까? 제가 얼마나 나쁜 사람인지 몰라서 그러시나요, 하나님? 저는 하나님을 똑바로 쳐다볼 수조차 없는 사람이라고요."라고 대답하는 것이다.

사랑은 내 손을 잡고, 웃으며 대답하셨네. "누가 네 두 눈을 지었더냐, 내가 아니더냐?" 이 장면은 아주 충격적이다. 하나님이 당신을 향해 미소 짓는 모습을 상상해 보았는가? 당신의 상태가 어떠하든지 상관없이? 내가 아는 많은 사람들은 하나님이 자신을 자랑스러워하시거나 좋아하신다는 사실을 믿기 어려워한다. 하나님의 놀라운 반응을 주목해보라. "네 두 눈을 누가 지었더냐? 내가 아니더냐?" 우리는 "하나님 저는 하나님을 똑바로 쳐다볼 수조차 없는 사람입니다."라고 말하지만, 하나님은 "무슨 말을 하고 있는 거냐? 네가 고개를 들어 나를 볼 자격이 없다고 말하는 그 두 눈을 바로 내가 지었단 말이다!"라고 대답하신다.

"하지만 주님, 제가 그 눈을 더럽혔나이다." 이 문제에 대하여 우리는 하나님과 논쟁할 수 없다. "하지만(항상 '하지만' 이라는 단서가 붙는다), 제가 그 눈을 더럽혔나이다." 허버트는 "예, 주님! 주님께서 제 두 눈을 만드신 건 맞습니다. 그러나 저는 그 두 눈을 좋은 것을 보는 데 사용하지 못했습니다. 보지 말아야할 것을 보았고, 잘못된 행동들로 제 눈을 더럽혔습니다."라고 말하고 있다.

"제 죄에 합당한 자리로 나를 보내소서." 불쌍한 영혼은 다시 한 번 이렇게 말한다. "하나님, 제가 어떤 사람인지 아시고 하시는 말씀입니까? 저는 아주 형편없는 사람입니다. 주님이 내게 두 눈을 주셨지만(모든 것을 주셨지만) 저는 그 모든 것을 망쳤습니다. 그러니 제발, 저를 합당한 곳으로 보내주십시오. 처분대로 따르겠습니다." 여기 이 부분에서 시인은 은혜를 구하는 것이 아니라 정의를 구한다. "저는 무가치한 사람입니다. 내가 원하는 것을 주시지 말고, 내게 합당한 처분을 내려주십시오."

"정녕 누가 그 죄 값을 치렀는지 모르느냐?" 이 중요한 시점에 이르러서는 하나님께서 개입하셔서 말씀하신다. "네 말이 틀리다고하지는 않겠다. 너는 실패자다. 그리고 너는 분명히 네 죄에 응당하는 벌을 받아 마땅하다. 하지만(이 부분에 주목해야 한다) 누가 네 죄값을 치렀는지 정녕 모른단 말이냐?" 하나님이 말씀하시고자 하는 것은 "예수가 모든 책임을 졌다. 내 아들이 네 모든 수치를 거두었기 때문에, 더 이상 네게는 그 수치가 남아 있지 않다."는 것이다.

여기서 잠시 멈출 필요가 있다. 때로는 사람들이 하나님의 사랑에 대하여 이야기할 때 정의와 상관없이, 우리의 죄와는 상관없이 하나님이 우리를 사랑하시는 것처럼 말한다. 이것이 많은 사람들이 스스로를 죄인이라고 여기지 않는 까닭이다. 하지만 만일 죄인이 아니라면, 왜 그토록 불안해 하는 걸까? 우리가 만일 죄인인 척하고 있는 거라면, 용서받은 척도 해야 할 것이다. 하나님은 말씀하신다. "너는 실제로 죄인이 맞다. 그리고 그 값은 사망이다. 하지만 내 아들, 예수가 너의 모든 죄의 대가를 대신 치렀다. 너의 모든 죄를 십자가에 못 박았다. 그가 너를 대신해서 심판을 받았다."

"사랑하는 주님, 그러면 제가 섬기겠나이다." 대개의 경우 은혜의 메시지는 우리로 하여금 기쁨과 자유를 갖게 하는 것이 아니라 오히려 죄책감이 들게 한다. 많은 설교자들이 그런 효과를 기대하면서 설교한다. "예수님이 당신의 죄를 위해 돌아가셨다는 사실을 모르십니까? 당신 때문에 예수님이 죽으셔야 했다는 사실에 부담이 느껴지지 않습니까?" 그러면 결국 이런 반응이 따라온다. "맞습니다. 죄송합니다, 주님. 앞으로 더 잘하겠습니다. 더 열심히 노력해서 더 잘하도록 하겠습니다. 맹세합니다! 필요하다면 선교지에서 주님을 위해 기꺼이 목숨도 내놓겠습니다. 명령만 하십시오. 그대로 시행하겠습니다. 하나님, 저는 주님께 큰 빚을 진 사람입니다."

"먼저 앉아서 내 음식을 먹으라." 사랑이 말씀하셨네. 하나님은 거기에 이렇게 반응하신다. "앉아라. 여기서 쉬어라. 나와 함께 먹자. 나를 위해 섬길 필요 없다. 내가 네게 필요로 할 것은 아무것도 없다. 내가 너를 필요로 하는 이유는 너를 사랑하기 때문이다. 그리고 내가 진정 원하는 것은 네가 나와 함께 있는 것이다. 내 깊은 소원은 네가 나가서 나를 위해 섬기는 것이 아니라, 내가 너를 계속 사랑할 수 있도록 해주는 것이다."

하나님이 당신에게 가장 원하시는 것이 무엇이겠는가?

나는 앉아 음식을 먹었네. 하나님이 우리에게 가장 원하시는 것은 바로 이것이다. 하나님이 우리를 섬기려고 하신다. 우리가 그분과 함께 먹고, 당신의 선하심을 누리는 것을 보고 싶어 하신다. 언젠가는 우리가 다른 사람들을 섬기게 될 것이다. 하지만, 그것은 하나님의 사랑에 대한 응답에서 나오는 것이지, 죄책감과 부담감에서 비롯된 것이 아니다.

조지 허버트는 위대한 정치가였지만, 모든 야망을 버리고 작은 교회의 목회자로 섬겼다. 많은 시를 썼지만, 출판하거나 나누고자 했던 것이 아니었다. 그는 마지막 숨을 거두기 전 가까운 친구에게 자신이 지금까지 지은 시를 건네주면서 "자네가 읽어보고 이 시들이 절망에 빠진 어려운 영혼에게 도움이 된다면 출판하고 아니면 버리게."라는 마지막 부탁을 하였다.

그의 사후에 시들이 출판되었다. 나는 "도움이 된다고 생각되면"이라는 겸손한 그의 표현에 놀라움을 금치 못한다. 허버트의 시들이 도움이 될 것이라고 판단했던 그의 친구의 지혜와 분별력으로 인해 하나님께 감사한다. 분명 시므온 웨일도 나와 똑같은 생각을 했을 거라고 확신한다.

율법주의는 제한하고, 사랑은 자극하고

이 장은 혼외정사로 임신을 하고, 자기가 다니는 교회 청소년들에게 도움이 되고자 했으나, 목사에게서 외면당한 한 여인의 이야기로 시작했다. 그 목사는 그녀의 아기에게 세례를 주는 것조차 거부했다. 그녀는 결국 다른 교회로 옮겼고, 얼마 지나지 않아 아기도 유아세례를 받았다. 그 후 그녀는 어렵게 학업을 마치고 많은 젊은이들을 위해 봉사하는 삶을 살았다. 지금은 딸과 함께 아프리카에서 선교사로 살고 있다.

영혼의 훈련

렉시오 디비나

이번 주간의 영혼 훈련은 라틴어로 '거룩한 독서'라는 의미를 가진 렉시오 디비나(Lectio Divina) 훈련이다. 렉시오 디비나는 성경을 마음으로 읽는 방법이다. 렉시오 디비나의 유래는 '쉐마'라고 불리는 히브리 전통에서 찾아볼 수 있다. 쉐마는 선별된 본문들을 특별한 끊어 읽기와 특정 단어를 집중해서 묵상하는 영성훈련 방법이다. 렉시오 디비나는 초대교회의 그리스도인들이 공동체 안에서 연습하던 영성훈련이다. 또한 훗날 사막의 교부들에 의해서 개인의 영성훈련 방법으로 강조되기 시작했다.

렉시오 디비나는 성경본문을 정하고 – 대개 몇 구절 이상은 넘지 않도록 한다 – 그 짧은 본문을 거듭해서 아주 천천히 읽고 또 읽으며 각 단어 혹은 구절이 우리의 마음에 끼치는 영향을 기대하면서 묵상해 나간다. 이런 방법으로 우리는 '성경으로 기도'할 수 있게 된다. 이것은 본문의 의미를 이해하려고 노력하는 성경공부와는 매우 다르다. 렉시오 디비나는 우리가 본문을 해석하는 것이 아니라 성경본문이 우리를 '해석'한다.

렉시오 디비나를 연습하는 법

1. 성경 본문 선택 : 먼저, 묵상할 성경 본문을 선택하라. 여기서는 편의상 고린도전서 13장 4-8절을 선택했다.

사랑은 오래 참고 사랑은 온유하며 시기하지 아니하며 사랑은 자랑하지 아니하며 교만하지 아니하며 무례히 행하지 아니하며 자기의 유익을 구하지 아니하며 성내지 아니하며 악한 것을 생각하지 아니하며 불의를 기뻐하지 아니하며 진리와 함께 기뻐하고 모든 것을 참으며 모든 것을 믿으며 모든 것을 바라며 모든 것을 견디느니라 사랑은 언제까지나 떨어지지 아니하되 예언도 폐하고 방언도 그치고 지식도 폐하리라.

2. 숨쉬기 : 1-2분정도 편안하게 숨을 깊이 들이쉬고 내쉬라.

3. 첫 번째 읽기 : 본문 전체를 한 번 천천히 읽어라. 각 절마다 잠시 멈춰라 (예를 들면, "사랑은 오래참고" [쉬고] "사랑은 온유하며" [쉬고] ……). 첫 번째 읽기를 마친 후, 다시 1-2분정도 침묵을 지키라.

4. 두 번째 읽기 : 본문을 각 절마다 잠시 멈추어 가며 다시 한 번 천천히 읽어라. 그러나 이번에는 멈추는 시간을 조금 더 길게 잡고, 어떤 특별한 단어나 구절이 마음에 와 닿는지 주의를 기울이며 읽도록 하라. 특별히 마음에 와 닿은 것들을 기억해 놓으라. 두 번째 읽기를 마치고 나면, 그 단어나 구절을 기록하라.

5. 세 번째 읽기 : 다시 본문을 읽되, 마음에 와 닿은 단어나 구절에서 잠시 멈추어 여러번 반복해서 읽어라.

6. 묵상하기 : 마음에 감동이 되는 구절을 한동안 묵상하라. 몇 번 더 반복하라. 당신이 붙잡은 단어들이 당신의 생각이나, 추억, 혹은 생각나는 다른 성경구절과 서로 부딪히며 교감할 수 있도록 하라. 그것들이 당신의 마음, 욕망, 그리고 두려움을 만지도록 해보라. 하나님이 내게 특별히 말씀하시고

자 하는 것이 무엇인가 묻기 시작하라.

7. 기도 : 이전 단계에서 마지막에 던졌던 질문을 기도로 바꾸어보라. "주님, 이 본문에서 제게 주시고자 하는 말씀은 무엇입니까? 오늘 제게 말씀하시고자 하는 것이 있으십니까?" 그리고 귀 기울여라. 하나님이 당신에게 말씀하시는 것 같다면 적어보라.

8. 휴식 : 잠시 동안 잠잠히 침묵하라. 하나님의 임재 가운데 있는 것을 누려라. 이 단계에서는 무엇인가를 하기보다는 존재에로 이동하는 것이다. 잠시 그냥 그 상태에 머물러 있으라.

9. 반응 : 당신 자신과 하나님께 질문하라. 오늘 주신 말씀을 통해 나는 무엇을 하기 원하는가? 어쩌면 하나님을 더 사랑하기를 원하게 될지도 모른다. 혹은 자신의 성격 중 어떤 특정한 부분을 있는 그대로 받아들여야 할지도 모른다. 그게 무엇이든 간에 기록하라. "오늘 하나님께서 내게 조금 더 인내하기를 원하신다. 하나님 저와 함께 하소서. 그리고 저를 가르치소서." 주신 말씀과 도전에 대하여 하나님께 감사의 기도를 드리라.

훈련을 마친 후에 다음을 읽어보라.

예수님의 이야기와 연결하기

렉시오 디비나는 매우 개인적인 훈련활동이다. 그렇기 때문에 당신이나 내가 그 훈련을 통해 어떤 경험을 하게 될지 정확하게 예측하기는 힘들다. 하나님께서 당신에게 특별한 말씀을 주셨을 것이다. 그러나 내가 특별히 선택한 본문은 구체적으로 사랑이라는 주제를 다루고 있다. 고린도전서 13장

4-8절은 결혼식 본문으로 많이 쓰이기 때문에 우리에게 매우 익숙하다. 본문에서 언급되는 사랑은 남편과 아내 사이의 사랑이 아니다(물론 포함은 된다!). 바울은 이 본문을 통해서 그리스도인들이 어떻게 공동체 안에서 살아가야 하는지 이야기한다. 더불어 인생에서 사랑이 중요하다는 것이 중심 주제다. 다른 경우에는 하나님이 우리를 사랑하신 것처럼 우리도 서로 사랑해야 한다는 사실을 읽게 된다(요일 4:11).

우리는 또한 "하나님은 사랑이시라"는 것을 읽게 된다(요일 4:8). 허버트의 시와 마찬가지로, 고린도전서를 읽을 때 사랑이라는 단어 대신에 하나님을 넣어서 읽어도 괜찮다.

> 하나님은 오래 참고 하나님은 온유하며 시기하지 아니하며 하나님은 자랑하지 아니하며 교만하지 아니하며 무례히 행하지 아니하며 자기의 유익을 구하지 아니하며 성내지 아니하며 악한 것을 생각하지 아니하며 불의를 기뻐하지 아니하며 진리와 함께 기뻐하고 모든 것을 참으며 모든 것을 믿으며 모든 것을 바라며 모든 것을 견디느니라.

이번 한 주간 이 본문을 여러 번 읽는 것도 좋겠다. 우리는 하나님이 사랑이시라고 말하기는 하지만, 그것이 무슨 뜻인지 모를 때가 많다. 이 본문은 진정한 사랑이 무엇인지를 설명해준다.

추가 훈련 – 시 묵상

만일 하나님의 무조건적인 사랑이라는 주제가 당신이 씨름하고 있는 문제라면, 허버트의 시를 다시 한 번 읽으며 묵상해보는 것도 도움이 될 것이다. 그 시를 천천히 읽으면서 허버트가 그려내고 있는 이미지를 묵상해보라 (예를 들면, '민감하신 사랑'의 이미지). 그리고 마음의 눈으로 그림을 그리려고 노력해보라.

묵상을 위하여

당신이 이 책을 혼자 공부하든지 공동체 안에서 함께 공부하든지 상관없이 아래의 질문들이 당신의 경험을 묵상하고 성찰하는 데 도움이 될 것이다. 아래 질문에 대한 답을 일기에 기록하는 습관을 들이는 것이 좋다. 만일 소그룹 안에서 다른 사람들과 함께 학습하고 있다면, 자신의 묵상과 체험을 나눌 때 기억하기 쉽도록 기록한 일기를 다음 모임에 가지고 가라.

- 이 주간에 영혼의 훈련 과제인 렉시오 디비나를 수행할 수 있었는가? 그렇다면, 뭘 어떻게 했는지, 어떤 느낌이었는지를 적어보라.
- 이 영혼의 훈련을 통해 하나님에 대하여 혹은 자신에 대하여 새롭게 깨달은 사실이 있다면 무엇인가?
- '사랑(III)'이라는 시에서 가장 좋아하는 구절이 있다면 무엇인가? 이유를 설명해 보라.

chapter
6

거룩하신 하나님

영혼의 훈련 : 삶의 여백 훈련

| God Is Holy |

언젠가, 5년 전에 집회를 인도했던 교회에서 다시 설교를 한 적이 있었다. 내 설교의 레퍼토리가 한정되어 있었기 때문에 이전에 설교한 내용과 비슷한 내용으로 또 설교하게 되었다. 시간이 그만큼 흘렀으니까 교인들이 약간의 건망증 증세를 보여, 제발 내가 이전에 설교했던 내용을 잊어버렸으면 하는, 말도 안 되는 희망을 가지고 말이다. 이 책에서 이미 언급한 내용들을 가지고 접근했다. 즉, 하나님은 우리의 조건과 상관없이 우리를 사랑하신다. 우리의 모든 죄를 위하여 예수님이 죽으셨다. 그리하여 하나님과 우리가 화목하게 하셨다. 그리고 그리스도 안에 있으면 새로운 피조물이 된다……. 이런 내용으로 설교했다. 예배를 마친 후 한 건장한 사내가 내게 찾아왔다. 나를 한번 쳐다보더니 아무 말 없이 자신이 들고 있던 전자기기를 내게 보여주었다. 자세히 들여다보니 이 교회에서 5년 전에 내가 한 설교였다. 순간 내가

똑같은 설교를 했다고 따지고 망신주려고 하는가보다 생각했다.

"지난번과 비슷한 내용의 설교를 해서 죄송합니다. 하지만, 이해해주십시오. 아마도 제가 할 수 있는 설교는 그거 한 편밖에 없는 것 같아서요."

그렇게 말하고 나서 그 사내의 얼굴을 쳐다보니 어느새 뺨에 눈물이 흘러내리고 있었다.

"목사님이 똑같은 설교를 한 번 더 하셨다고 해서 따지려고 한 게 아니라, 오히려 감사드리려고 찾아왔습니다. 제가 이 설교를 5년 전에 처음 들었는데, 그 설교가 제 삶을 완전히 변화시켰습니다. 저는 매우 율법적인 교회에서 자라났습니다. 매주일 설교를 통해 하나님이 얼마나 내게 진노하셨는지, 내가 얼마나 못된 인간인지를 들어왔습니다. 매일 매일을 두려움 속에서 살아야했죠. 그리고 하나님을 전혀 사랑할 수 없었어요. 그런데 목사님 설교를 듣다가 제 마음이 녹아내리는 것을 경험했습니다. 즉시 설교 CD를 구입해서 다운로드했죠. 그리고는 수도 없이 반복해서 들었습니다. 또한 내가 아는 거의 모든 사람에게 그 설교를 돌렸습니다. 저는 경찰입니다. 그래서 감정표현이 서툴죠. 그런데 목사님께는 꼭 한 번 감사하고 싶었습니다."

우리는 서로 부둥켜안았다. 그리고 그는 흐느껴 울었다. 그 남자의 이야기에 나는 할 말을 잃었고, 그 남자의 눈물에 적잖게 당황스러웠다. 그 남자가 돌아간 후, 내가 누군가의 삶에 변화를 가져다 줄 수 있었다는 사실에 조금 기분이 좋아졌고, 조용히 하나님께 감사의 기도를 드렸다.

우리를 조건 없이 사랑하시는 하나님에 대한 메시지가 삶을 변화시킨 사실에 매우 고무되었다.

그때 또 다른 젊은 여성이 나와 이야기하기 위해 기다리고 있었다는 걸 알게 되었다. 그래서 그 여인에게 다가가서 인사를 건넸다. 그러자 그녀가 얼굴에 커다란 미소를 지으며 이렇게 말했다.

"목사님 설교 감사합니다. 저를 완전히 자유롭게 하는 메시지였어요!"

다시 은근히 기분이 좋아지려고 하던 찰나, 그녀가 이렇게 말을 이었다.

"저는요, 지난 6개월 동안 남자친구와 동거중이에요. 제가 자란 교회에서는 그걸 죄라고 했고, 저는 죄책감에 시달려야 했어요. 하지만 오늘 아침 목사님 설교 가운데 하나님은 조건 없이 우리를 사랑하시며, 예수님이 우리의 모든 죄를 용서해주신다는 말씀을 듣고 더 이상 죄책감을 가질 필요가 없다는 사실을 깨달았어요. 예수님이 대가를 지불하셨으니까요! 그래서 저에게 자유를 주는 설교를 해주셔서 감사하다는 말씀을 드리고 싶었어요."

그러고는 내손을 잡고 악수를 하더니 방금 의사에게서 암이 완치되었다는 진단을 받은 사람처럼 가벼운 발걸음으로 자리를 떠났다. 맙·소·사! 내 가슴이 무너지는 것 같았다.

우리의 상황이 어떠하던지 하나님이 우리를 사랑하신다는 기쁜 소식을 선포한다는 것이 그렇게 단순한 것만은 아니라는 것을 그때 깨달았다. 나중에 그 여자에게 설명해주기는 했지만, 그녀는 우리 하나님이 '소멸하는 불'이기도 하다는 사실을 이해하지 못했던 것이다(히 12:29). 그것은 실망스러운 사실이 아니라, 오히려 매우 기쁜 소식이다. 그 여자에게 하나님의 거룩하심과 순전하심에 대하여 설명할 것이 무척 많았다. 그날의 만남이 그 여성과 마지막이 아니었다는 것이 무척이나 다행스러웠다.

오해와 편견 :

죄에 무관심한 하나님

지금까지는, 무자비하게 심판하시는 성난 하나님, 우리가 저지른 작은 실수를 용서받기 위해 하나님을 얼레고 달래야 했던 것처럼, 그동안 우리가 들어왔던 어둡고 부정적인 종교적 하나님에 관한 오해와 편견을 다루었다. 하지만, 내가 거듭해서 강조하고 싶었던 것은, 그런 하나님은 우리 예수님이 알고, 사랑하고, 선포하신 바로 그 하나님이 아니라는 사실이다. 하나님의 사랑은 우리가 하는 걸 봐서 베푸시는 그런 종류의 사랑이 아니다. 하나님은 사랑이시다. 심지어 하나님은 죄인들도 사랑하신다. 하지만, 하나님이 죄인들도 사랑하신다는 말은 반드시 "하나님은 여전히 죄를 미워하신다"는 말과 함께여야 한다. 그것이 엄연한 진리기 때문이다.

내 경험으로 비추어보면, 사람들은 그 두 가지 생각 중에 한쪽에만 의존하는 경향이 있다. 하지만, 그 둘 중 어느 것도 하나만으로는 옳지 않다.

 하나님의 진노를 이해할 수 없을 때가 있었는가? 설명해보라.

진노의 하나님 : 어떤 사람들은 하나님이 항상 화가 나 있으며, 하나님은 거룩하시지만, 세상은 그렇지 못하기 때문에, 세상을 향한 분노와 진노가 마치 하나님의 본성인 것으로 잘못 알고 있다. 어떤 여성이 내게 이렇게 말했다. "저는 하나님이 평상시에 제게 화가 나 있으시다는 걸 알아요. 하지만

내가 뭔가 진짜 잘못할 때까지 참으시죠. 그러면 저는 '맙소사, 하나님이 내게 어떤 벌을 주실까?' 하고 두려워하죠." 이 여인이 가진 생각이 전혀 낯설지 않다. 사람들은 생각하기를, 하나님은 우리에게서 죄를 발견하실 때마다 항상 분노하시며, 거룩한 망치를 들고 계시다가 도저히 못 참겠다 싶으시면 내리치실 것이라고 여긴다. 하지만 성경은 "하나님이 세상을 이처럼 사랑하사"라고 기록하고 있다. 또한 "그리스도 안에서 세상이 하나님과 화목케 되었다"고 말씀한다. 바로 이 부분에서 이야기가 바뀐다. 하나님 아버지는 우리의 죄에 화가 나 있고 우리를 지옥에 보내려고 하신다. 하지만 아들 예수가 끼어들어 우리 대신에 죄 값을 치르셨다. 이것이 사람들이 하나님의 진노와 용서의 균형을 찾는 방법이다.

하나님은 우리 죄에 대하여 아무런 관심도 없다. 그런가 하면 우리가 사는 포스트모던 시대에 상당히 인기 있는 하나님에 대한 이미지도 있다. 오늘날 많은 사람들이 '진노의 하나님' 이야기를 버렸다. 그러고는 전혀 반대의 하나님을 말한다. 많은 사람들이 자신의 신은 우주적이며 자비의 영으로서, 누구도 심판하지 않고, 벌을 주지도 않고, 누구도 지옥에 보내지 않는 신이라고 말한다. 이러한 '귀여운 곰 인형' 같은 신이 과거의 진노하시는 하나님을 대체하는 것이 유행처럼 되어버렸다.

유명한 텔레비전 토크쇼를 보면, 이러한 신에 대한 이야기가 많이 등장한다. 그들의 주장은 이해하기가 매우 쉽다. 모든 사람을 복주고 싶어 하는 사랑의 영이 잘못된 교리를 믿거나 여전히 죄를 짓는 사람을 영원한 고통으로 밀어 넣는 잔인하고 엽기적인 "하나님 각하"보다 훨씬 더 좋다는 말이다. 하지만, 온화한 영이 성경의 하나님을 말하는 것인가? 그 이야기 속 신의 이미지가 예수님이 말씀하신 아버지의 이미지와 가까운가? 그렇게 모호하고 상냥한 신은 성경적이지도 않을 뿐더러, 그러한 사랑의 표현도 잘못된 것이다.

오랫동안 예일대학교에서 가르친 위대한 신학자이자 윤리학 교수였던 리처드 니버는 이 문제에 대하여 현대종교의 이야기는 "죄 없는 인간이 십자가 없는 그리스도의 사역을 통하여 심판 없이 하나님 나라에 들어가게 해주는 진노하지 않는 하나님"을 가르친다고 유명한 통찰력으로 꼬집어 표현한다.

위의 인용문은 정통 기독교의 교리들이 필요에 따라 함께 어우러져서 죄의 문제를 다루고 있는 단편적인 예를 보여준다. 죄의 문제에 대하여 무관심한 하나님 교리가 기독교의 기본 진리를 얼마나 손상시키는지 모른다. 하나님은 분명 죄에 대하여 진노하신다. 하나님의 나라에는 분명히 심판이 있으며, 예수 그리스도는 분명 십자가에서 돌아가셔야만 했던 당위성이 있다.

이 귀여운 곰 인형처럼 마냥 온순한 신은 처음에는 매력적으로 느껴진다. 하지만, 우리가 살고 있는 이 세상이나, 우리의 마음을 자세히 들여다보면, 어두움이 명백하게 존재한다. 그 진노하지 않는 신은 우리에게 실존하는 어두움에 관하여 무능하다. 이상하게 들릴지 모르지만, 진노하시는 하나님은 하나님의 위엄과 사랑의 아름다운 일부분이다. 왜 그런지를 설명하기 전에, 하나님의 성품에 관한 균형 잡힌 시각을 갖기 위해 예수님의 이야기로 돌아가야 한다.

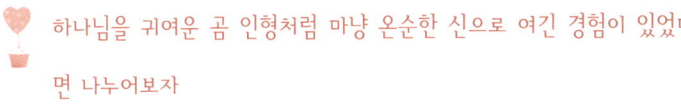 하나님을 귀여운 곰 인형처럼 마냥 온순한 신으로 여긴 경험이 있었다면 나누어보자

예수님의 이야기로 생각 바꾸기 :
진노는 하나님의 의로운 행위다

우리는 종종 예수님을 평화와 사랑에 대한 이야기나 하시고, 백합화 핀 들을 거니신 유순하고 온화하신 분으로만 알고 있다. 혹은, 일하는 도중 휘파람을 불면 새들이 날아와 어깨에 앉고, 아버지를 도와 목수 일을 할 때는 생쥐들이 나타나 대신 일하는 동화 속의 예수님을 상상하곤 한다(잠깐, 이건 신데렐라에 나오는 이야기다). 아무튼, 우리는 성경에 나오는 예수님보다, 수더분한 옆집 아저씨 같은 예수님의 모습을 더 선호하는 편이다. 하지만, 균형 잡힌 관점을 갖기 위해서는 예수님께서 심판과 진노에 대하여 뭐라고 말씀하셨는지를 살펴볼 필요가 있다. 아래에 나오는 5개의 성경구절은 우리에게 하나님의 또 다른 면을 잘 보여준다.

> 이를 놀랍게 여기지 말라 무덤 속에 있는 자가 다 그의 음성을 들을 때가 오나니 선한 일을 행한 자는 생명의 부활로, 악한 일을 행한 자는 **심판의** 부활로 나오리라(요 5:28-29).

> 내가 너희에게 이르노니 사람이 무슨 무익한 말을 하든지 심판 날에 이에

대하여 심문을 받으리니 네 말로 의롭다 함을 받고 네 말로 **정죄함**을 받으리라(마 12:36-37).

인자가 아버지의 영광으로 그 천사들과 함께 오리니 그 때에 각 사람이 행한 대로 **갚으리라**(마 16:27).

그 날에는 아이 밴 자들과 젖먹이는 자들에게 화가 있으리니 이는 땅에 큰 환난과 이 백성에게 **진노**가 있겠음이로다(눅 21:23).

아들을 믿는 자에게는 영생이 있고 아들에게 순종하지 아니하는 자는 영생을 보지 못하고 도리어 하나님의 **진노**가 그 위에 머물러 있느니라(요 3:36).

사실 '정죄'나 '진노' 같은 단어들은 예수님과 잘 어울리는 단어가 아니다. 하지만 예수님이 그러한 단어들을 자주 언급하셨다는 사실 또한 간과해서는 안 된다. 그렇다면 지금까지 우리가 배운 것들과 전혀 새로운 이 가르침들을 어떻게 통합해서 생각할 수 있을까? 예수님에 따르면 방탕한 아들이 돌아오자 잔치를 베푼 아버지와 같은 하나님이 자신을 거부하는 사람들을 향해 진노하시는 모습에 대하여 우리는 어떻게 반응해야 하는가? 그렇게 하기 위해서는 예수님이 '정죄'와 '진노'라는 단어를 사용하실 때 어떤 의미로 사용하셨는가를 자세히 들여다 볼 필요가 있다.

하나님의 사랑과 진노를 함께 생각하기는 결코 쉬운 일이 아니다. 많은 사람들이 그러한 시도를 하지 않는다. 그저 단순하게 한쪽을 선택하려고 하지 둘을 합쳐서 동시에 생각하지 않으려고 한다. 하지만, 그것은 우리가 반드시 해야 하는 작업이다. 왜냐하면, 예수님은 우리에게 둘 중 하나를 선택하라고 하시지 않았기 때문이다. 예수님이 말씀하신 하나님은 그 두 가지 성품을 다 갖고 계신다. 우리가 하나님을 제대로 이해하려고 한다면 그 두 가지 성품의 특성을 모두 알아야 한다. 그런 까닭에 사도바울도 다음과 같이 말했다. "그러므로 하나님의 **인자하심과 준엄하심**을 보라 넘어지는 자들에게는 준엄하심이 있으니 너희가 만일 하나님의 인자하심에 머물러 있으면 그 인자가 너희에게 있으리라 그렇지 않으면 너도 찍히는 바 되리라"(롬 11:22).

하나님은 인자하심과 준엄하심을 동시에 갖고 계신다. 우리는 그 둘 중 어느 하나를 빼고 한쪽만 선택할 수 없다. 하지만 사실 그것은 우리에게 매우 좋은 소식이다.

사람들은 왜 예수님이 사용하신 '심판'이라는 단어는 건너뛰려 하고, '사랑'이라는 단어에만 머물려고 하는 것일까?

격노 VS. 비애 (Passion VS. Pathos)

미국의 위대한 정치가이자 대통령이었던 토마스 제퍼슨은 기적 같은 일을 믿지는 않았지만 예수님을 좋아했고 과학에 조예가 깊은 사람이었다.

하지만 불행하게도 예수님의 윤리적인 가르침 뒤에는 반드시 기적에 관련된 이야기가 따라왔다 – 어린아이의 점심도시락으로 오천 명을 먹인 이야기, 물 위를 걸은 이야기, 소경을 고치신 이야기 등. 제퍼슨은 이 문제를 매우 실용적인 방법으로 해결했다. 가위를 가져다가 성경 속의 기적에 관련된 내용들을 잘라내어 버린 것이다. 이제 그에게 남은 것은 예수님의 가르침뿐이었다. 그나마 예수님의 가르침들 중에서도 비논리적이라고 생각되는 것들도 다 오려냈다. 결국에는 제퍼슨이 원하는 예수님의 모습만 남았다.

그렇게 하는 건 무척 쉽다. 나도 가위를 사용하지는 않았지만, 어쩌면 그렇게 내 마음대로 하나님을 재단했는지 모른다. 내가 좋아하지 않는 부분들은 건너뛰기도 했고, 좋아하는 본문에서는 진을 치고 시간을 보냈다. 하지만 그것은 결코 좋은 방법이 아니었다. 그렇게 함으로서 하나님과 신앙생활에 대한 아주 중요한 부분들을 놓치고 있다는 것을 깨달았다. 그리고 그 잃어버린 부분들이 엄청난 차이를 가져온다는 사실도 알게 되었다.

제퍼슨과 비슷한 사람이 또 있었다. 그는 19세기의 신학자였던 알브레히트 리츨(Albrecht Ritschl, 1822-1889)이다. 그는 진노하시는 하나님에 관한 개념을 탐탁지 않게 여겼다. 리츨은 다음과 같이 결론짓는다. "하나님의 진노에 관련한 개념은 기독교에서 아무런 종교적 가치를 지니지 못한다." 그리고 진노의 개념을 다시 해석했다. 진노란 죄나 악을 향한 하나님의 태도가 아니라, 하나님의 부재에 의한 논리적인 귀결이라는 것이다. 분노하는 하나님보다는 한층 나은 이미지의 하나님으로 묘사했기 때문에, 많은 사람들이 그의 새로운 정의를 좋아했다. 그러나 이 소극적인 분노의 신은 금세 조용해졌다.

그러한 신의 이미지가 우리에게 매력적으로 느껴진 이유는 우리가 가진 사랑과 진노에 대한 인간적인 생각을 버리지 못하기 때문이다. 우리가 사랑을 생각할 때면, 비합리적인 감정이나 느낌을 생각하기 십상이다. 라디오에서 들려오는 대부분의 사랑 노래들은 사랑하는 사람을 향한 한 사람의 감정의 파도를 묘사한다. 사랑이 어찌나 큰지 사랑하는 사람과 함께 하기 위해서라면 못 오를 산이 없고, 건너지 못할 바다가 없다는 식의 노랫말이다. 하지만, 실재로는 그렇게 하지도 못한다. 산을 한두 봉우리 오르다보면 그 사랑의 감정이 식기 시작하고, 배가 고파진 그 사랑의 화신은 자신이 사랑하는 사람보다 치즈버거를 선택할 것이 분명하다. 또한 바다를 헤엄쳐 건넌 후에(아무리 작은 바다라 할지라도) 지쳐버린 사랑의 불꽃은 곧 시들어버릴 것이다.

그렇기 때문에 우리는 "하나님은 사랑이시라"는 말을 들으면 하나님이 우리와 그런 종류의 사랑의 열병에 빠졌다고 생각하기 쉽다. 하지만 여기서 말하는 사랑-특히 헬라어 단어인 '아가페' 사랑-은 전혀 다른 뜻을 가지고 있다. 달라스 윌라드의 표현을 빌자면, 사랑한다는 것은 "상대방의 유익을 구하는 것"이지, 어떤 감정을 표현하는 것이 아니다. 사랑은 상대방의 안녕을 위하는 것이다. 그렇기 때문에 개인의 희생도 마다하지 않는다. 물론 그것이 하나님의 사랑이 열정 없는 냉랭한 사랑이라는 말은 아니다. 다만, 하나님의 사랑은 넋 나간 십대들의 사랑보다는 자식을 향한 부모의 사랑에 더 가깝다는 말이다. 다른 말로 하면, 하나님의 사랑은 달이 찼다 기우는 것 같은 감정적인 것이 아니다.

진노라는 단어도 마찬가지다. 우리가 이 단어를 들으면, 이성을 잃고 통제 불능에 빠지는 분노에 사로잡힌 어떤 사람의 이미지를 상상하곤 한다. 진노라는 단어는 종종 그런 극단적인 상황을 묘사하는 데 쓰는 어감이 아주 강한 단어다. 나는 종종 무척 화가 났지만 그런대로 자신을 잘 통제하고, 자신을 화나게 한 사람을 대할 때 꽤 논리적이고 공평하게 대하는 사람을 본다. 하지만 진노에 관한한 그런 경우를 본 적이 없다. 진노는 분노를 넘어 광분한 상태에 들어간 사람을 아주 점잖게 표현한 단어다.

그런 까닭에 우리가 하나님의 진노에 대하여 말할 때, 비합리적으로 화를 내시고, 너무 격노한 나머지 머리가 '돌아버리기 일보직전'의 상황까지 간 하나님의 모습을 상상한다. 하나님의 사랑이 생각 없고 얼빠진 종류의 인간적인 사랑이 아니라, 당신의 백성을 위한 지속적인 하나님의 갈망인 것처럼, 하나님의 진노는 인간들이 상상하는 광분의 상태가 아니라, 죄와 악을 향한 하나님의 지속적인 반대의 태도다. 우리가 하나님은 죄를(죄인이 아니라) 미워하신다고 말할 때도 하나님이 뭔가를 싫어하신다는 것이 하나님답지 않게 보이는 것 같다. 우리가 가진 실례들이 모두 부정적인 이미지들만 있기 때문에, 하나님의 진노하심, 심판, 그리고 정죄하심에 대한 개념을 이해하기가 무척 힘겹다.

그 문제에 대한 해결책은, 하나님의 진노에 대한 성경적인 개념은 열정이 아니라 비애라는 사실을 이해하는 것이다. 앵커 성경 사전에 보면 그 차이를 이렇게 설명한다.

> 히브리 성경에 보면 야훼의 진노는 인간의 분노와 다르게 그려진다. 어떤 면에서 보면, 그 두 가지의 차이는 '격노'와 '비애'의 차이와 같다고 볼 수 있다. '격노'가 자기 통제력을 잃는 인간의 격동하는 감정을 의미한다면, '비애'는 단호함과 결단력에 의해 신중하고 의도적으로 표출되는 행동이라고 볼 수 있다.

이와 같이, 하나님의 진노는 무모하고 비이성적 열정인 인간의 분노와 다르다. 예를 들면, 바울은 한 번도 하나님이 분노(성냄, 분냄)하셨다고 표현하지 않았다. 분노는 인간의 감정이다. 진노는 다르다. 하나님의 진노는 사려 깊고, 객관적이며, 합리적인 반응이다. 사실 진노는 사랑에서 비롯된 행위다. 악의 문제에 관해서라면 하나님은 우유부단하지 않다. 하나님은 자신의 존귀한 백성들을 파괴하는 일에 관해서는 맹렬하게 있는 힘껏 반대하신다. 무척 감사한 일이다. 진노는 하나님 사랑의 다른 표현이다. "하나님의 진노는 그분의 사랑과 연관지어 이해해야 한다. 진노는 하나님의 영구적인 성품이 아니다. 사랑과 거룩이 하나님의 본질적인 성품이라면, 진노는 인간의 죄에 대한 일시적 반응일 뿐이다. 만일 죄가 없다면, 진노 또한 없을 것이다."

진노는 사랑 많고 거룩하신 하나님의 불가피한 반응이다. 선하고 아름다우신 하나님이 악에 대응하는 방식이다. 하나님의 진노는 죄와 악에 대한 일시적이고 공의로운 판결이다. J. I. 패커(J.I. Packer)가 말하듯이, "성경에 나타난 하나님의 진노는 언제나 법적인 의미를 가진다." 그리고 "객관적으로 볼 때 분명히 도덕적 악에 대한 정당하고 필요한 반응이다."

패커는 다음과 같이 질문하며 자신의 주장을 결론 짓는다. "선한 일 가운데서 기쁨을 찾으시는 것처럼, 하나님이 악한 일 가운데서도 기쁨을 찾는 분이라면, 그분이 좋은 하나님인가? 이 세상에서 발생하는 악에 대하여 아무런 행동을 취하지 않는 하나님이 과연 도덕적으로 온전한 신이라고 할 수 있는가?" 우주의 창조주이신 하나님이 이처럼 무심한 존재라면, 이 우주는 과연 안전하다고 말할 수 있을까? 인간이 피할 수 없는 소망이 있다면 그것은 공평함과 공의로움에 대한 갈망일 것이다. 나는 옳고 그름의 기준도 없고, 정의도 없는 세상을 원하지 않는다. 또한 나는 악에 무심한 하나님을 원하지 않는다.

 격노와 비애의 차이를 설명할 수 있는 좋은 예를 들어보라.

진노하시는 하나님

이러한 진노의 개념을 인간적인 수준에서 잘 설명할 수 있는 좋은 예는 MADD(Mothers Against Drunk Driving, 음주운전을 반대하는 어머니들의 모임이라 부르는데, '성난, 분노한' 이라는 단어 mad와 발음이 같다 – 역주)라고 알려진 조직이라고 생각한다. 이 조직은 자녀들을 음주운전 사고로 잃은 엄마들이 모여서 만든 모임이다(물론 아빠도 몇 있을 것이다). 미국에서도 한동안은 음주운전으로 인한 사망사고에 대하여 고의적이지 않은 과실치사로 볼 정도로 법제도가 다소 관대했던 때가 있었다. 많은 경우 음주운전 가해자가 구속조치 되지 않았기 때문에 또다시 음주운전을 하는 사례가 빈번하게 발생했다. 이에 분노한 일단의 어머니들이 모여 자신들의 분노를 모아 사회정의를 이루기 위해 열정을 쏟았다. 그들은 우선 세상 사람들에게 취할 때까지 술을 마시는 것은 운전자 자신의 선택에 의한 것이므로 음주운전에 의한 사고가 결코 우발적인 사고가 아니라는 것을 널리 알리기 시작했다. 캠페인과 시민운동의 노력을 통하여 MADD는 관련 법안을 더욱 강화하고, 음주운전에 대한 사람들의 의식구조를 바꾸는 데 일조했다. 결국에는 이들의 헌신적인 노력이 – 물론 자신들의 죽은 자식들이 살아 돌아오게 하지는 못하지만 – 수많은 사람들의 자녀들의 목숨을 지켜내는 데 지대한 역할을 감당했다고 해도 과언이 아니다.

  나는 이러한 어머니들의 마음이 하나님의 진노가 어떤 것인가를 우리 인간적인 수준에서 이해하는 데 많은 도움이 된다고 생각한다. 하나님은 당신의 자녀들에게 끼치는 죄의 영향을 미워하신다. 하나님이 아동학대나 불의한 일, 혹은 개인신분도용 등의 문제에 대해 무관심하다고 말하는 것은 말도 안 된다. 만약에 그것이 사실이라면, 차라리 그런 무심한 하나님보다, 오히려 큐티를 빼먹었다고 내게 벌주시는 하나님을 선택할 것 같다. 하지만, 둘 다 틀린 생각이다. 하나님은 사랑이시며, 공의로우신 분이기 때문에, 죄와 악에 대하여 단호하게 맞서신다. 나는 그 사실이 기쁘다.

거룩은 하나님의 본질이다

하나님은 본질적으로 거룩하시다. 거룩이야 말로 하나님의 성품이다. 하나님은 순전하시다. 하나님께는 죄도 없으시고, 악도 없고, 어두움도 없으시다. 성경 전체가 하나님의 거룩하심에 대하여 증언한다.

> 여호와여 신 중에 주와 같은 자 누구니이까 주와 같이 거룩함으로 영광스러우며 찬송할 만한 위엄이 있으며 기이한 일을 행하는 자가 누구니이까(출 15:11).

> 나는 여호와 너희의 하나님이라 내가 거룩하니 너희도 몸을 구별하여 거룩하게 하고 땅에 기는 길짐승으로 말미암아 스스로 더럽히지 말라(레 11:44).

> 서로 불러 이르되 거룩하다 거룩하다 거룩하다 만군의 여호와여 그의 영광이 온 땅에 충만하도다 하더라(사 6:3).

거룩함은 하나님의 본질적인 성품 요소 가운데 하나다. 하나님이 사랑이 아닐 수 없듯이, 하나님은 거룩하지 않을 수 없다. 하지만 하나님의 진노는 다르다. 왜냐하면 진노는 하나님의 성품이 아니기 때문이다. 진노는 하나님이 어떤 분인가를 말하는 것이 아니라, 하나님이 하시는 일에 관련한 것이다. 그렇기 때문에 하나님이 거룩하다고 말하는 것은 옳은 표현이지만, 하나님이 진노하시다고 말하는 것은 어울리지 않는 표현이다. 진노는 거룩하신 하나님께서 죄에 대하여 취하시는 행동이다. 이것은 매우 중요한 차이다. 많은 사람들이 하나님을 화가 난 진노의 하나님이라는 생각으로부터 출발하는데, 그것은 진실이 아니다. 하나님은 거룩하시고, 순전하시다. 그리고 하나님의 거룩하심과 순전하심은 하나님의 선하심과 아름다움의 일부다. 거룩은 하나님의 본질이다. 하나님은 본질상 진노의 하나님이 아니다. 진노는 인간이 하나님을 거부했을 때 경험하는 것이다. 그리고 그것은 하나님의 사랑에 꼭 필요한 부분이기도 하다.

 진노가 하나님의 성품이 아니라 하나님의 행위라는 사실을 아는 것이 왜 중요한가? 그 차이가 당신에게 어떤 의미인가?

거룩한 사랑으로 죄를 태우신다

오랫동안 나는 하나님의 사랑과 진노를 연관시켜 생각하기가 어려웠다. 그런데 스코틀랜드의 유명한 설교자이며 작가인 조지 맥도널드(George MacDonald)의 글을 읽다가 해결책을 얻었다. 그가 기록한 설교 가운데 "사랑은 순전함에 이를 때까지 사랑하는 것이다."라는 아주 깊이 있는 문구를 발견했다. 그 설교는 "우리 하나님은 소멸하는 불이심이라"는 히브리서 12장 29절을 바탕으로 한 것이었다. 그 설교에서 맥도널드는 무조건적이고 다함이 없는 사랑의 개념과 거룩함을 연결시켰다. 요약하자면, 하나님은 우리를 너무도 사랑하셔서 우리가 순전함에 이르게 되기를 원하시며, 우리를 순전하게 만드시기 위해 쉬지 않고 일하신다는 것이다. 맥도널드는 하나님이 얼마나 죄를 미워하시며, 얼마나 당신의 자녀들을 위하시는 분인지 강조한다.

"하나님은 언제나 죄를 대적하십니다. 또한 죄와 함께하는 한, 죄를 짓는 사람들과 죄는 하나이므로, 그 죄와 하나된 사람들도 대적하십니다. 하나님은 그들의 욕망, 목적, 두려움, 그들의 소망까지도 대적하십니다. 그리고 그것이 결국은 그 사람들을 위한 것입니다."

하나님이 내 죄를 미워하시는 이유는 나를 사랑하시기 때문이다. 맥도널드는 말하기를, 만일 내가 죄를 지으면, 그 죄가 나를 파괴하게 될 것이기 때문에, 하나님께서 내 죄의 욕망을 대적하신다고 지적한다. 그 방법 밖에는 없다. 확실한 것은 나에게 내 죄에 대하여 변명하거나, 내 연약함을 합리화하려는 경향이 있다. 하지만, 하나님께는 통하지 않는다. 우리가 지금은 비록 그리스도를 통해 하나님과 화목하게 되었지만, 하나님은 여전히 내 죄에 대하여 무관심하지 않다. 죄는 나를 상하게 하고, 결과적으로 하나님도 상하게 한다. 왜냐하면 하나님이 나를 사랑하시기 때문이다.

하나님은 내가 더 나은 행동을 하도록 나를 수치스럽게 하시거나 불편하게 하시지는 않는다. 또한 두려움이나 죄책감을 사용하시지도 않는다. 하나님이 인간을 변화시키는 방법은 그 어떤 방법들보다 뛰어나다. 하나님의 거룩한 사랑은 우리 삶속의 불순물과 찌꺼기들을 태워버린다. 하나님의 인자하심이 우리를 회개하게 만든다(롬 2:4). 맥도널드가 지적했듯이, "사랑은 순전함에 이를 때까지 사랑하는 것이다."

만일 하나님의 사랑이 당신의 삶 가운데서 어떤 것을 '태워버려야'한다면 그것이 무엇이겠는가?

거룩하지 않은 신은 필요 없다

앞에서도 언급했듯이, 귀여운 곰 인형같이 무조건 온화한 신의 모습이 불의를 미워하고 엄벌하는 가학적이고 분노로 가득한 "근엄하신 하나님 각하"보다는 더 매력 있는 대안으로 인식된다. 하지만 실제로, 사람들은 그런 곰 인형 같은 신을 원하지는 않는다. 왜냐하면 그 신은 거룩하지 않기 때문이다.

J. I. 패커는 이런 통찰력 있는 질문을 던진다. "옳고 그름에 대한 차이를 신경 쓰지 않는 하나님이 과연 선하고 존경받을 만한 존재인가? ……도덕적인 문제에 무관심함은 하나님이 가진 이상적인 모습이 아니라, 오히려 치명적인 결점이다." 관대한 하나님은 이렇게 말할지도 모르겠다. "죄가 무슨 대수겠느냐, 특별히 내가 창조한 피조물들이 서로 상하지만 않는다면 큰 문제 될 게 없다. 모든 사람은 죄를 짓는다. 내가 다른 곳을 보면 되지 않겠느냐? 물론 사람들은 모두가 스스로 자기 인생의 신이 되어 하나님 노릇을 하며 살아간다. 그렇다고 누굴 탓하겠느냐? 내가 그들을 내 형상대로 지었기 때문에, 그들이 나를 닮은 것 아니겠느냐? 그것도 눈감아 줄 수 있다. 내 생각에는 그들도 다 잘해보자고 하는 것 아니겠는가?"

아마도 내 양심이 나를 괴롭히고 죄를 짓고 싶은 욕망을 합리화하려고 할 때나, 죄책감을 느낄 때면 그런 곰 인형 같은 신을 원할는지도 모르겠다. 하지만 장기적으로 볼 때, 나는 그런 신을 원하지 않는다. 그런 신은 자신의 자녀들이 아무런 거리낌 없이 술을 마시고, 마약을 하고, 문란한 성생활을 해도 개의치 않은 관대한 부모와 같다. 우리가 어렸을 때는 그런 부모가 '쿨~' 한 부모라고 생각했을지도 모르겠지만, 사실은 전혀 그렇지 않다. 그들은 실상 게으르고, 전혀 자신의 자녀들을 사랑하지 않는 사람들이다. 그 사람들의 자녀들 대부분은 더 독한 마약을 복용하고, 스물한 살이 되기도 전에 인생이 파멸되어 버린다. 아마 우리가 지금 15살쯤이라면 우리 부모가 그렇게 '멋진' 부모였으면 하고 바랄지도 모르지만, 사실 그건 전혀 멋진 모습이 아니다.

"괜찮아. 너무 걱정하지 마. 사람들은 누구나 다 죄를 짓는 거야. 죄책감도 느끼지 말라고, 짜식. 죄책감은 나쁜 거야. 그냥 인생을 즐기라고!"라고 말하는 신이라면 나에게는 필요 없다. 그 신은 나를 사랑하지 않기 때문이다. 죄에 대하여 관대한 것은 사랑이 아니다. 왜냐하면 죄는 우리를 파멸로 이끌기 때문이다. 나는 나를 상하게 하는 그 어떤 것도 용납하지 않고 증오하는 하나님을 원한다. 증오라는 단어가 좀 강하기는 하지만, 좋은 단어다. 왜냐하면 진짜 하나님이라면 나를 파멸시키는 것을 증오하실 뿐만 아니라(죄와 단절) 도리어 나를 파멸시키려는 것을 파멸하시기 위해 조치를 취하신다. 그래서 나는 그 하나님을 사랑한다. 그리고 그 하나님께서 죄를 멸하시기 위해 내 모든 죄와 죄책감과 죄가 주는 고통들을 혼자 다 짊어지시는 엄청난 자기희생을 감행하셨기 때문에 나는 영원한 사랑으로 그 하나님을 사랑한다.

지옥의 필요성

　하나님은 사랑이시기 때문에 지옥 – 하나님과 분리되어 있는 장소 – 이 필요하다. 사랑은 사랑을 되돌려 받으려고 요구하지 않는다. 사랑은 강압적이지 않다. 하나님은 할 수 있는 모든 방법을 통해 우리를 찾아오시지만, 사람들은 그 사랑을 거부할 자유의지가 있다. 지옥은 간단하게 말하면 하나님과 분리된 상태다. 누구든지 – 심지어는 다른 사람들이 보기에 정직하고 점잖은 사람이라 할지라도 – 하나님을 거부하면 그는 이미 이 땅에서 지옥을 경험하고 있다.

　하나님은 우리가 선택하는 것을 방해하시지 않을 것이다. 오히려 사람들이 하나님께서 자신의 인생에 접근하지 못하도록 빗장을 걸어둘지도 모른다. 그렇기 때문에 지옥의 문은 안에서 잠겨 있다. 존 밀턴이 쓴 실낙원이라는 위대한 서사시에 보면, 사탄이 이렇게 큰소리친다. "천국에서 섬기느니 지옥에서 다스리는 게 낫다."

　인간에게는 하나님의 통제를 받기 위해 자신을 비우는 것을 강하게 저항하는 측면이 있다. 하지만, 자기통제권을 포기하지 않는다면, 그 저항 때문에 파멸로 치닫게 될 것이다. C. S. 루이스는 이렇게 기록한다. "하나님이 우리를 지옥에 보내시는가의 문제가 아니다. 우리 각자에게는 애초에 싹부터 잘라버리지 않으면 나중에 자라서 그 자체가 지옥이 되어버리는 그 무엇인가가 있다. 아주 심각한 일이다. 그러므로 우리 자신을 단번에 하나님의 손에 내맡겨야 한다. 바로 오늘, 바로 지금 말이다."

하나님은 죄의 문제에 깊은 관심을 갖고 계시다. 왜냐하면, 그 죄가 하나님의 존귀한 자녀들을 해치기 때문이다. 그리고 하나님은 우리 안에 거룩함을 이루기 원하신다. 왜냐하면 그것이 온전함에 이르는 유일한 길이기 때문이다.

7장과 8장에서는 거룩한 하나님께서 어떻게 우리를 거룩한 백성으로 만드시는지 살펴볼 것이다. 하나님은 기꺼이 자기 자신을 희생하셔서 우리의 죄 문제를 해결하셨다. 죄의 능력을 멸하시고, 우리의 죄책감을 제거하셨다. 그리고 하나님은 죽음을 이기시고 부활하셔서 죄의 유혹을 이길 수 있는, 그리스도가 거하시는 사람들로 우리를 변화시키셨다. 이 제자도 시리즈의 두 번째 책,『선하고 아름다운 삶』에서는 거룩하신 하나님께서 어떻게 우리를 흔들림 없는 하나님의 나라로 초대하셨으며, 우리의 일상을 간섭하시는지 살펴볼 것이다.『선하고 아름다운 삶』은 또한 우리가 그리스도를 닮아가는 여정 가운데 매일 직면하게 되는 어려움들 – 분노, 음욕, 거짓말, 탐욕, 등등 – 을 다루게 될 것이다. 거룩함을 향한 우리의 여정은 거룩한 사랑으로 우리를 사랑하시는 거룩한 하나님이 친히 이끄신다.

 만일 하나님께서 죄에 대하여 관대하셨더라면, 그것이 우리에게 어떠한 해악을 초래했을까?

은혜는 죄를 묵과하는 것이 아니다

이 장 앞부분에서 하나님의 은혜와 용서가 우리의 행위에 대하여 더 이상 신경 쓰지 않는 것이라고 믿는 한 여인의 이야기를 소개했었다. 몇 달 뒤에 나는 그 여성과 다시 대화를 나눌 기회가 있었는데, 그때 하나님의 거룩함이 얼마나 중요하고 좋은 것인지를 설명해주었다. 나는 그녀에게 하나님은 그녀의 죄악된 행위들을 묵과하시지 않으시지만, 하나님이 좋으신 분이 아니라서 그러는 것이 아니라는 것도 설명해주었다.

"하나님이 지금 자매가 하고 있는 일을 인정하시지 않는 이유는 자매가 하나님께 존귀한 사람이기 때문입니다." 그리고 계속해서 이렇게 말했다. "그리고 성생활 또한 하나님 보시기에 아주 존귀한 것입니다. 사실 하나님이 성을 창조하셨기 때문에 하나님은 성에 대하여 긍정적이십니다. 하지만, 성생활은 최고의 언약인 결혼이라는 관계 속에서 맺어진 두 사람 사이의 아름다운 친밀감의 표현입니다. 그 관계를 떠난 성행위는 성을 아주 값싸고 추한 일로 전락시키고 말죠. 게다가 대부분 그런 관계는 마음에 상처를 주고 고통만 가져다 줄 것입니다. 자매님은 아주 존귀하고 특별한 존재입니다. 그렇기 때문에 성에 대하여 기다리고 인내해야 합니다."

그녀가 말했다. "무슨 뜻인지 알겠어요. 사실 그 남자는 나와 성적인 관계만 맺기를 원하지, 나를 정말 사랑하는 것 같지 않아요. 지금 우리 관계는 아주 엉망이에요. 어떻게 해야 하죠?"

"결혼할 때까지는 이제 성관계를 갖지 않겠다고 말하세요."

"그럼 끝내자고 할텐 데요?"

"그렇게 되면 그 사람의 본색을 알게 되는 거죠. 그게 더 낫지 않겠어요?"

다음번에 그 자매를 다시 만났을 때, 그녀는 자신이 내 조언대로 남자친구에게 말했고, 예상했던 대로 그 남자가 헤어지자고 했으며, 결국 헤어졌다고 말했다. 하지만, 그녀는 웃고 있었다. 그녀는 지금 자신을 존귀하게 여기는 법을 배워가고 있다고 했다. 2년 뒤 내 사무실 문 밖에서 밝게 웃고 있는 그 자매를 발견했다. 그녀는 자신의 손가락에 끼어 있는 반지를 가리키며 이렇게 소리쳤다. "저 정말 멋진 남자와 약혼했어요! 그 남자는 저를 정말 아껴주고 존중해주는 사람이에요. 우리는 결혼할 때까지 서로를 지켜주기로 약속했어요. 제가 누구인지 발견할 수 있도록 도와주셔서 감사해요."

돌아보면 시작은 그다지 좋지 않았었다. 내가 설교를 잘못해서 그 자매가 죄를 아무리 지어도 상관없다는 식으로 생각하게 된 것 같았다. 하지만, 다시 생각해보니, 그 자매는 자신의 죄의 문제를 다루는 것보다 하나님이 자신을 무조건적으로 사랑하신다는 메시지를 먼저 들었어야 했던 것 같다. 어쩌면 좀 직관적인 말 같지만, 나는 그게 옳다고 생각한다. 우리는 은혜보다 진노가 먼저라고 생각하기 쉽다. 하지만 그것은 성경적이지 않다. 하나님은 은혜로 시작해서 은혜로 끝내신다. 우리가 사랑받고 용서받은 존재라는 사실을 확신할 때까지는 우리가 얼마나 죄인인지를 제대로 언급하는 것은 거의 불가능하다. 우리는 우리 힘으로 뭔가 해보려고 한다. 우리의 노력으로 변화를 시도하고, 그렇게 노력하면 하나님이 나를 좋아하실 것이라며 무지 애를 쓴다. 바르트가 말했듯이, 하나님은 은혜로 시작해서 은혜로 마치신다. 그때 비로소 우리는 하나님의 거룩하심과 우리의 거룩해짐을 제대로 이해하기 시작한다.

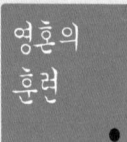

삶의 여백 훈련

리처드 스웬슨(Richard Swenson)박사는 『여백Margin』이라는 아주 훌륭한 책을 썼다. 여백이란 종이의 가장자리에 아무런 글자도 쓰여있지 않은 공간을 말한다. 지금 읽고 있는 이 페이지 위아래, 그리고 양 옆에도 여백이 있다. 만일에 글자들이 종이의 위쪽 끝에서 아래 끝까지, 그리고 왼쪽 끝에서 오른쪽 끝까지 빽빽하게 쓰여 있다면, 여백이 전혀 없는 것이다. 스웬슨은 우리 삶도 그와 마찬가지라고 했다. 하루 일정표에 너무 많은 계획들이 잡혀 있어서, 쉼과 여가를 즐기거나, 가족과 하나님, 심지어는 자신의 건강을 돌볼 여유조차 없는 '여백'이 없는 삶을 살고 있다는 것이다.

스웬슨은 여백과 여백 없는 삶에 대하여 다음과 같이 말한다.

현대사회에서 우리의 일상은 여백을 빼앗긴 삶이다……여유가 없는 삶의 모습은 이렇다. 병원 진료예약에 30분이나 늦었는데, 그 이유는 미용실에서 예정보다 20분 늦게 출발했기 때문이고, 미용실에서 그렇게 늦게 출발할 수밖에 없었던 이유는 애들을 학교에 10분이나 늦게 데려다 주었기 때문인데, 애들을 늦게 데려다준 이유는 집을 나서자마자 차에 기름이 떨어졌다는 것을 깨닫고 집에서 두 블록쯤 떨어져 있는 주유소에 기름을 넣으러 갔는데, 지갑을 안가지고 나온 것이었다.

여백 혹은 여유 있는 삶이란, 계단 꼭대기까지 올라간 후에도 숨이 차지 않을 정도의 상태, 혹은 월말이 가까워도 은행잔고에 약간의 여유가 있고, 사춘기가 끝나갈 즈음에도 정신적으로 건강한 상태를 의미한다.

여유 없는 삶은 전화벨이 바쁘게 울리는데 동시에 아기가 우는 것과 같다. 반면에, 여유 있는 삶은 할머니가 아기를 데리고 산책하는 한가한 오후와 같다.

여유 없는 삶은 당신이 들 수 있는 한계량보다 3킬로그램 정도 더 무거운 것을 들어야 하는 경우와 같다. 반면에, 여유 있는 삶은 친구가 그 무거운 짐의 절반을 함께 들어주는 경우다.

여유 없는 삶은 지금 당신이 읽고 있는 스트레스에 관한 책을 끝까지 읽을 시간이 모자란 경우고, 여유 있는 삶은 그 똑같은 책을 두 번 읽을 수 있는 시간적 여유가 있는 것이다.

내가 아는 거의 모든 사람이 위에 묘사된 글이 무슨 의미인지 잘 알 것이다. 우리가 사는 이 문화는 바쁘고 분주하여 무리해서 일하는 것이 마치 성공인 양, 혹은 자신을 중요하게 보일 수 있는 표시로 여기도록 만들었다.

스웬슨은 자신의 환자들에게서 이 여백 없는 삶의 증상들을 발견했고, 나중에는 본인에게도 그러한 증상이 있다는 사실을 알게 되었다. 의사인 그는 우리의 건강을 해치는 대부분의 질병들이 스트레스와 관련이 있다는 사실을 발견했다. 그에 의하면, 스트레스는 무리할 때 온다는 것이다. 그래서 자신의 환자들에게 삶의 속도를 조금 늦출 것과, 또한 자신들의 삶에서 불필요한 일들을 제거하라고 조언하기 시작했다.

그리고 자기 자신의 삶을 점검해본 결과 자신에게도 동일한 증상들이 있다는 사실을 발견했다. 주중에 어떤 때는 80시간씩 일하는 것이 자신의 건강을 해치는 것은 물론, 가족과 함께하는 시간뿐 아니라 하나님과 친밀한 관계를 유지하는 데 좋지 않은 영향을 끼친다는 것을 깨달았다. 자신에게 가장 소중한 그 세 가지를 포기하면서까지 일하는 것이 옳지 않다는 사실을 깨달은 것이다. 그리하여 자신이 일하는 시간을 절반으로 줄이기로 결정했다. 일하는 시간이 절반으로 준다는 것은 수입도 그만큼 준다는 것이다. 결코 쉽지 않은 결정이었다. 하지만 스웬슨은 그것이 일생동안 자신이 내린 결정들 중에 최고의 결정이었다고 한다.

나도 삶의 여유를 되찾기 위해 열심히 노력했다. 그 결과 내 나름대로의 비결을 터득했다. 그것은 사실 쉬워 보이지만 실천하기가 정말 어려운 것이다. 그 비결이 무엇인가 하면, "No!"라고 말하는 것이다.

무엇을 'No!'라고 말하라는 것인가? 당신의 영혼과 다른 사람들의 영혼의 잘됨에 절대적으로 필요하지 않은 일이라면, 그것이 무엇이든 간에 과감하게 'No'라고 말할 수 있어야 한다. 당신이 하루에, 혹은 일주일 내내 처리해야 할 일의 목록을 보면, 아마도 거의 대부분이 중요한 일들일 것이다. 하지만, 그 결정이 어려운 까닭은 중요한 일과 덜 중요한 일들 사이에서 제거할 것들을 골라내는 것이 아니라, 모두 중요해 보이는 일들 사이에서 골라내야 하기 때문이다.

예를 하나 들어보자. 이 책이 말하는 내용을 함께 공부하던 어떤 젊은 여인이 삶에 여백이 필요하다는 이 주제에 깊은 도전을 받아-자신이 여백이 전혀 없는 삶을 살고 있었기 때문에-자신의 삶에 여백을 만들어 보겠다는 결정을 내렸다. 그녀는 일하면서 공부하는 학생이었기 때문에, 일정이 그 일들에

할애 되어 있었다. 또한 가족들과의 함께하는 것이 중요한 시간이라고 생각했고, 기도시간, 성경 읽는 시간과 묵상일기를 쓰는 시간도 중요하게 여겼다. 앞으로 미래를 함께할 남자친구와의 관계도 중요한 일 중 하나였다. 그러나 남자친구와 보내는 시간이 하루에 3-4시간이나 된다는 사실을 새삼 깨닫게 되었다. 그래서 그 문제에 대하여 기도한 후, 삶의 여백을 만들기 위해서는 남자 친구와 보내는 시간을 조절해야겠다고 판단했다. 그래서 남자친구에게 함께 보내는 시간도 소중하지만, 적어도 일주일에 3일 정도는 개인시간을 가질 수 있으면 좋겠다고 말했다. 그렇게 하면 일주일에 적어도 9-10시간 정도의 여유시간이 생길 것 같았다.

나중에 그녀가 내게 찾아와서 그 결정이 얼마나 의미 있는 것이었는지를 말해주었다. 학교 성적도 훨씬 더 좋아졌고, 하나님과의 관계, 또한 가족들과의 관계도 매우 깊어질 수 있었으며, 정말 편안하고 행복한 하루를 보낼 수 있도록 매일 매일 자신만의 리듬을 유지한다고 했다. 또한 남자친구와의 관계도 이전보다 더 좋아졌다고 한다.

기억하라! 하나님은 결코 우리가 여유 없는 삶으로 쫓기며 살아가기를 원하시지 않는다.

우리의 삶에 여유가 없다면, 우리가 스스로 하나님의 나라에서 벗어나는 행동을 한 결과라는 사실을 알아야 한다. 그러므로 자신의 일정에 대하여 솔직하게 평가해서 감당할 수 없다면 가차 없이 조절해야 한다. 왜냐하면 당신의 영적인 건강, 다른 사람들과의 관계, 건강조차도 자신의 일정을 어떻게 관리하느냐에 달려있기 때문이다.

삶의 여백과 거룩함

거룩함은 본질적으로 온전함이다. 온전함이란 인생을 잘 살아가는 것을 의미한다. 죄는 일종의 역기능 혹은 질병이다. 오늘날 영적인 질병 중 최고의 질병은 바로 '빨리빨리 병'이다. 우리의 일정이 너무 빡빡하기 때문에 빨리빨리 계속해서 서두를 수밖에 없다. 삶에 여백이 없을 때, 우리는 피곤하고, 외롭고, 기쁨을 상실한 삶을 살게 된다. 그때 유혹이 찾아온다. 우리에게는 여백이 필요하다. 여백은 균형을 회복시키고, 영혼을 회복시킨다. 또한 그렇게 함으로 기쁨의 능력을 회복시킨다. 기쁨은 우리를 유혹으로부터 지켜주는 보호막이다. 그런 까닭에 여백과 거룩함은 서로 깊은 연관이 있다.

다음은 삶의 여백을 만들기 위한 몇 가지 조언들이다.

- 매일 10분 일찍 일어나 침묵을 통한 묵상의 시간을 가짐으로 하루를 준비하라.
- 불필요한 여흥시간을 줄여라.
- 무슨 일이든지 약속을 하기 전에 다음과 같이 먼저 스스로에게 질문함으로 미리 조절하라. "이 일이 정말 꼭 필요한 일인가?" 예를 들면, 교회에서 꼭 3가지 부서를 동시에 섬겨야 하는가?
- 자주 하는 일이 있다면(예를 들면, 친구들과 만나는 것), 그 친구와의 관계가 끊어지지 않을 정도로 만나는 횟수를 줄여라.

묵상을 위하여

당신이 이 책을 혼자 공부하든지 공동체 안에서 함께 공부하든지 상관없이 아래의 질문들이 당신의 경험을 묵상하고 성찰하는 데 도움이 될 것이다. 아래 질문에 대한 답을 일기에 기록하는 습관을 들이는 것이 좋다. 만일 소그룹 안에서 다른 사람들과 함께 학습하고 있다면, 자신의 묵상과 체험을 나눌 때 기억하기 쉽도록 기록한 일기를 다음 모임에 가지고 가라.

- 이 주간에 영혼 훈련 과제(삶의 여백을 만드는 훈련)를 실천할 기회가 있었는가? 그렇다면, 뭘 어떻게 했는지, 어떤 느낌이었는지를 적어보라.
- 이 영혼의 훈련을 통해 하나님에 대하여 혹은 자신에 대하여 새롭게 깨달은 사실이 있다면 무엇인가?
- 자신의 삶에서 여백을 만들려고 시도할 때, 가장 어려웠던 것은 무엇이었는가? 또한 가장 큰 효과가 있었다면 무엇이었는가?

chapter
7

자신을 희생하시는 하나님

영혼의 훈련 : 요한복음 읽기

| God Is Self-Sacrificing |

우리 누나,
비키는 지적이고 생각이 깊은 사람이다. 아마 내가 아는 사람 중 가장 똑똑한 사람에 속할 것이다. 그녀는 모태신앙이다 - 고등학생 때는 고등부에서 아주 활발하게 활동했었고, 어른이 되어서는 주일학교 교사와, 성가대원으로 적어도 30년 이상을 봉사해왔다. 평생 동안 아마도 수백편의 설교를 들었을 것이다. 예수님의 성육신, 죽음과 부활의 중요성과 진정한 의미에 대하여 가장 명확하게 일고 있어야 할 사람이 있다면, 아마 우리 누나일 것이다. 하지만 놀랍게도 우리 누나는 그렇지 못했다. (아니면, 강단에서 설교한 사람들이 제대로 설교하지 못했던지.) 우리 누나만 그런 게 아니다. 많은 사람들이 왜 예수님이 인간이 되어서 죽어야 했고 부활하셨는지를 명확하게 설명하지 못한다. 솔직하게 말하면, 종교학을 전공했음에도 불구하고 나도 그렇게 제대로 설명할 수 없었던 시절이 있었다. 아주 기본적인 설명은 할 수 있었

겠지만(예를 들면, 예수님이 우리 죄를 대신해서 십자가에 죽으셨다는 것), 그 깊은 의미까지는 제대로 이해하지 못했다.

비키와 매형 스캇이 예수님의 제자가 된다는 것이 무슨 의미인지를 가르치던 성경공부에 참석했다. 강의 가운데 상당히 많은 부분이 십자가에 대한 깊은 묵상이었다. 누나가 그 강의안을 보고는 내게 솔직하게 이렇게 말했다. "짐, 내가 십자가를 제대로 이해하지 못했다는 걸 인정해야 할 것 같아. 예수님이 죽으셔야 했다는 게 늘 마음에 걸렸어. 하나님이 자기 아들 예수를 죽도록 내버려 뒀다는 사실이 믿기가 힘들어. 어떤 때는 거의 그게 아동학대처럼 느껴지거든." 누나는 계속해서 말하기를, 십자가 사건이 얼마나 불필요했는지, 하나님이 그냥 간단하게 세상을 용서한다고 선포하심으로 '이 세상을 용서' 하실 수는 없었는지, 사람들에게 어떻게 서로 사랑하며 살 수 있는지를 가르치실 수는 없었는지 물었다. 그랬다면 예수님이 고통을 겪을 필요가 없었을 것이고 피를 볼 필요도 없었을 거라는 말이다.

나도 누나의 심정이 이해가 갔다. 예수님의 십자가는 한편으로 보면 소름끼치는 사건이기 때문이다. 모든 로마 가톨릭교회는 그리스도의 수난상 – 예수님이 십자가에 달려 있는 십자가 – 을 갖고 있는 반면, 개신교회는 교회건물의 꼭대기나, 예배당 안에 십자가를 놓는다. 찬송가의 많은 곡들이 십자가를 찬양하는 곡들이다(예를 들면, "주 달려 죽은 십자가"). 예수님의 죽음은 기독교신학의 최우선이며 중심이기도 하다. 하지만, 동시에 많은 사람들이 그 중요성을 이해하지 못하는 부분이기도 하다. 예수님이 왜 우리 가운데 거하시다가 우리를 위해 죽으셔야 했는지를 이해하는 것이 선하시고 아름다우신 하나님의 성품을 이해하는 데 큰 도움이 된다.

 예수님이 우리 때문에 죽으셔야 했다는 사실 때문에 불편하게 느껴진 적이 있었는가? 설명해보자.

오해와 편견 :
우리가 하나님을 찾아가는 것이다

앞 장에서 말했듯이, 우리는 성과중심적인 세상에서 살고 있다. 우리는 노력한 만큼 얻는다. 기독교를 제외한 세계의 모든 종교들은 바로 이 원칙에 근거하고 있다. 신의 은총과 축복을 받으려면 인간은 거기에 상응하는 뭔가를 해야만 한다. 그것이 예배든지, 제물이든지 올바른 삶이든지, 아니면 그 모든 것을 한꺼번에 다 해야 하든지 말이다. 우리의 경험으로 설명할 때 이것은 매우 논리적이라고 느껴진다. 우리가 살고 있는 이 세상은 이렇게 움직인다. 즉, 착한 일을 하면 좋은 일이 생기고, 나쁜 일을 하면 나쁜 일이 생긴다. 힌두교나 불교에서는 이것을 업보(karma)라고 한다. 삶을 질서 있게 정리하고, 교리를 따르고, 적절한 제물을 바치면 하나님이 상으로 축복해주실 것이다. 하나님을 찾는 것은 우리하기에 달렸다. 여전히 자기 삶의 통제권을 자신이 가질 수 있기 때문에, 이것은 논리적일뿐 아니라, 매우 매력적이기까지 하다.

예수님의 이야기 :
하나님이 우리를 찾아오셨다

예수님이 왜 사람이 되어서 십자가에서 죽으셔야 했는지를 잘 이해하도록 도움이 된 책이 한 권 있다. 알렉산드리아의 주교였던 아타나시우스(Athanasius, 296-373)가 쓴 『성육신에 관하여』라는 책이다. 그는 교회가 예수님의 성육신(하나님이 인간이 되심), 죽음(십자가 사건), 부활 사건이 인간과 하나님이 화목하게 되는 데 절대적으로 필요한 요건이었다는 사실을 제대로 이해하도록 많은 도움을 준 사람으로 인정받고 있다. 그래서 예수님이 왜 죽으셔야했는지에 대하여 의문과 고민을 가진 비키 누나와 함께 나는 아타나시우스의 고전으로 돌아가 그 해답을 찾아보기로 했다.

내 질문과 아타나시우스의 대답을 대담형식으로 정리해보았다. 우리가 시간을 거슬러 아타나시우스가 살던 시절로 함께 가서 예수님의 성육신과 죽음과 부활에 관한 궁금한 것들을 질문한다고 상상해보자.

> 제임스: 아타나시우스 님, 사람들이 묻는 일반적인 질문 중 하나는 왜 예수님이 사람이 되어서 그 고난을 겪으시다가 십자가에 죽으셔야 했는가 하는 문제입니다. 왜 예수님은 그저 단순하게 하나님을 기쁘시게 하는 삶을 사는 법을 가르쳐주시지 않으셨을까요?
>
> 아타나시우스: 그것은 만약에 인간이 죄를 범하지 않고 전적으로 타락하지 않았다면 가능한 얘기입니다. 만일 인간이 그저 법을 하나

어겼다가 회개하는 것으로 해결할 수 있다면 가능할 수도 있었겠죠. 혹은 우리의 문제가 무지에서 비롯된 것이었다면 교육을 통해서 문제를 해결할 수 있었을 겁니다. 하지만, 인간의 문제는 그보다 더 심각하고 깊은 문제였습니다. 우리가 죄를 지었고 타락했다는 것이지요. 그것은 마치 질병이 우리의 의지와 병에 대한 지식만을 가지고 고칠 수 없는 것과 마찬가지입니다.

제임스: 그럼, 우리가 어쩌다 그런 처지에 놓이게 된 겁니까?

아타나시우스: 그걸 다 이야기하자면 아주 길지요. 하지만 되도록 간단하고 짧게 설명해 보겠습니다. 하나님은 인간을 자기 형상을 따라 지으셨습니다. 하나님의 형상으로 지음을 받았다는 것은 논리적으로 생각하고 판단할 수 있으며, 창의적이고, 무엇보다 하나님을 알 수 있도록 지음 받았다는 말입니다. 아담과 하와는 하나님과 자유롭게 교제하도록 지음 받았습니다. 그런데 그 둘은 하나님을 향한 자신들의 사랑과 감사와 순종을 표현할 수 있도록 단 한가지의 계명을 받았습니다. 그것은 선악을 알게 하는 나무의 열매를 먹지 말라는 것이었습니다. 이 나무는 인간이 하나님처럼 되려는 욕망을 상징합니다. 왜냐하면, 오직 하나님 한분만이 선과 악을 분별할 수 있기 때문입니다. 그들은 "선악을 알게 하는 나무의 열매는 먹지 말라 네가 먹는 날에는 반드시 죽으리라"는 경고의 메시지를 받습니다. 하지만 그들은 결국 그 나무의 열매를 먹었고, 그 즉시

영적으로 죽었으며, 하나님의 임재에서 쫓겨나게 되고, 이전처럼 쉽게 에덴동산에서 교제하며 살수 없게 되었지요. 그리고 결과적으로 육신적으로도 죽기 시작했습니다. 육신의 죽음을 맞이하게 되었을 뿐 아니라, 타락한 상태에서 살게 된 것입니다.

제임스: 하지만 하나님께서 그들을 용서하실 수도 있었잖아요, 그렇지 않나요?

아타나시우스: 아닙니다. 하나님은 자신의 계명을 돌이키실 수 없었습니다. 하지만 동시에 자신의 존귀한 피조물이 파괴되는 것을 두고 보실 수도 없으셨죠. 만일 그렇게 놔둔다면 하나님의 선하심은 말이 안 되잖습니까? 그것이 하나님의 딜레마였죠.

제임스: 그러면 인간이 스스로를 구원할 수 있는 방법이 전혀 없었던 겁니까? 하나님이 그들에게 회개할 것을 요구하실 수도 있었잖아요?

아타나시우스: 아니죠. 인간의 죄는 한 번 범했다가 다시 정정할 수 있는 잘못이 아니고, 그 회개가 타락한 상태에서 벗어나도록 할 수도 없습니다. 심지어는 죄에서 완전히 떠났다고 할지라도 – 그것도 불가능했겠지만 – 여전히 속사람은 타락한 상태고, 따라서 죽음의 법 아래 놓이게 된 거죠.

제임스: 그렇다면, 해결책은 뭐죠?

아타나시우스: 해결책이 뭐냐가 중요한 게 아니라, 누가 해결할 수

있느냐가 중요합니다. 오로지 하나님의 말씀, 무에서 유를 창조하신 그 말씀 자신만이 인간의 문제를 해결할 수 있었습니다. 그 목적을 이루기 위해 인간의 육신에 제한 받지도 않고, 죄의 능력 아래 놓이시지도 않았던 그 하나님께서 인간의 세상으로 들어오신 겁니다. 하나님께서 친히 우리와 똑같은 인간의 몸을 입으시고 우리가 사는 세상으로 찾아오신 거죠.

제임스: 하지만, 왜 그러셔야만 했죠? 하나님이 다른 모습으로 오실 수는 없었나요? 왜 하필이면 인간의 몸으로 오셨어야만 했을까요?

아타나시우스: 예수님이 인간의 몸을 입고 오신 이유는 인간의 몸으로만 타락한 죽음에 상응하는 대가를 치를 수 있었기 때문입니다. 모든 것을 대신하여 자신의 몸을 죽음 앞에 내려놓고 아버지께 드리신 거죠. 예수님은 우리를 향한 순전한 사랑으로 그 일을 하실 수 있었습니다. 자신의 죽음을 통하여 사망의 법이 폐지될 수 있도록 하신 것입니다. 그래서 불앞에서 짚단을 제거하듯이 죽음을 확실하게 제거하셨습니다.

제임스: 그렇다면, 죽기 위해서 몸을 입으셨다는 말입니까? 그런 뜻인가요?

아타나시우스: 맞습니다. 죽음 외에는 타락을 완전히 제거할 방법이 없었습니다. 그런 까닭에 예수님은 죽음이 가능한 육신을 택하신 것입니다. 자신의 몸을 죽음 앞에 흠 없는 희생 제물로 내려놓

음으로 자신의 형제자매들의 생명에 상응하는 대가를 지불하셨습니다. 자신의 죽음으로 구원을 이루기 위한 모든 조건을 충족시키신 거죠.

제임스: 방금 "상응하는 제물"이라는 표현을 쓰셨는데, 잘 이해가 되지 않습니다.

아타나시우스: 전적타락의 상태(인간이 죄를 지은 후의 상태를 말함)는 전적으로 흠이 없는 것을 통해서만 이전의 상태로 되돌릴 수 있습니다. 바로 예수님이 죄가 없으신 거죠.

제임스: 그게 우리와 무슨 상관인 거죠?

아타나시우스: 예수님께서 우리 스스로 할 수 없는 것을 대신 해주심으로 이전의 상태로 돌이키신 겁니다. 자신을 희생하심으로 예수님은 두 가지를 이루셨습니다. 우리를 가로막고 있던 사망의 법을 폐하셨고, 부활의 소망을 주심으로 우리에게 새로운 생명을 허락하신 것입니다. 알다시피 예수님께서 죽음을 이기셨죠.

제임스: 그럼 잠시 그것과 관련된 주제로 넘어가보죠. 예수님은 왜 십자가에서 죽으셔야만 했을까요? 다른 방법으로 죽으셔도 같은 문제를 해결하실 수 있지 않았을까요?

아타나시우스: 예수님은 모든 사람들이 볼 수 있도록 실제적이고, 또한 누구도 부정할 수 없도록 공공연하게 죽어야만 했습니다. 만

일 예수님의 죽음에 대한 증인들이 없었다면, 누가 예수님의 부활을 믿었겠습니까? 만일 그랬다면 예수님은 이야기꾼 정도로 여겨졌을 것입니다.

제임스: 하지만, 왜 그토록 수치스러운 방법으로 죽으셔야 했을까요? 십자가형은 가장 고통스럽고, 세상에서 가장 수치스러운 사형 방법이잖아요. 좀 더 명예로운 방식으로 죽을 수는 없었을까요?

아타나시우스: 물론 십자가를 혐오하는 것은 알겠습니다. 하지만, 이걸 생각해보세요. 아주 놀랍고 위대한 역설이 발생한 겁니다. 치욕스럽고 불명예스럽게 여겨져야 할 죽음이 오히려 사망권세를 이기신 영광스러운 기념비로 새롭게 여겨졌으니까요. 그들은 가장 수치스럽도록 십자가를 택했지만, 오히려 십자가는 하나님의 영광의 상징이 되었습니다. 마지막으로 중요한 것은, 만약 예수님이 십자가에서 돌아가시지 않았더라면, 어떻게 온 세상을 품으실 수 있었겠습니까? 십자가가 아니었다면 세상을 향해 두 팔을 벌리고 죽을 수 없지 않았겠습니까?

 아타나시우스와의 대화를 읽고 새롭게 깨닫게 된 사실이 있는가?

사랑을 돌려받지 못할 위험을 안고

완전히 자유로우신 하나님께서 기꺼이 연약한 아기의 모습으로 이 세상에 들어오시고, 어른이 되어서는 치욕과 고난과 사형을 당하셨다. 하나님은 꼭 그렇게 하시지 않아도 된다. 인간의 문제(타락, 하나님과의 단절, 하나님의 형상을 잃어버림)를 해결하기 위한 유일한 방법이 하나님이 친히 인간세상으로 들어오셔야 했다는 아타나시우스의 말이 맞다고 해도, 하나님이 꼭 그렇게 하셔야만 했던 것은 아니다. 누구도 하나님이 그러한 방법으로 우리를 구원해야 한다고 강요하지 않았다. 그렇게 하시기로 선택하신 하나님은 어쩌면 사람들이 그 사랑에 반응하지 않을 수도 있는 짝사랑의 위험을 감수하신 것이다. 만일 인간이 그 사랑을 거부했다면 어떻게 되었을까?

요한은 이렇게 기록한다. "그가 세상에 계셨으며 세상은 그로 말미암아 지은바 되었으되 세상이 그를 알지 못하였고 자기 땅에 오매 자기 백성이 영접하지 아니하였으나"(요 1:10-11). 이것은 몇 가지 아주 중요한 본질적인 진리를 포함하고 있기 때문에 아주 중요한 구절이다. 첫째, "세상은 그로 말미암아 지은바 되었다." 하나님은 예수님을 통하여 세상을 지으셨다. 그리고 그 예수님이 여전히 그 만물을 붙잡고 계신다.

> 그는 보이지 아니하는 하나님의 형상이시요 모든 창조물보다 먼저 나신 이시니 만물이 그에게서 창조되되 하늘과 땅에서 보이는 것들과 보이지 않는 것들과 혹은 왕권들이나 주권들이나 통치자들이나 권세들이나 만물이 다 그로

말미암고 그를 위하여 창조되었고 또한 그가 만물보다 먼저 계시고 만물이 그 안에 함께 섰느니라(골 1:15-17).

둘째, "그가 자기 땅에 오셨다." 하나님께서 스스로 우리가 사는 세상에 들어오시기로 선택하셨다. 우리와 함께 숨쉬고, 인간의 삶에나 존재하는 고통과 아픔에 스스로를 내어놓으신 것이다. 셋째, "세상이 그를 알지 못하였다." 삼위일체 하나님의 두 번째 인격의 영광이 감추어졌다. 이것은 최고의 겸손에서 비롯된 것이다. 마지막으로, "자기 백성이 영접하지 아니하였다."

인간의 경험 중에서 짝사랑만큼 고통스러운 것이 없을 것이다. 누군가를 사랑하는데 상대방은 나를 사랑하지 않는다는 것은 깊은 상처와 찢어지는 아픔이 된다. 하나님께서 그 짝사랑의 고통을 경험하신 것이다. 어떤 사람들은 하나님이 고통을 느끼시는 것이나, 아예 하나님께 느낌이 있다는 것을 부정한다. 그들의 생각에 하나님은 요지부동의 하나님이다. 그런 이야기는 하나님의 능력을 보호하려는 것처럼 보인다. 하지만, 하나님이 사랑하시는 분이라면 ("하나님이 세상을 이처럼 사랑하사" 요 3:16), 하나님도 분명 짝사랑의 아픔을 느끼실 수 있다. 하나님이 아픔이나 기쁨을 느낄 수 있다는 사실을 믿기 어려운 사람들은 예수님이 고통을 느끼거나 불확실함을 경험했다거나 기쁨을 느낀다는 사실을 믿기 어려워한다. 예수님이 웃으셨을까? 예수님이 민망함을 느끼신 적이 있으실까? 예수님도 감정의 상처를 받으셨을까? 성경은, 예수님이 우리 인간이 경험하는 모든 것들을 경험하셨다고 기록한다. 나도 그렇게 믿는다.

내 친구 리치 멀린스는 "나 같은 아이/당신 같은 사람"이라는 제목의 예수님에 대한 아름다운 노래를 썼다. 그 노랫말을 보면, 예수님도 우리처럼 어렸을 때 우리가 느낀 것들을 경험했을까 궁금해 한다.

배가 고픈 걸 느껴보신 적 있나요?
키가 빨리 자라셨나요?
길을 지나갈 때 조그만 여자아이들이 키득키득 웃기도 했나요?
그 애들이 왜 웃는지 궁금해 하셨나요?

강아지와 장난치고, 코를 부빈 적이 있나요?
물장난을 쳐본 적이 있나요?
겨울 눈밭에서 눈천사를 그리며 놀아본 적이 있나요?

숨바꼭질 놀이를 하다가 갑자기 무서웠던 적이 있나요?
무릎이 까졌을 때 울지 않으려고 눈물을 삼켜본 적이 있나요?
잔잔한 호수에서 돌멩이로 물수제비를 떠본 적이 있나요?

리치는 이 노랫말 중 자기가 가장 좋아하는 부분이 눈밭에서 눈천사 그리기를 하는 장면이라고 했다. 왜냐고 물었더니 이렇게 대답했다. "천사를 직접 지으신 분이 어린아이가 되어 눈밭에서 천사를 그리고 노는 장면을 상상하는 게 재밌잖아요."

내 생각에는 사람들이 하나님도 기쁨과 고통을 느낀다는 사실을 믿기 어려워하는 것 같다. 왜냐하면 그런 것들은 하나님답지 못하다고 생각하기 때문이다. 연약함은 좋지 않은 것이라고 생각한다. 그러나 그럴 수도 있고 그렇지 않을 수도 있다. 어쩌면 연약함이 진정한 힘일 수도 있다. 상대방을 위해 자기 자신을 희생하는 것은 약함의 표시가 아니라, 오히려 세상에서 가장 강력한 힘일 수도 있다.

상대방의 반응 없는 짝사랑을 경험해본 적 있는가? 하나님도 그런 고통을 경험하신다는 사실을 상상할 수 있는가? 설명해보라.

어떻게 자기희생이 연약함의 증거가 아니라 강함의 증거가 될 수 있는가?

위대한 사랑

"우리가 받을 자격이 없음에도 불구하고 왜 하나님은 우리를 그토록 사랑하실까?"라는 질문을 짚고 넘어갈 필요가 있다. 에드워드 야놀드(Edward Yanold)는 이렇게 대답한다. "왜 아버지의 뜻은 십자가여야 했을까? ……인간의 본성이 하나님의 형상대로 지음을 받았다는 사실이 하나의 답이 될 수 있을까? 한 알의 밀알이 죽으면 열매를 맺는 원리는 하나님의 본성을 잘 나타낸다. 하나님의 영광은 자기 자신을 내어주는 데 있다. 그리스도의 몸의 지체들은 여전히 가시로 된 영광의 면류관을 쓴 머리에서 비롯되었다."

우주의 중심에는 바로 이 원리가 있다. 자기희생이야말로 최고의 행위다. 생명을 주기 위해서는 한 알의 밀알이 죽어야 한다. 우주는 그것을 지으신 하나님의 성품을 반영하게 되어있다. 예수님은 말씀하셨다. "사람이 친구를 위하여 자기 목숨을 버리면 이보다 더 큰 사랑이 없나니"(요 15:13).

자기 자신을 내어주는 것은 어쩌면 연약해 보일 수도 있다. 하지만 그것은 사랑의 한 모습이다. 고린도전서 13장 4-5절에 보면, "사랑은 오래 참고 사랑은 온유하며 투기하는 자가 되지 아니하며 사랑은 자랑하지 아니하며 교만하지 아니하며 무례히 행하지 아니하며 자기의 유익을 구하지 아니하며"라고 기록되어 있다. 대부분의 사람들은 다스림과 지배는 힘으로만 가능하다는 잘못된 생각을 갖고 살아간다. 하지만 그런 힘은 최고 형태의 힘이 아니다. 하나님의 힘은 약한데서 온전해진다(고후 12:9). 씨앗의 진정한 힘은 씨앗이 죽을 때 나온다. 하나님의 능력은 십자가에서 가장 분명하게 나타났다.

하나님의 아들이 우리가 사는 세상에 들어오실 때 가장 최악의 상황으로 오셨다. 완전히 평범한 삶을 30년 동안 사셨고, 우리가 체험하는 모든 것들을 경험하셨고, 자신의 삶과 가르침 전체를 통하여 이 세상이 자신의 아버지를 향하도록 했으며, 궁극적인 희생을 기꺼이 감수하셨다. 자기 자신의 삶을 세상을 위하여 내어주신 것이다. 어린 양이 세상 죄를 지셨다. "너를 위해 내 자신을 희생한다."는 것이 하나님의 정서다. 우리 역시, 아주 짧은 희생의 순간들을 통해 하나님의 느낌들(자유, 안도, 유쾌함, 목적, 의미 등)을 잠시나

마 느낄 수 있다.

 자기희생이 어떻게 다른 모든 것보다 가장 고귀한 행위일까?

우리를 위해 무엇을 더 해주실 수 있을까?

브레넌 매닝은 자기 이름 '브레넌'이 어떻게 얻어진 이름인지에 대하여 놀라운 이야기를 들려준다. 어린 시절 그에게는 레이라는 가장 친한 친구가 있었다. 그 둘은 항상 함께 다니며 뭐든지 함께 했다. 십대 때는 차도 같이 사서 타고 다녔고, 데이트도 함께 했고, 학교도 함께 다녔다. 그 둘은 심지어 군대도 함께 갔다. 훈련소에서 훈련도 함께 받았고, 최전선에서 전투도 함께 했다. 어느 날 밤, 참호에 앉아서, 브레넌이 브루클린에서의 추억을 이야기하고, 레이는 초콜릿을 먹으며 그 이야기를 듣고 있었다. 그런데 갑자기 참호 안으로 수류탄이 떨어졌다. 그런데 레이가 브레넌을 한번 쳐다보고 얼굴에 미소를 짓더니, 먹고 있던 초콜릿을 집어던지고 수류탄 위로 자기 몸을 던졌다고 한다. 수류탄이 터져 레이는 죽고, 덕분에 브레넌은 목숨을 건질 수 있었다고 한다.

브레넌이 사제서품을 받을 때, 성자의 이름을 골라서 자신의 이름을 정할 수 있다고 들었다. 그때 생각난 사람이 바로 그 친구 레이 브레넌이었다. 그래서 브레넌이라는 이름을 선택했다. 몇 년이 지나고 브레넌은 브루클린에 있는 그 친구의 어머니를 찾아갔다. 그날 밤 늦게까지 차를 마시며 대화를 나누다가, 브레넌이 이렇게 물었다. "레이가 저를 사랑했다고 생각하시나요?" 브레넌 여사는 의자에서 일어나 브레넌의 얼굴에 손가락을 흔들면서 이렇게 소리쳤다고 한다. "이런 세상에(Jesus Christ, 영어식 감탄사)! 도대체 그보다 (목숨을 내어준 것보다) 뭘 더해줄 수 있었다고 생각하니?" 그 순간 브레넌은 엄청난 계시를 받은 듯한 느낌이었다고 한다. 그는 자신이 예수님의 십자가 앞에 서서 예수님의 어머니에게 "하나님이 저를 정말 사랑하실까요?"라고 묻는 장면을 상상했다고 한다. 그때 예수님의 어머니 마리아는 자신의 아들을 가리키며 이렇게 말한다. "이런 세상에! 도대체 그보다 뭘 더해줄 수 있다고 생각하니?"

예수님의 십자가는 하나님이 우리를 위해 하실 수 있는 최고의 방법이었다. 하지만 우리는 여전히 하나님이 우리를 사랑하실까 궁금해 한다. 내가 하나님께 소중한 존재일까? 하나님이 나 같은 사람에게 관심이나 있으실까? 그러면 예수님의 어머니가 이렇게 대답하실 것이다. "뭘 더 해주기를 바라느냐?" 우리의 최상의 순간에, 우리의 필요를 다른 사람들을 위해 기꺼이 희생할 수 있을 때, 우리는 에드워드 야놀드가 표현한 것처럼, 하나님의 형상에 동참하게 된다. 우리는 하나님의 형상대로 지음 받았다. 그리고 하나님은 다른 사람들을 위해 기꺼이 자기 자신을 내어주셨다. 우리가 그 하나님을 알면 알수록, 우리의 본질을 더 알게 되고, 갈수록 자연스러운 자기희생이 가능해질 것이다.

남을 위해 자기를 희생한 이야기들은 사람들의 정신에 깊게 퍼져있다. 문학작품들과 영화에서도 찾아볼 수 있다. C. S. 루이스의『사자, 마녀 그리고 옷장』에 보면 그리스도를 상징하는 아슬란이라는 사자가 나온다. 아슬란은 에드문트의 잘못을 대신해서 자신의 목숨을 내놓겠다고 하얀 마녀에게 제안을 한다. 하얀 마녀는 자신이 아슬란을 제거하고 그 왕국도 영원히 없앨 수 있다는 기대감에 기꺼이 그의 제안을 수락한다. 하지만, 하얀 마녀가 미처 몰랐던 '심오한 마술'이 있었다. 그것은 죄지은 사람을 대신해서 자기 목숨을 내놓는 결백한 사람은 죽음보다 더 강력한 힘을 발휘한다는 것이다. 바로 그것이 자기희생의 위대한 역설이다.

♥ 하나님의 능력을 이야기할 때, 우리는 예수님의 성육신과 십자가의 사건을 이야기하는 것이 아니라, 하나님의 위대한 능력과 행위들에 대하여 이야기하는 경향이 있다. 왜 그럴까?

♥ 브레넌 매닝은 기독교를 잘 알면서도, 문득 '하나님이 나를 정말로 사랑하실까'하는 의심이 든 적이 있다고 했다. 당신도 하나님이 당신을 정말로 사랑하는지 의심이 들 때가 있는가? 만약 그렇다면, 무엇이 그 의심을 해소해주는가?

자기희생의 역설

예수님이 하나님 나라의 보좌를 버리고 인간의 몸을 입고 죽임을 당하셨을 때는, 가장 힘 있는 존재에서 가장 연약한 존재가 되신 것이다. 바울은 아름다운 찬송의 단어들을 사용하여 이것을 설명한다.

> 그는 근본 하나님의 본체시나 하나님과 동등됨을 취할 것으로 여기지 아니하시고 오히려 자기를 비워 종의 형체를 가지사 사람들과 같이 되셨고 사람의 모양으로 나타나사 자기를 낮추시고 죽기까지 복종하셨으니 곧 십자가에 죽으심이라 이러므로 하나님이 그를 지극히 높여 모든 이름 위에 뛰어난 이름을 주사 하늘에 있는 자들과 땅에 있는 자들과 땅 아래 있는 자들로 모든 무릎을 예수의 이름에 꿇게 하시고 모든 입으로 예수 그리스도를 주라 시인하여 하나님 아버지께 영광을 돌리게 하셨느니라(빌 2:6-11).

이것이 자기희생의 역설이다. 자신을 비워 낮추시고 순종하심으로, 예수님은 지극히 높임을 받으셨다. 하나님 나라에서 누가 가장 큰 자냐는 질문을 받고, 예수님은 이렇게 대답하신다. "그러므로 누구든지 이 어린 아이와 같이 자기를 낮추는 사람이 천국에서 큰 자니라"(마 18:4). 섬기는 자가 가장 큰 자다. 이 생각은 가장 큰 자가 섬김을 받아야 한다는 이 세상의 가르침과 정면으로 위배된다. 누군가를 용서한다는 것은 우리를 연약하고 힘없이 보이게 만든다. 하지만, 그것이 바로 힘과 능력을 드러내는 것이다. 피해자가 가해자를 용서할 때, 그는 승리자가 된다. 다른 사람들을 이기는 자가 아니라, 다른 사람들을 위하는 사람이 승리자다. 우리의 약함은 우리로 하여금 다른 사람들을 용서하지 못하게 한다. 우리의 두려움이 희생하지 못하게 하고 완전히 순종하지 못하게 한다. 하지만 그리스도가 그 안에서 거하는 사람들은 예수님이 사시는 방법과 예수님이 하신 일들을 배운다. 예수님은 우리가 단순히 흉내내거나 필적할 만한 모델이 아니다. 그분은 힘의 근원이시다. 우리는 능력 주시는 자 안에서 모든 것을 할 수 있다(빌 4:13).

 당신의 유익을 위해 자신을 희생한 사람이 있었다면, 그 사람에 대하여 이야기해보자. 다른 사람을 위해 자신을 희생한 적이 있는가? 어떤 느낌이었는가? 그것으로 당신이 '하나님의 형상'대로 지음을 받았다는 증거가 될 수 있겠는가?

천국이 땅으로 내려와 입을 맞췄다

다시 우리 비키 누나의 질문으로 돌아가자. "예수님은 왜 죽으셨어야만 했는가?" 예수님은 죽어야 했기에 죽으신 것이 아니라, 스스로 죽음을 선택하셨다. 아버지와 아들과 성령은 타락하고 깨어진 세상을 회복하시려고 조화롭게 함께 일하신다. 우리는 절대로 할 수 없는 일들을 하나님께서 대신 해주셨다. 십자가는 하나님의 사랑과 희생의 상징이다. 예수님께서 우리 몸을 입고 오셔서 인간의 상태를 치유하셨다. 그렇게 함으로서 피조물에 대한 하나님의 사랑이 얼마나 깊은지를 드러내셨다.

하나님 나라에서 가장 중요한 원칙이 있다. 곧, 우리가 포기하는 것은 결코 잃어버리는 것이 아니라, 정말 아름다운 것이 된다는 사실이다. 말구유와 십자가가 세상이 볼 수 있는 가장 아름다운 이미지가 된 이유를 알게 되었다. 수백만 개의 반짝이는 은하수를 지으신 하나님이 상처받기 쉬운 인간이 되어 이 땅에 오시기로 선택하심으로써, 천국이 땅으로 내려와 땅에 입을 맞추었다. 죽음과 상관없는 하나님이 죽음을 선택하여 십자가에서 돌아가심으로써 세상의 수많은 생명들이 하나님께 돌아오게 했다.

약 6개월 동안의 십자가에 대한 묵상과 공부를 하고 난 후에, 비키 누나는 나이 쉰여섯에 비로소 자기를 희생하시는 하나님의 성품과 십자가의 의미를 깨닫게 된 이야기를 아름다운 편지로 써주었다. 그 편지를 선물과 함께 받았다. 선물을 열어보니 십자가 모양으로 된 아름다운 작품이었다. 날마다 잘 보이는 책장에 자랑스럽게 올려놓고 쳐다본다. 매번 그것을 볼 때마다 우리를 위해 기꺼이 돌아가신 하나님께 감사드린다. 예수님께서 이렇게 예언하신 것은 정말 옳다고 생각한다. "내가 땅에서 들리면 모든 사람을 내게로 이끌겠노라 하시니"(요 12: 32).

영혼의 훈련

요한복음 읽기

『하나님의 모략』이라는 책에서 달라스 윌라드는 "하나님을 사랑하는 가장 중요한 열쇠는 예수님을 바라보는 것이다. 예수님을 최대한으로 의지하는 것이다. 그것이 그분을 사랑하는 방법이다."라고 적고 있다. 그렇게 하기 위한 최고의 방법은 복음서를 읽는 것이다. 4복음서에서 우리는 예수님을 만난다. 그곳에서 아주 분명한 예수님의 모습을 볼 수 있다. 복음서에서 예수님의 모습을 아주 선명하게 볼 수 있도록 기록된 말씀의 탁월함을 엿볼 수 있다.

이번 한 주 동안은 시간을 내어 요한복음 전체를 읽어보도록 하자.

대개 성경 속 어느 한권 전체를 통째로 읽지 않는다. 주로 일부분을 선택해서 읽거나, 묵상집에 나온 것처럼 몇 구절을 읽고 묵상하는 식이었다. 한권 전체를 읽음으로서 우리는 서론-본론-결론이 다 들어있는 한편의 전체 이야기를 경험할 수 있다. 어떤 사람은 "왜 하필이면 요한복음인가?" 하고 궁금해 할지도 모른다. 요한복음은 매우 독특한 복음서다. 요한복음은 '로고스,' '육신이 되어 우리가운데 거하시는' 말씀이신 하나님의 아들에 관한 이야기로 서두를 시작한다. 요한은 예수님에 관한 일련의 독특한 이야기들을 통하여 예수님이 누구신가를 우리에게 소개한다. 그러나 가장 중요한 것은 요한복음은 하늘에 계신 아버지와 아들 예수님의 관계를 가장 분명하게 설명해주는 복음서라는 사실이다.

요한복음을 크게 네 부분으로 나누어서 한번에 5장에서 7장씩 읽어볼 것을 권한다.

내가 아는 어떤 그룹은 함께 돌아가면서 소리 내어 읽었다고 한다. 요한복음을 읽을 때 한 가지 주의할 것은 성경 아랫부분에 기록된 각주를 찾아 읽어가며 자신의 궁금증을 해소하는 성경공부가 되서는 안 된다는 것이다. 요한복음을 읽다가 도무지 참을 수 없는 궁금증이 혹시라도 생긴다면(예를 들어, "예수님은 도대체 왜 물로 포도주를 만드셨을까?"), 한쪽에 기록해 두었다가 다음 기회에 공부하라. 지금은 단순하게 요한복음을 처음부터 끝까지 서론, 본론, 결론 순으로 읽어나가도록 하라. 대부분의 사람들에게 이 훈련이 쉽지 않을 수도 있지만, 마친 후에는 분명히 해볼 만한 가치가 있었다는 걸 깨닫게 될 것이다.

묵상을 위하여

당신이 이 책을 혼자 공부하든지 공동체 안에서 함께 공부하든지 상관없이 아래의 질문들이 당신의 경험을 묵상하고 성찰하는 데 도움이 될 것이다. 아래 질문에 대한 답을 일기에 기록하는 습관을 들이는 것이 좋다. 만일 소그룹 안에서 다른 사람들과 함께 학습하고 있다면, 자신의 묵상과 체험을 나눌 때 기억하기 쉽도록 기록한 일기를 다음 모임에 가지고 가라.

- 이번 주에 영혼의 훈련 과제를 실천해볼 기회가 있었는가? 그렇다면, 뭘 어떻게 했는지, 어떤 느낌이었는지를 적어보라.

- 이 영혼 훈련을 통해 하나님에 대하여 혹은 자신에 대하여 새롭게 깨달은 사실이

있다면 무엇인가?

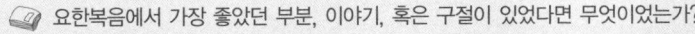 요한복음에서 가장 좋았던 부분, 이야기, 혹은 구절이 있었다면 무엇이었는가?

chapter
8

변화시키시는 하나님

영혼의 훈련 : 홀로 있음의 훈련

| God Transforms |

캐리와 연락이 끊긴지 참 오래되었다. 새로운 교회에서 주일학교 교사를 한다는 것이 캐리에 대해 마지막으로 들은 소식이다. 그런 캐리에게서 나를 만나고 싶다는 전화가 와서 약속시간을 잡았다. 아주 반가웠다. 크게 성공한 사업가인 캐리는 평소처럼 정장에 넥타이차림으로 나를 찾아왔다. 손에는 WWJD(예수님이라면 어떻게 하셨을까?)라고 적힌 팔찌를 차고 있었는데, 정장차림이라서 그런지 그 팔찌가 더욱 눈에 띄었다. 이런 저런 안부를 묻고 나서 캐리에게 물었다.

"오랜만에 만나서 아주 반갑긴 한데, 갑자기 무슨 일이지?"

캐리의 얼굴에 수심이 가득해졌다. 그리고는 왜 나를 찾아왔는지 말하기 시작했다.

"정말 도움이 필요해요, 목사님."

"내가 할 수 있는 일이라면 뭐든지 도와줄게." 내가 대답했다.

"뭐랄까, 요즘 제 신앙생활이 아주 심각할 정도로 형편없어요. 제대로 해보려고 몸부림칠수록 더 어려워지고 꼬이는 것 같아요. 가족관계도 좋고, 사업도 다 괜찮은데, 하나님과의 인격적인 관계는 아주 형편없어요. 지금은 겨우 줄 끝에 매달린 것처럼 아슬아슬해요."

"사실 그때가 제일 좋은 때지." 하고 내가 대답하자, 캐리는 무슨 말인지 이해하지 못했다는 표정을 지었다.

"좀 더 구체적으로 말씀드리면, 죄와의 싸움에서 계속해서 지고 있어요. 아주 처참하게요. 업무상 출장을 자주 다니는 편인데, 주로 호텔에서 묵지요. 그때마다 포르노에 대한 유혹이 아주 심해요. 종종 유혹에 빠져 포르노를 보곤 하죠. 그리곤 밀려드는 죄책감에 정말 힘들어지고. 결국 하나님께 죄송하다고, 다시는 그러지 않겠다고 회개도 하고요. 심지어는 아내에게도 털어놨죠. 처음에는 상당히 화를 내다가 그런 저를 이해해주더군요. 제가 원래 그런 사람이 아니란 걸 잘 알거든요."

나는 그의 말을 자르고 불쑥 이렇게 물었다.

"그럼, 캐리는 어떤 사람인데?"

"그야 물론 그리스도인이죠."

내가 다시 물었다.

"그리스도인? 그게 무슨 뜻인데?"

"그건 제가 예수를 믿는다는 뜻이고, 그렇기 때문에 예수님의 계명을 지키려고 노력한다는 말이죠. 교회에 다니고 있고, 성경공부도 하고, 시간이 날 때마다 종종 큐티도 하고요. 또, 그런 거 있잖아요. 죄를 짓지 않으려고 노력하고요. 선량한 사람이 되려고 노력도 하지요. 하지만 가슴속 깊은 곳에 자리 잡고 있는 내가 아직도 죄인이라는 생각을 지울 수가 없어요."

"캐리, 자네가 노력하고 있다는 건 아주 잘 알겠어. 그리고 오랫동안 온갖 노력을 다해왔다는 것도 알겠지만, 그게 전혀 소용없다는 말이지."

"네, 바로 그거예요." 캐리가 말했다. "저는 제가 이 팔찌를 하고 다니며, 그걸 볼 때마다 내가 예수님처럼 생각하고 예수님처럼 행하려고 했어요. 그럼 좀 나아질 거라고 기대했죠. 하지만 소용없었어요."

"캐리가 한 말을 내가 제대로 이해했는지 한번 들어봐. 자네는 기독교인이고, 그리고 죄인이라는 말이지. 그렇지?"

"네."

"자네가 죄인이라면, 자네를 죄인으로 만드는 기준이 뭘까?"

내가 물었다.

"그야, 죄를 짓는 거겠죠. 하지만 옳지 않다는 건 알아요."

"물론, 옳지 않다는 생각이 드는 게 당연하지. 캐리, 하지만 죄를 짓는 것이 옳지 않다고 생각되고 그렇게 느껴지는 건 죄가 나쁜 것이기 때문이야. 자네가 죄를 짓지 않으려고 계속 노력해도 소용없다고 했지?"

"그랬죠." 캐리가 내 말에 동의했다.

"그렇다면 다른 방법을 찾아보자고. 기꺼이 시간을 내서 자네를 돕고 싶네. 하지만 시간이 걸릴 거야. 단번에 고칠 수는 없지. 무슨 묘약이 있는 것도 아니고 말이야. 자네의 생각과 자네의 정체성과 그리스도인으로 산다는 게 무슨 의미인가에 대한 자네의 이해가 바뀌어야 할 거야."

"총 점검을 받아야할 것 같네요."

"아니지, 자네는 지금 필요한 모든 걸 갖추고 있어. 다만, 새로운 접근방식이 필요할 뿐이야. 나와 함께 이 문제를 다룰 결심만 한다면, 분명 지금보다 나은 방법을 찾을 수 있을 거야."

"지금보다 나아질 수만 있다면 뭐든지 할 겁니다. 도와주세요!" 캐리가 말했다.

그렇게 캐리와 나는 6개월 동안 만나서, 이 장에서 다루고자 하는 기본적인 원칙들을 함께 공부했다. 캐리의 상황은 변화되기 위해 수없이 시도해보지만 번번이 실패를 맛보는 오늘날의 많은 그리스도인과 별반 다를 게 없다. 문제는 예수님의 부활의 능력을 제대로 이해하지 못하는 데 있다.

7장에서 우리는 자기 자신을 아낌없이 내어주시는 삼위일체 하나님의 희생, 특별히 십자가의 희생에 대하여 살펴보았다. 예수님의 희생은 하나님께서 세상을 자기와 화목하게 하시려고 죄에 대하여 단번에 심판하신 것이다 (고후 5:19). 하지만, 선하고 아름다운 우리 하나님의 이야기는 단지 십자가에서 끝나지 않는다. 우리 예수님은 사흘 만에 죄와 죽음을 이기고 부활하셔서 지금도 자신을 믿는 모든 이들에게 생명을 아낌없이 내어주신다. 상당히 많은 그리스도인들이 제대로 알지 못하고, 그보다 더 많은 사람들이 경험하지 못한 부활의 능력이 바로 이 장의 주제다.

오해와 편견 : 나는 죄인이다

캐리의 이야기는 남의 이야기가 아니다. 우리 모두는, 물론 각 사람이 경험하는 유혹과 죄의 종류는 다르겠지만, 캐리와 비슷한 고통스러운 경험들을 가지고 있다. 예수를 구주로 영접했고, 제자의 삶을 살기를 소원하는 그리스도인들도 종종 모순에 빠진다. 누구나 죄는 잘못된 것이며, 아무도 "난 오늘 죄를 지을 준비가 됐어."라고 말하지 않는다. 하지만, 아마도 아주 큰 죄가 아니라, 아주 소소한 작은 죄들(이를테면, 불가피한 거짓말, 이웃의 소유를 탐내는 일, 지나친 염려, 다른 사람들을 정죄함 등)일지는 모르지만, 어쨌든 우리는 여전히 죄를 짓는 자신의 모습을 발견한다. 그리스도인으로서 살아야 하는 모습대로 살지 못하고 있는 것이다.

캐리가 그랬던 것처럼, 우리 삶의 영역 곳곳에 퍼져 있고, 어쩌면 삶을 지배하고 있는 죄 때문에, 우리는 스스로 우리의 본질적인 정체성이 죄인이라고 결론짓고 만다. 물론 그것이 스스로를 '의로운 자'라고 여기는 것보다는 현실적이다. 수많은 경험들이 우리가 죄인이라는 사실을 확실하게 거듭 확인해준다. '나는 죄인이다. 그런 까닭에 나는 그토록 많은 죄를 짓는 것이다.' 이 얼마나 논리적인가?

우리보다 훨씬 더 현명한 위대한 신학자들도 우리가 본질적으로 죄인이라고 했다. 종교개혁자 마틴 루터는 그 유명한 종교개혁을 외치면서, 그리스도인들을 "simul justus et peccator," 즉 "언제나 의인이면서 동시에 죄인"이라고 여겼다. 이것이 행위를 통해 구원을 받는다는 교리에 대한 마틴 루터의 반론이었다. 우리는 구원받았고, 의롭게 되었고, 하나님과 화목해졌다. 하지만, 동시에 우리는 여전히 죄인이다.

오랫동안 신학자들이 가르쳤고, 지금도 그렇게 가르치는 '그리스도인들은 죄인이다'는 생각은 일견 맞는 것 같기도 하지만, 나는 그 가르침이 잘못된 것이라는 결론을 내렸다. 그렇게 여기는 까닭은 신약성경의 가르침과 다르기 때문이다. 또한 그것은 비논리적이며 모순되고 상충되기 때문에 잘못된 가르침이라고 믿는다. 데이비드 C. 니드햄은 다음과 같이 질문한다. "스스로를 본질적으로 철저한 자기중심적 죄인이라고 여기며 동시에 하나님중심의 거룩한 삶을 목표로 살아가야 하는 그리스도인보다 더 절망적인 사람이 또 있을까?"

꼭 그렇게 표현하지는 않았지만, 그것이 바로 캐리가 경험한 자기모순이다. 캐리는 내게 자신이 죄인이라고 했다. 하지만, 그는 자신 안에 있는 죄로 인해 고통 받고 있었다. 어쩌면 그것은 자기 가지에 열린 사과열매들이 점점 더 자라는 것 때문에 고통 받는 사과나무와 같은 모습이다. 우리 자신이 본질적으로 죄인이라는 가르침은 실패와 좌절로 이끈다. 내가 보기에는 대부분의 그리스도인들이 그리스도 안에서의 자기 정체성을 잘못 이해하고 있고, 그런 까닭에 극심한 좌절감에 빠지고, 겉모습만 기독교인으로 살고 있다.

캐리가 나를 찾아와 도움을 요청한 이유는 자신의 행위들 때문에 좌절과 낙담에 빠졌기 때문이다. 하지만 나는 동시에 그에게서 다른 모습을 봤다. 하나님의 자녀, 즉 그리스도가 그 안에 거하시고, 그리스도의 보혈의 공로로 말미암아 영원히 구속받은 자, 하나님의 능력과 임재로 가득 차 있는 사람임에도 불구하고 여전히 슬픔과 두려움과 실패로 얼룩진 인생을 살고 있는 사람의 모습을 본 것이다. 나는 캐리가 단순히 자기가 원하지 않는 행동들을 중단하는 데 그치는 것이 아니라, 그리스도 안에서 더 깊은 삶, 즉 자신이 갖고 있다는 사실조차 몰랐던 충만함, 따뜻함, 능력과 기쁨을 누리며 살기를 원했다. 그렇게 되기 위해 우리는 오랫동안 하나님의 말씀을 함께 공부해야 했다. 그의 마음속에는 "나는 죄인이다"라는 생각이 오랫동안 그리고 아주 깊이 자리 잡고 있었다. 오랜 편견과 잘못된 생각을 깨뜨리기 위해서는 하나님의 말씀으로 충만하게 채우는 수밖에 없었다.

 '나는 죄인이다' 라는 이야기를 들은 것이 언제인가? 그 이야기를 언제 사용했는가?

오해와 편견을 깨뜨리는 예수님의 가르침 :
나는 거룩한 백성이다

지금까지 해온 것처럼, 우리의 잘못된 오해와 편견을 예수님의 가르침으로 대체해야 한다. 앞에서 언급했듯이, 하나님께서 우리를 자신과 화목하게 하셨고, 그로 인해 우리가 그분의 나라에서 함께 살 수 있게 되었다. 이것이 바로 하나님이 그토록 바라시는 거룩한 백성이 되는 과정의 첫 시작이다. 그렉 존스(Greg Jones)라는 사람은 다음과 같은 말로 우리의 생각이 바뀌어야 한다고 주장한다.

> 하나님께 용서를 받는다는 것과, 하나님 나라에서의 삶을 허락받는다는 것은 이야기의 전환, 즉 죄와 사망의 이야기에서 그리스도를 통하여 이루어지는 하나님의 화목에 관한 이야기로 내용이 바뀐다는 것이다. 그 변화된 이야기에 의하면, 우리 죄가 이미 용서받았기 때문에 평생 회개와 용서를 통해 거룩해지는 법을 배울 수 있다.

존스의 말이 맞다. 먼저 우리가 갖고 있는 이야기, 즉 생각이 바뀌어야 한다. "나는 추악한 죄인이다."라는 생각이 "그리스도 안에 있는 나는 더 이상 내가 짓는 죄로 정체성이 결정되지 않는다. 나는 회복되었고, 죄의 문제는 해결되었다."라는 생각으로 대체되어야 한다.

예수님은 모든 사람의 모든 죄를 용서하셨을 뿐만 아니라, 죄가 갖는 능력 자체를 깨뜨리셨다. 물론 이것이 누구나 구원을 받는다는 것을 의미하지는 않는다. 주의 이름을 부르는 자만이 바로 그 용서함을 경험할 수 있다.

하나님은 우리가 그와 화목하기를 원하실 뿐만 아니라, 우리를 변화시키기 원하신다. 하나님은 죄책감만 제거해주시는 것이 아니라, 죄의 능력을 제거해주셨다. 예수를 믿는 우리들은 예수님의 십자가의 공로를 경험할 뿐만 아니라, 믿음으로 그의 십자가 사건에 동참한다. 그것에 대하여 바울은 다음과 같이 말한다. "우리가 알거니와 우리의 옛 사람이 예수와 함께 십자가에 못 박힌 것은 죄의 몸이 죽어 다시는 우리가 죄에게 종노릇 하지 아니하려

함이니"(롬 6:6). 우리는 죄 사함을 받았을 뿐 아니라, 그리스도의 죽음과 부활에 동참한다. 나는 예수님처럼 살기 위해서 죄짓지 않으려고 노력하지 않는다. 죄 없는 삶을 사셨던 예수님께서 오히려 내 안에 살고 계시다.

바울서신에는 '우리 주 그리스도 안에서' 라는 표현이 164번 나온다. 그렇다면, "그리스도 안에서"라는 뜻이 무슨 의미인지 궁금해야 하지 않을까? 내 생각에는 '죄로 가득한 나는 여기에 있고 예수님은 저~기 멀리 계시다' 는 생각에 가려서 "그리스도 안에서"라는 그 깊은 의미를 제대로 알지 못하는 것 같다. 신약성경은 예수님을 따르는 사람들을 예수님과 분리시키지 않는다. 오히려 예수 안에서 확신을 갖는 사람들은 예수님과 함께 거하는 것으로 본다. 그리스도인이란 그리스도가 그 안에 거하시는 사람들이다.

그리스도인들은 단순히 용서받은 죄인들이 아니라 새로운 종자들이다. 그 안에 예수님이 거하시고, 예수님 안에서 영생을 소유한 사람들이다. 신약성경은 이 부분에 대하여 분명한 태도를 취한다. 여러 성경구절들이 그 사실을 확인해주고 있다. 그리스도를 따르는 사람들을 성경이 어떻게 표현하고 있는지 살펴보자.

> 하나님이 그들로 하여금 이 비밀의 영광이 이방인 가운데 얼마나 풍성한지를 알게 하려하심이라 이 비밀은 **너희 안에 계신 그리스도**시니 곧 영광의 소망이니라(골 1:27).

> 또 범죄와 육체의 무할례로 죽었던 너희를 하나님이 **그와 함께 살리시고** 우

리의 모든 죄를 사하시고(골 2:13).

내가 그리스도와 함께 십자가에 못 박혔나니 그런즉 이제는 내가 사는 것이 아니요 오직 **내 안에 그리스도께서 사시는 것이라**(갈 2:20).

그러므로 이제 **그리스도 예수 안에** 있는 자에게는 결코 정죄함이 없나니 (롬 8:1).

너희 몸은 너희가 하나님께로부터 받은 바 너희 가운데 계신 성령의 전인 줄을 알지 못하느냐 너희는 너희 자신의 것이 아니라(고전 6:19).

또 **그리스도께서 너희 안에** 계시면 몸은 죄로 인하여 죽은 것이나 영은 의를 인하여 산 것이니라(롬 8:10).

이는 너희가 죽었고 **너희 생명이 그리스도와 함께** 하나님 안에 감추어졌음이라(골 3:3).

위의 구절들은 그리스도인들을 "그리스도 안에"있는 사람들로 표현한 구절 중 일부에 불과하지만, 캐리에게 자신이 갖고 있던 생각들이 잘못된 것이었음을 일깨워주기에 충분했다. 그는 내게 말했다. "목사님, 저는 한 번도 그리스도께서 내안에 계시다고 생각해본 적이 없었던 것 같아요." 많은 기독교인들이 그리스도가 자기 안에 거하고 계시다는 생각을 한 번도 하지 않고 산다는 것을 그때 알았다.

 그리스도께서 내안에 거하신다는 메시지를 얼마나 자주 듣는가?

전혀 새로운 피조물

그리스도께서 그리스도인들 안에 거하신다는 사실을 신약성경에서 거듭 가르치는 것을 깨닫게 되자, 캐리의 다음 질문이 분명하고 정확해졌다. 그는 나에게 이렇게 물었다. "그렇다면, '그리스도 안에' 라는 게 도대체 무슨 의미죠?" 그 질문에 답하기 위해 캐리와 나는 다음 한 구절을 아주 세심하게 공부했다.

그런즉 누구든지 그리스도 안에 있으면 **새로운 피조물**이라 이전 것은 지나갔으니 보라 새것이 되었도다"(고후 5:17).

이 구절에 관하여 캐리가 몇 가지 질문을 했다.

"하나님이 어떻게 우리를 새롭게 하시죠? '새로운 피조물' 이 된다는 건 또 정확하게 무슨 뜻이죠? 그리고 그게 우리 삶에 어떠한 변화를 가져오는 겁니까?"

내가 대답했다.

"자네도 나비가 어떻게 나비가 되는지 그 과정을 잘 알거야. 난 그게 아주 정확한 비유라고 생각하네. 나비가 되기 전에는 유충이지. 다시 말하면 벌레야. 벌레는 날지 못하고 기어 다니지. 유충이 곧 번데기(chrysalis)라는 누에고치로 변하고. 사실 번데기라는 의미의 단어 'chrysalis'와 그리스도의 'Christ'라는 단어가 어근이 같다고 볼 수 있거든. 그게 나중에 완전히 변형되어 나비가 되는 거지. 지나간 모습은 사라지고, 새로운 모습이 되는 거야. 한때는 중력의 법칙을 이기지 못하고 기어 다니던 번데기가 나비가 되어 자유로이 훨훨 날아다니는 거지. 마찬가지로, 그리스도인들도 한때는 죄의 지배 아래 있었지만, 지금 우리는 자유 안에서 살게 된 거야."

"목사님, 그 비유가 아주 좋네요. 이제 이해할 수 있을 것 같아요." 그가 대답했다.

"그럼 많은 그리스도인들이 이 사실을 모른 채 살아가는 것을 지켜보는 것이 얼마나 고통스러운지 알겠지? 기독교인들이 '난 은혜로 구원받은 죄인에 불과해.'라고 말하는 것을 들을 때마다, 난 '그건 마치 나비가 나는 그저 날개달린 번데기에요 라고 말하는 것과 같아요.'라고 말해주고 싶어."

우린 둘 다 킥킥대며 웃었다. 그리고 내가 이렇게 결론을 내렸다.

"기독교인으로서 자네는 온전히 하나님과 화목하게 된 거야. 하나님은 더 이상 자네가 짓는 죄를 가지고 자네를 평가하시지 않아. 자네는 영원히 용서받은 거야. 그리고 자네는 완전히 새로운 피조물이 된 거지. 과거의 자네 모습은 이제 완전히 죽었고, 대신에 그리스도와 다시 살게 된 거지. 마지막으로 자네는 결코 죽지 않을 거야. 예수님께서 부활하심으로 죽음을 이기셨거든. 그리고 영원한 새 생명을 자네 안에 허락하셨지. 이제 자네는 천국을 경험할 수 있는 새로운 사람이 되었고, 이생을 마치는 날 온전히 영화롭게 될 거야. 그게 바로 선하시고 아름다우신 하나님만이 우리에게 주실 수 있는 선하고 아름다운 선물이지."

"목사님 말씀이 무슨 뜻인지 완전히 이해하겠어요. 하지만, 그렇다면 제가 왜 여전히 죄와 씨름해야하는지 가르쳐주세요. 왜 나비가 여전히 벌레처럼 행동하고 싶어 하는 걸까요?" 캐리가 물었다.

 그리스도가 당신 안에 살고 계시다는 것이 그리스도인으로서 정체성을 찾는 열쇠라는 사실을 얼마나 잘 이해하고 있는지 설명해보라.

죄가 우리를 지배할 수는 없다

그리스도 안에서 우리는 예수님과 함께 새 생명으로 살리심을 받았다. 우리에게 그리스도가 거하시는 사람이라는 새로운 정체성이 주어진 것이다. 그리고 우리 안에 거하시는 성령을 받았다. 우리는 그리스도로 새사람을 입었다(골 3:10). 우리의 시민권은 이제 천국에 있다. 그러므로 우리의 영이 이제 사랑받는 하나님의 자녀로서 "아빠 아버지"라고 부를 수 있다(롬 8:15). 하지만 우리가 영적으로 새로운 사람들이 되었다 할지라도, 우리는 여전히 죄의 찌꺼기가 남아 있는 우리의 옛 몸을 입고 살아간다. 우리는 여전히 옛 이야기를 간직한 채, 옛 추억과 옛 습관을 가지고 있다. 우리가 살고 있는 이 세상 또한 하나님의 진리와 정반대로 맞서는 세상이다. 그것이 바로 우리가 구원받고 난 후에도 여전히 죄와 씨름하는 까닭이다.

성경은 이것을 영과 육의 싸움이라고 표현한다. 성경에 나오는 '육신(헬라어, 살스)'은 하나님을 떠난 삶을 지칭한다. '살스(Sarx)'는 하나님과 분리되어 내 소견에 옳은 대로 살려고 할 때 드러나는 것이다. 바울은 이렇게 적고 있다. "육체의 소욕은 성령을 거스르고 성령은 육체를 거스르나니 이 둘이 서로 대적함으로 너희가 원하는 것을 하지 못하게 하려 함이니라"(갈 5:17). 바울은 지금 "그리스도가 거하시는" 거듭난 사람들에게 이 편지를 쓰고 있다. 육신과 영의 싸움은 우리가 세례를 받는다고 해서 끝나지 않는다. 엄밀하게 말하면, 어쩌면 싸움은 바로 그때부터 시작된다고 할 수 있다.

감리교의 창시자인 요한 웨슬레는 그 싸움을 다음과 같이 표현했다. "그리스도 안에 있는 모든 사람은 거룩하지만, 아직 온전히 거룩하지는 않다. 그는 죄에서 구원을 받았지만, 아직은 완전하지 않다. 죄가 남아있다고 할 수 있지만, 그렇다고 죄가 그 사람을 지배할 수는 없다……우리는 '십자가의 보혈로 하나님과 화목하게 되었다.' 그리고 바로 그 순간 육체가 더 이상 우리를 지배할 수 없게 되었다."

종교개혁자 존 칼빈도 비슷한 말을 했다. "우리가 육체라는 이 감옥에 갇혀서 사는 동안 죄의 흔적은 항상 우리 안에 살아 있을 것이다. 그러나 세례를 통하여 하나님께서 주신 약속을 우리가 충실히 붙잡고만 있으면 죄의 흔적은 지배 세력이 되지 못할 것이다."

우리가 이 세상을 사는 동안 죄의 흔적은 여전히 우리와 함께 있다. 우리는 아직 온전히 구원받지 못한 육신과 분리될 수 없다. 우리의 몸은 어차피 죽는다. 뼈와 근육, 장기와 감각기관들뿐 아니라, 지성과 감성까지도 다 사라진다. 이 거대하고 믿을 수 없을 만큼 복잡하고, 전자적이고, 화학적인 복합체는 문화적으로, 유전적으로, 때로는 극악무도하게, 지역적으로, 병리학적으로 인간에게 영향을 끼친다.

우리가 육신의 조정을 받을 필요는 없다. 하지만 그리스도와 단절되면 육신의 필요와 욕구에 영향 받기 쉽다. 거듭되는 죄악된 행동들은 결코 채워질 수 없는 오랜 기간의 욕구불만에 따른 결과들이다. 더 이상 죄 아래 있지 않은 우리는(롬 6:14) 우리가 부족하다고 느끼는 것들을 구하기 위해 어쩔 수 없이 죄성으로 돌아간다.

이를 아는 것이 중요한 이유는 수많은 그리스도인들이 회심 이후에도 자기가 여전히 죄를 지을 수 있다는 사실에 기가 막혀하기 때문이다. 회개하기 이전에 죄를 짓는 것도 어쩌면 당연한 것이라고 여기면 안 되지만(사실 회개하지 않은 사람들은 그것을 죄라고 부르지도 않는다. "여보게, 죄가 아니라 삶의 질을 향상시키기 위한 행위라고!"), 회개한 이후에 짓는 죄야말로 우리를 정말 당혹스럽게 만든다. 하지만, 우리가 이러한 싸움에 대하여 미리 알고 마음의 준비를 한다면, 그 문제를 다루기가 훨씬 수월할 것이다. 별로 놀랄 일도 없을 테고 말이다. 미리 알아야 준비하는 데 큰 도움이 된다는 말이다.

요한 웨슬레는 우리가 죄에서 자신을 지키려면, 먼저 죄의 흔적이 여전히 남아 있다는 사실을 인정해야 한다고 했다. 웨슬레의 가르침에 의하면, 우리가 죄에 대하여 면역이 생겼다고 판단하는 것은 마치, "우리의 악한 본성으로부터, 그리고 오래전에 사라진 줄로만 알았는데 여전히 우리 품에 남아 있는 데릴라로부터 우리를 보호해주던 모든 것을 끊어 버리는 것과 같다. 그것은 믿음이 약한 사람들의 방패를 무너뜨리고, 그들의 믿음을 빼앗아버리고, 그들에게 이 세상과, 육신과 사탄의 공격에 노출된 채로 방치해 놓는 것이다." 물론, 죄의 유혹이 우리를 넘어뜨리지 못하도록 예방하는 최선의 방법은 우리 안에 거하시는 그리스도께 매달리는 것이다. 그런 까닭에 예수께서 자기 안에 거하라고 말씀하셨다.

 죄가 여전히 그리스도인에게 남아있기는 하지만, 어떻게 죄의 능력이 파괴되고 우리를 다스릴 수 없게 되는지 설명해보라.

그리스도 안에 거하는 새로운 삶의 방식

이제 나는 새로운 사람이며, 새로운 피조물이기 때문에, 새로운 방식으로 살아야 한다. 그리스도를 모신 사람으로서, 이제 나는 예수님이 사셨던 방식 그대로 살수 있게 되었다. 즉, 전적으로 하나님께 의지하는 삶, 하나님과의 친밀하고 깊은 교제, 내 자신의 의지가 아닌 하나님께 온전히 의지하는 그리스도인의 삶을 살 수 있게 된 것이다. 이러한 새로운 삶의 방식에 대하여 예수님은 포도나무와 가지의 비유를 들어 설명하셨다.

> 내 안에 거하라 나도 너희 안에 거하리라 가지가 포도나무에 붙어 있지 아니하면 스스로 열매를 맺을 수 없음 같이 너희도 내 안에 있지 아니하면 그러하리라 나는 포도나무요 너희는 가지라 그가 내 안에, 내가 그 안에 거하면 사람이 열매를 많이 맺나니 나를 떠나서는 너희가 아무것도 할 수 없음이라(요 15:4-5).

예수님(포도나무)은 우리(가지)가 사랑, 기쁨, 평강 등의(갈 5:22) 열매를 맺을 수 있게 하는 생명의 근원이시다. 포도나무에서 가지가 잘려나가면 아무런 열매를 맺을 수 없게 된다. 나뭇가지 자체에 열매를 생산해낼 능력이 없는 것처럼, 우리 자신의 노력만으로는 참된 그리스도인의 삶을 살 수가 없다. 예수님을 떠나서는 아무것도 할 수 없다.

그런 까닭에 대해 바울은 다음과 같이 말한다. "그런즉 이제는 내가 사는 것이 아니요 오직 내 안에 그리스도께서 사시는 것이라"(갈 2:20). 포도나무에서 가지가 잘려 나가면 생명력을 잃게 되는 것처럼, 우리가 그리스도에게서 분리되는 순간, 더 이상 그분의 생명이 우리 안에 흘러넘치지 않게 된다. 하지만 우리는 그리스도의 거룩한 성품에 참여하는 사람들이다. "이로써 그 보배롭고 지극히 큰 약속을 우리에게 주사 이 약속으로 말미암아 너희로 정욕 때문에 세상에서 썩어질 것을 피하여 신성한 성품에 참예하는 자가 되게 하려 하셨느니라"(벧후 1:4). 나는 하나님이 아니다. (물론 신도 아니다.) 하지만 내게 새로운 성품이 주어졌다. 그리스도의 생명과 능력이 내 모든 존재 안에 임했기 때문이다.

내가 설명을 마쳤을 때, 캐리가 이렇게 물었다.

"그리스도 안에 머무는 것이 중요하다는 것은 알겠는데, 그럼 어떻게 그게 가능하죠?"

"그리스도 안에 거한다는 것은 예수님 안에 머물고, 온전히 그분만 의지한다는 말이지. 주님은 우리 밖에 계시지 않고, 우리를 정죄하지 않으시며, 우리 안에 거하시면서 힘을 주시는 분이지. 우리가 그리스도 안에서, 즉 그분의 임재 안에서 그리고 우리 안에 있는 주님의 능력 가운데서 자기 정체성을 찾을수록 더욱 자연스럽게 그러한 삶을 살 수 있게 되는 거야. 먼저 우리가 가지고 있던 오해와 편견을 깨고, 주님의 가르침으로 생각을 변화시켜야지. 더 깊은 진리에 익숙해지기 위해 영혼의 훈련을 거듭해야 되겠지. 그렇게 되면 결국 예수님의 길이 쉬운 길이 되지. 주님은 자기 멍에가 쉽고 가볍다고 말씀해주셨거든(마 11:30). 보통 우리는 주님이 원하시는 방법이 무엇인지 그대로 살겠다고 말하지만, 자신의 힘으로 주님의 방식을 따라 살아보겠다고 하거든. 그건 말도 안 되지. 하지만 우리에게 능력주시는 그리스도 안에서 모든 일을 할 수 있다네(빌 4:13)."

제임스 S. 스튜어트(James S. Stewart)만큼 이것을 잘 표현한 사람이 없다. 그는 『그리스도 안에 거하는 사람*A Man in Christ*』이라는 책에서 다음과 같이 말한다.

> '내 안에 계신 그리스도'라는 개념은 전혀 불가능한 생각이 아니다⋯⋯ '내 안에 계신 그리스도'는 주님의 내주하시는 능력, 즉 모든 것의 동기가 되시며, 아름답게 균형 잡힌 삶을 살 수 있는 근간이 되시며, 우리를 짓누르던 것들이 변하여 날개가 되게 하시며⋯⋯ 그리스도가 당신 안에 계시다는 것은 당신이 그리스도를

품에 안고 살아야 한다는 말이 아니라, 오히려 그분 뜻 안에서 당신이 떠밀려 살아간다는 것이다.

 우리는 어떻게 그리스도 안에 거할 수 있는가? 그것을 실천해본 적이 있는가? 그리스도 안에 거한다는 것이 유혹을 이기는 데 어떠한 도움이 되는가?

시골 개와 도시 개

시골 개와 도시 개의 차이점이 뭔지 아는가? 시골 개와 도시 개 이야기는 그리스도 안에서 우리의 새로운 정체성과 그리스도인으로서 우리가 어떻게 살아야 하는지에 대하여 잘 설명해준다. 시골 개는 자유롭게 돌아다닐 수 있는 아주 넓고 탁 트인 공간에서 산다. 계곡을 따라 걸을 수도 있고, 스컹크와 씨름을 할 수도 있고, 햇살이 따뜻한 곳에서 잠을 자거나, 어렵지 않게 먹을 것을 구할 수도 있다. 하지만, 얼마 지나지 않아 시골 개는 항상 같은 곳, 주인의 베란다에만 밤낮으로 머물기 시작했다. 말하자면, 시골 개의 입장에서는 가보기 힘든 '파리'에 여행을 한번 가본 셈이다. 요밀조밀 작은 곳도 경험해보고, 넓은 장소도 경험해봤다. 이제 시골 개는 주인 곁에 있는 것으로 만족한다. 게다가 비스킷을 얻을 수도 있고, 주인이 머리를 쓰다듬어주거나 배를 문질러줄 테니 말이다.

도시 개는 이와는 상이하게 다르다. 도시 개는 집안에 갇혀서 집을 떠나지 못하게 길러진다. 도시 개에게는 오직 한 가지 목표가 있을 뿐이다. 그곳을 빠져나가는 것이다! 도시 개는 언제 어떻게 문이 열리는지 알게 되었고, 빠져나가려면 문을 어떻게 제쳐야하는지도 알아냈다. 문에 틈이 생기자마자 도시 개는 그 순간을 놓치지 않고 도망을 친다. 그 개주인은 뒤쫓아 뛰어야하거나, 심지어는 차를 몰고 나가 집나간 그 개의 이름을 부르며, 제발 돌아오라고 애타게 동네를 샅샅이 뒤져야 할지도 모른다. 그러다 만약 개가 집주인 눈에 띈다면, 주인은 비스킷으로 살살 달래서 줄에 묶어 집으로 데려오려고 할 것이다.

하지 말아야 할 것들과 해야 할 것들, 그리고 딱딱한 규범과 법을 가지고 그리스도인의 삶에 접근하는 사람들은 마치 도시 개와 같다. 내 경험에는 생각보다 많은 그리스도인들이 답답하고 얽매인 삶에 지쳐 그 규범들로부터 도망치려고 한다. 사실 나도 그랬다. 그리스도 안에서 자기정체성을 찾은 그리스도인들은 시골 개와 같다고 할 수 있다. 율법 아래 놓이지 않았다는 사실을 알고, 자신들이 죄를 지을 수 있다는 것도 안다. 하지만, 죄를 지어봤기 때문에 더 잘 안다. 그렇기 때문에, 주인 가까이에서 사는 것에 더 만족한다. 정교회의 어떤 작가는 이렇게 말한다. "영적인 삶은 율법과 교훈에 얽매인 삶이 아니라, 참여하고, 흠모하고 사랑하는 삶, 하나님과 어울려 살아가는 삶이다."

 포도나무와 가지, 성령이 거하시는 성전, 나비, 혹은 시골 개 이야기 중, 어떤 비유가 그리스도 안에 거하는 것에 대한 개념을 가장 잘 설명하고, 우리에게 위로가 된다고 생각하는가?

하나님으로 가득 채워야 할 존재

어떤 사람들은 '그리스도인들도 죄를 짓는다'는 내 말에 충격을 받을 수도 있다. 하지만, 그것이 그리스도인들이 죄를 지어야 한다는 말은 아니다. 우리는 죄를 짓기 위해 지음 받지 않았다. 우리는 죄에 대하여 이미 죽었다. 하지만 분명히 우리는 죄를 지을 수 있고, 또 죄를 지으며 살아간다. 그리스도인으로서 우리는 법아래 있지 않다(롬 6:14). 해야 할 일들과 하지 말아야 할 일들의 목록이나 어떤 규범들이 그리스도인을 규정짓지 못한다. 그리고 장기적으로 볼 때 죄책감은 비효율적인 동기부여방법이다. 그러나 그 또한 우리가 하고 싶은 대로 하면서 살아도 괜찮다는 말은 아니다. 바울은 이렇게 설명한다. "모든 것이 내게 가하나 다 유익한 것이 아니요 모든 것이 내게 가하나 내가 무엇에든지 얽매이지 아니하리라"(고전 6:12).

나는 내가 무엇을 할 것인지 혹은 하지 않을 것인지를 선택할 자유를 가졌다. 하지만 중요한 것은 바로 다음과 같다. 내가 누구인가에 근거하여 선택이 내려지는 것이지, 내가 내린 선택이 내가 누구인지를 결정해서는 안 된다. 나는 그 안에 그리스도가 거하시는 사람이다. 그것이 내 결정을 좌우해야 한다. 이 행동이 내게 유익할 것인가? 이 행동 때문에 내가 꼼짝 못하게 얽히는 건 아닌가? 라는 질문들이 지금 우리가 하는 질문이다. 이제 우리는 성령의 인도를 받는 사람들이다. 그것이 바로 거룩함에 이르는 비밀이다. 우리가 누구인지를 바로 알고 행동하는 것이 죄책감보다 훨씬 더 강력하게 우리에게 동기부여의 역할을 한다.

그 무렵 내가 캐리에게 물었다.

"텔레비전에 나오는 그 쓰레기 같은 영상을 보는 것이 정말 자네와 어울린다고 생각하나?"

"아뇨. 전에는, 그러니까 제가 스스로를 타락한 죄인이라고 여겼던 때에는 아마 그렇다고 대답했을 거예요. 하지만 지금은 스스로를 죄인이라고 여기는 사람이라도 텔레비전을 끌 수 있겠죠. 하지만 그걸 후회할 수도 있고, 다시 켜고 싶은 충동을 느낄 수도 있고요. 그러나 자신이 그리스도 안에 거한다고 여기는 사람들은 아무런 망설임도 없이 그런 화면이 나오는 텔레비전을 꺼버릴 겁니다."

그때 나는 캐리가 비로소 제대로 이해하고 있다는 것을 알 수 있었다.

내가 아주 좋아하는 이야기들 가운데 크론슈타트의 요한에 관한 이야기가 있다. 그는 19세기 러시아 정교회의 신부였는데, 그 당시는 알코올중독이 만연하는 시절이었다. 아무도 감히 교회 밖으로 도움의 손길을 뻗쳐 사람들을 도우려 하지 않았다. 오히려 사람들이 교회로 찾아오기만을 기다리고 있었다. 하지만 요한 신부는 사랑의 힘에 이끌려 사람들을 도우러 길거리로 나섰다. 술 취한 사람들과 도랑에 쓰려져 더러운 냄새나는 사람들을 데려다가 자신의 품에 안고 이렇게 말했다고 한다. "이런 모습은 정말 당신과 어울리지 않소. 당신은 하나님으로 가득 채워져야 할 집이란 말이오."

'당신은 하나님으로 가득 채워져야 할 집이다'는 표현이 너무 마음에 든다. 그것이 바로 당신과 나를 지칭하는 표현이다. 우리의 진정한 정체성을 깨닫는 것이 거룩한 길을 걷는 비결이다.

우리가 깨어짐으로 나타나는 하나님의 능력

크론슈타트의 요한처럼, 상처받은 사람들에게 "당신의 상처가 당신이 누구인지 정의하지는 않습니다."라고 말할 수 있다. 당신은 그리스도가 내주하시는 사람이다. 다시 말하면, 하나님을 가득 채워야 할 집이다. 우리는 그들이 받아들이기 힘들어한다 할지라도, 탕자에게 했던 것처럼, 그들의 타고난 권리를 회복시키고 환영해야 한다. 또한 동일한 메시지가 탕자의 형처럼 올곧고 착하지만 결국 실패하고, 캐리처럼 수없이 노력하지만 실패하고 마는 사람들에게도 주어져야 한다. 완벽해지기 위해 몸부림치는 사람들, 깊은 실패감과 자괴감에 빠져 사는 사람들에게도 "당신 안에 그리스도가 거하고 계십니다."라는 메시지가 전해져야 한다. 당신이 무엇을 하느냐가 아니라, 당신이 누구인가에 영광이 달려 있다.

상처받은 사람들과 율법주의자들에게는 더욱 깊은 역설을 들려줘야 한다. 그것은 우리가 약할 때 하나님의 능력이 드러난다는 것이다. 마음에 상처 입은 사람들은 자신들에게 나눌게 없다고 생각한다. 율법주의자들은 자신들의 완벽함이 그들을 가치 있는 사람으로 만든다고 여긴다. 둘 다 잘못된 생각이다. 우리는 우리의 상처를 통해 다른 사람들을 섬기는 사역을 한다. 우리는 우리의 연약함을 드러냄으로서 다른 사람들을 치유한다. 왜냐하면 우리의 연약한 부분이 바로 그리스도가 가장 빛나는 곳이기 때문이다. 그리고 나서 사람들이 가장 필요로 하는 한 가지를 나눌 수 있다. 바로 예수님이다. 헨리 나웬은 이렇게 말한다.

> 중요한 것은, 얼마나 많은 사람들이 당신을 소중히 여기는가? 앞으로 얼마나 많은 일들을 성취할 것인가? 결과를 보일 수 있는가? 하는 질문이 아니다. 예수님과 사랑의 관계에 있는가? 라고 물어야 한다……외로움과 절망으로 가득한 이 세상은 하나님의 마음을 아는 사람들, 즉 용서하고, 진정으로 생각하며, 손을 내밀고, 치유해 주고 싶어하는 사람들을 너무나도 필요로 한다.

내가 캐리와 나눈 것은 하나님의 능력은 우리가 완벽할 때가 아니라 연약할 때 온전해진다는 것이다(고후 12:9). 다른 사람들도 캐리가 아는 그리스도, 즉 자신이 받아들여지기 위해 몸부림치는 노력을 포기했을 때 비로소 받아주시는 그리스도를 알고 경험하기를 원한다는 사실을 믿게 해주고 싶었다.

내 친구이자 동료인 패트릭 셀은 지금 내가 교수로 있는 프렌즈 대학교의 캠퍼스 사역 담당자다. 우리의 연약함과 상처를 통해 다른 사람들을 위해 사역할 수 있다는 역설을 설명하기 위해서 종이상자를 학생들에게 주며 그것을 부수라고 말했다. 학생들은 그 종이상자에 구멍을 뚫고, 이리저리 발로 차더니 완전히 박살을 냈다. 패트릭은 그 상자를 학생들 앞에 있는 테이블 위에 잘 보이도록 올려놓았다. 패트릭은 가정용 전등을 가져다가 그 상자 안에 넣고 전원을 켰다. 더 이상 아무런 설명이 필요 없었다. 학생들은 모두 그 역설이 무슨 뜻인지 이해하게 되었다. 예수의 빛이 우리의 상처를 통해 더 잘 비친다는 역설을 분명하게 이해하게 된 것이다.

 연약함과 깨어지기 쉬운 우리의 상태가 그리스도를 더욱 빛나게 한다는 경험을 해본 적이 있는가? 혹은 주변에 아는 사람의 경험을 통해 간접적으로 깨달은 적이 있는가? 설명해보자.

우리 안에 계신 그리스도를 나누기

신약성경은 우리가 누구인지, 누구의 소유인지를 가르쳐줌으로써 그리스도인의 삶으로 접근한다. 그런 다음 우리의 정체성에 걸맞은 삶을 살라고 권면한다. 캐리는 바로 그 가르침을 깨닫게 되었고, 그의 삶도 변화되었다. 특별히 캐리가 영적싸움을 벌인 영역은 음욕에 관한 것이었다. 캐리와 나는 그 유혹이 어디에서부터 비롯되었는지, 어떻게 극복할 수 있는지에 대하여 더 구체적으로 나누었다. 동일한 과성이 우리를 끈질기게 괴롭히는 죄의 문제들을 다루는 데 효과가 있다. 이 시리즈의 두 번째 책,『선하고 아름다운 삶』은 바로 그러한 싸움들, 즉 분노, 음욕, 거짓말, 탐욕, 염려와 같은 주제들을 직접적으로 다룰 예정이다. 하지만, 우리를 괴롭히는 악한 습관이 무엇이든 간에 그리스도 안에서의 우리의 정체성이 그것들을 다루는 근간이 되어야한다. 이것을 깨닫는 데는 물론 시간이 걸린다. 오랫동안 형성된 오해와 편견을 깨뜨리는 건 무척 어려운 일이다. 가장 좋은 방법은 그 진리에 젖어들 수 있도록 우리를 강화하는 공동체의 일원이 되어 그들과 함께 더 깊은 영적훈련을 통해 그리스도 안에서 참된 정체성의 진리에 푹 젖어드는 것이다.

몇 년 뒤 캐리가 나를 다시 찾아왔다. 우리가 이야기를 나누는 내내, 그의 얼굴에는 웃음이 떠나지 않았다. "내가 출장을 가기 위해 준비할 때 깨달았던 것 같아요. 매번 출장 갈 때마다 잔뜩 긴장하게 되고, 이렇게 기도하곤 했죠. '주님, 더 이상 당신을 실망시키고 싶지 않습니다.' 하지만, 이제는 더 이상 불안하지 않아요. 출장 중에 호텔방에 도착하면, 텔레비전이 있는 곳으로 가서 텔레비전 캐비닛을 닫고 미소를 짓죠. 그러고는 스스로에게 이렇게 속삭입니다. '나는 내가 누구인지 안다. 나는 하나님의 자녀다. 나는 하나님의 충만함으로 나를 채운다.' 그럼 절대로 텔레비전을 켜고 싶은 유혹이 없어요. 심지어는 뉴스도 안 보게 되죠. 물론 그렇다고 교만해서도 안 되죠. 목사님이 가르쳐주신 대로 내안에 죄가 여전히 남아 있다는 사실을 잘 아니까요. 하지만 죄의 지배를 받지는 않아요. 여가 시간에는 이제 독서를 하거나 휴식을 취해요. 물론 여전히 죄를 지을 수도 있지만, 동시에 하나님은 여전히 나를 사랑하신다는 사실을 잘 알아요. 하지만 더 이상 죄를 짓고 싶지 않아지더라고요. 바로 그때 내안에 좋은 훈련의 뿌리가 내려졌다는 사실을 깨달았어요. 사실 이렇게 쉬운 일일 거라고는 상상도 못했거든요."

캐리는 계속 말을 이어갔다. "진짜 중요한건 제가 다른 사람들과 나눌 수 있는 용기를 갖게 되었다는 거예요. 처음에는 비판받을까봐 두렵기도 했어요. 하지만 그런 일은 없었어요. 오히려 많은 사람들이 내게 찾아와 좀 도와달라고 부탁하더군요. 그래서 얼마 전 음욕 문제로 고통 받는 몇몇 사람들과 함께 서로를 도울 수 있는 소그룹을 시작했어요. 일주일에 한 번씩 만나 서로를 격려하는 모임이에요. 우리는 모일 때마다 우리의 정체성, 즉 우리가 누구인가를 서로에게 상기시켜주죠. 제가 목격한 변화들은 정말 드라마틱해요."

하나님은 이름을 바꾸시는 분이시다. 아브람을 아브라함으로. 사울을 바울로. 당신과 내 이름도 바꾸셨다. 죄인에서 성자로, 홀로 외로움에 빠져 살던 사람에서 그리스도가 거하는 사람으로. 하나님은 깨진 것을 당신의 은혜로 수선해주신다. 그리고 그분은 우리 안에 하나님의 은혜가 가장 돋보이는 곳들을 통하여 다른 사람들을 치유하신다.

영혼의 훈련

홀로 있음의 훈련

이 장의 주요 목적은 당신이 누구인지를 스스로 깨닫도록 돕는 것이다. 그리스도인들은 그 안에 그리스도가 내주하는 사람들이다. 하지만 우리는 종종 잘못된 오해와 편견에 근거한 잘못된 생각, 예를 들면 "나는 아주 착하다," "나는 아주 나쁘다," "나는 예쁘다" 혹은 "나는 뚱뚱하다" 등과 같은 이야기에 근거하여 자신의 자아상을 형성해 간다. 새로운 생각으로 우리의 오해와 편견을 해소할 영적훈련이 필요하다. 그것이 바로 고독의 훈련이다.

고독의 훈련은 다른 사람들과 떨어져 홀로 시간을 보내는 것이다. 대개의 경우 우리는 어쩌다가 주변에 아무도 없이 우리만 남겨지면 고독을 경험한다. 내가 말하고자 하는 고독은 그런 종류의 고독이 아니다. 효과적인 고독의 훈련은 의도적인 홀로 있음을 통하여 자기 자신과 대면하거나, 혹은 하나님과 둘만의 시간을 보내는 것이다. 바로 그때 하나님께서 우리 안의 정체성에 놀라운 역사를 일으키신다. 달라스 윌라드는 다음과 같이 말한다.

> 고독과 침묵으로 들어갈 때, 우리는 하나님께 무엇인가를 요구하는 행위를 멈추게 된다. 그 순간 하나님은 하나님 되시고, 우리는 그분께 속해 있다는 것만으로 충분해진다. 고독과 침묵으로 들어가면 우리에게 영혼이 있다는 사실과 하나님께서 여기에 계시다는 사실, 그리고 이 세상이 '내 아버지의 집'이라는 사실을

깨닫게 된다. 이 하나님을 아는 지식이 종교적인 사람들을 포함한 대부분의 현대인이 겪는 주체할 수 없는 분주함과 거만함을 점차적으로 대신할 것이다.

사람들에게서 떠나 얼마동안 홀로 있는 시간을 가지면, 다른 사람들의 시선을 신경 쓸 필요도 없어지고, 우리를 향한 다른 사람들의 의견에 신경 쓰지 않아도 되며, 체면을 차리거나 깎일 일도 없어진다.

지난 몇 년 동안 나만의 쉼과 기도 시간을 갖기 위해 반나절 정도 고독을 훈련할 수 있는, 그리 멀지 않은 수양관에 방문하곤 했다. 그곳 책상에 이런 문구가 쓰여 있다.

이 고독의 장소에 오신 것을 환영합니다.
편안하게 가면을 벗으시기 바랍니다.

그곳에는 나를 아는 사람이 아무도 없기 때문에, 나는 바로 내 자신이 될 수 있었다. 거기에서는 지혜로운 척, 재미있는 척, 혹은 똑똑한 척 할 필요가 전혀 없었다. 그리고 내 자신과 대면했을 때 비로소 하나님을 만날 수 있었다. 이 세상도 아니고 친구나 가족들도 아닌, 하나님께서 내 정체성을 만들기 시작하셨다.

외향적인 사람들을 위한 특별한 조언

어떤 사람들에게는 분명 홀로 있는 시간이 고통스럽게 느껴질 것이다. 그래서였는지 몰라도, 앞서 언급했던 내 친구이자 동료인 패트릭 셀은 내게 이렇게 말했다. "자네가 가르쳐준 영적훈련들 가운데서 아마도 이게 가장 힘들었던 것 같네." 패트릭은 외향적인 사람이다. 홀로 있는 것보다 사람들과 함께 있는 것을 더 좋아한다. 패트릭은 자신이 주의력 결핍증을 앓고 있다고 한다. 다시 말하면, 생각이 분주해서 한시도 가만있질 못한다. 다른 사람들과 어울려 있거나 어떤 일을 할 때는 생각을 집중할 수 있다고 한다. 하지만, 그런데 홀로 있을 때는 생각을 집중할 수 없고 산만해진다. 오랜 시간 동안 나는 패트릭과 같은 증상을 가진 사람들이 상당히 많다는 것을 알게 되었다.

  홀로 있을 때 편안함을 느끼는 내성적인 사람들에게 한 두 시간의 고독한 시간은 오히려 기쁨이다. 내 강의를 들었던 어떤 여자는 내게 이렇게 말했다. "겨우 한두 시간이요? 나 같은 경우에는 적어도 5시간 정도는 홀로 있음을 누려야 하나님과 겨우 연결될 것 같던데." 고독 훈련은 개인의 기질이나 성격이 다른 영적훈련들보다 더 큰 영향을 끼칠 수도 있다.

  물론 그것이 외향적인 사람들은 고독의 훈련을 피해야 한다는 말은 아니다. 오히려 그 반대다. 다만 접근을 어떻게 하느냐에 달려 있다. 당신이 만일 패트릭과 같은 유형의 사람이라면, 처음 시작할 때부터 자신에게 너그러울 필요가 있다. 첫 단계에서는 한번에 5분에서 10분정도로 시작하는 것이 좋다. 평소에 즐겨 마시는 차를 한잔 들고 자리에 앉아 편안하게 자신이 참아낼 수 있는 시간만이라도 잠잠히 침묵과 고독의 시간을 가져보는 것이다. 고독을 음미하는 동안 음악을 틀어놓거나, 집중하는 데 도움이 되는 아주 단순한 일, 예를 들면 세탁, 다림질, 혹은 설거지 같은 일을 해보는 것도 괜찮다. 하지만, 이것조차도 율법주의자처럼 강제성을 띠지 않도록 주의해야 한다. 만일 편안함이 생기지 않는다면, 감사의 기도를 드린 후에 다시 하던 일로 돌아가도 괜찮다. 이 훈련의 목적은 하나님과 자신이 대면하는 시간을 편안하게 느낄 수 있도록 돕는 것이다.

> 우리는 하나님을 찾아야만 한다. 그러나 하나님은 결코 소음과 부산함 가운데서는 찾을 수 없는 분이다. 하나님은 침묵의 친구다. 우리 영혼을 만질 수 있으려면 침묵해야 한다. 중요한 것은 우리가 하는 말이 아니라, 하나님이 우리에게, 또한 우리를 통해 하시는 말씀이다.
>
> - 말콤 머거릿지(Malcolm Muggeridge)-

그리스도 안에서의 정체성

홀로 있는 시간을 갖는 동안, 그리스도 안에 있는 우리의 정체성에 관한 아래의 성경구절들을 읽는 것이 도움이 될 것이다. 한 번에 한 구절씩 천천히 읽고 몇 분 동안 잠시 그 읽은 말씀을 묵상해보자. 절대 서두르지 말고, 또한 이 훈련을 통해 뭔가를 성취하려고 노력하지 말아야 한다. 그저 자신의 생각이 당신의 진정한 자아를 깨닫게 해주는 진리의 말씀에 거하도록 해보라. 이 훈련이 당신의 생각을 집중하도록 할 것이며, 또한 이 장에서 다룬 내용들을 깊이 있게 이해하는 데 도움이 될 것이다.

- 나는 하나님의 자녀다.

> "영접하는 자 곧 그 이름을 믿는 자들에게는 하나님의 자녀가 되는 권세를 주셨으니"(요 1:12).

- 나는 의롭다 함을 입었고, 하나님과 화평을 누리는 자다.

> "그러므로 우리가 믿음으로 의롭다 하심을 받았으니 우리 주 예수 그리스도로 말미암아 하나님과 화평을 누리자"(롬 5:1).

- 나는 정죄에서 자유하다.

> "그러므로 이제 그리스도 예수 안에 있는 자에게는 결코 정죄함이 없나니"(롬 8:1).

- 나는 그리스도와 함께 살리심을 받았다.

"또 범죄와 육체의 무할례로 죽었던 너희를 하나님이 그와 함께 살리시고 우리의 모든 죄를 사하시고"(골 2:13).

• 나는 하나님의 사랑에서 끊어질 수 없다.

"내가 확신하노니 사망이나 생명이나 천사들이나 권세자들이나 현재 일이나 장래 일이나 능력이나 높음이나 깊음이나 다른 아무 피조물이라도 우리를 우리 주 그리스도 예수 안에 있는 하나님의 사랑에서 끊을 수 없으리라"(롬 8:38-39).

• 나는 그리스도 예수 안에서 함께 하늘에 앉은 사람이다.

"긍휼에 풍성하신 하나님이 우리를 사랑하신 그 큰 사랑을 인하여……또 함께 일으키사 그리스도 예수 안에서 함께 하늘에 앉히시니"(엡 2:4, 6).

• 나는 육신에 있지 않고 영에 속한 사람이다.

"만일 너희 속에 하나님의 영이 거하시면 너희가 육신에 있지 아니하고 영에 있나니 누구든지 그리스도의 영이 없으면 그리스도의 사람이 아니라"(롬 8:9).

- 예수님이 내 생명이시다.

"우리 생명이신 그리스도께서 나타나실 그 때에 너희도 그와 함께 영광 중에 나타나리라"(골 3:4).

- 나는 그리스도의 형상으로 변화되고 있다.

"우리가 다 수건을 벗은 얼굴로 거울을 보는 것 같이 주의 영광을 보매 저와 같은 형상으로 변화하여 영광에서 영광에 이르니 곧 주의 영으로 말미암음이니라"(고후 3:18).

묵상을 위하여

당신이 이 책을 혼자 공부하든지 공동체 안에서 함께 공부하든지 상관없이 아래의 질문들이 당신의 경험을 묵상하고 성찰하는 데 도움이 될 것이다. 아래 질문에 대한 답을 일기에 기록하는 습관을 들이는 것이 좋다. 만일 소그룹 안에서 다른 사람들과 함께 학습하고 있다면, 자신의 묵상과 체험을 나눌 때 기억하기 쉽도록 기록한 일기를 다음 모임에 가지고 가라.

- 이 주에 영혼 훈련 과제를 수행할 수 있었는가? 그렇다면, 뭘 어떻게 했는지, 어떤 느낌이었는지 적어보라.
- 영혼 훈련을 통해 하나님에 대하여 혹은 자신에 대하여 새롭게 깨달은 사실이 있다면 무엇인가?
- 고독의 훈련은 우리로 하여금 '가면을 벗고' 하나님의 임재 앞에서 진실한 모습으로 설수 있게 한다. 이 장에서 한 영혼 훈련이 당신에게 그런 경험을 하도록 도와주었는가? 어떤 경험이었는지 설명해보자.

chapter
9

영혼을 살리는 법

영혼의 훈련 : 속도 늦추기

| The way Our Soul Works |

하루는 내 아들 제이콥과 어느 교회에서 저녁에 열리는 공연을 관람하기로 했다. 공연장에 가기 전에 아이는 음료수를, 나는 커피 한잔을 마시기 위해 집에서 조금 일찍 나왔다. 지난 몇 달 동안 순간순간의 삶이 더욱 의미 있었으면 좋겠다는 생각에 느리게 천천히 사는 법에 대하여 고민하고 있던 차에 조금이라도 일찍 가서 여유 시간을 두는 것이 좋겠다고 생각했다. 평소처럼 시간에 쫓겨 허둥대지 않아서 좋았다.

음료수를 사서 자리에 앉은 후 잠깐의 여유를 즐기고 있었다. 그러나 제이콥이 자기 음료수를 벌컥벌컥 마셔버리고는 참을성 없는 그 또래 애들이 그렇듯이 안절부절 못하더니 이렇게 말했다.

"아빠, 이제 가요."

"하지만 아직 시간이 15분이나 남았잖아."

"그럼, 다른 데로 가요." 아들이 채근했다.

"왜? 아빠가 오랜만에 커피마시면서 쉬고 있잖아."

"아빠 제발, 여긴 재미없어요."

나는 오랫동안 미국 사람들이 항상 뭔가에 쫓기듯 살아가는 '서두름 병'과 그 원인들에 대하여 고민해왔었다. 우리가 허둥대고 서두르는 원인은 바깥에 있는 것이 아니라 내면에서 비롯한다. 지루함은 거기에서 발생하는 증상일 뿐이다. 그 문제의 해결책은 오히려 역설적인 발상에서 찾을 수 있다. 그냥 거기에 머무는 것이다.

"그래, 그럼 아빠랑 내기 하나 하자. 네가 이곳에서 전에 어디에서도 본 적이 없는 것 다섯 가지를 찾아내면, 아빠가 네 말대로 지금 당장 간다고 약속하지."

아이는 그 커피숍에 수십 번도 더 와 봤을 것이다.

"그게 무슨 뜻이에요?" 아들이 물었다.

"가게 안을 한번 둘러봐. 그리고 벽이나, 천장이나 이런데서 네가 지금까지 한 번도 관심 갖지 않고 지나쳤던 것들 다섯 가지만 찾아내보란 말이야."

아들이 천장을 올려다보더니 차양을 가리키며 말했다.

"음, 저 노란 거 있잖아요. 저거 예전에 한 번도 못 봤던 것 같아요."

"좋아, 또 찾아봐."

그러자 아들은 계속 가게 안을 탐색했다.

"저 벽에 붙은 앞치마요. 전에 못 봤던 것 같아요. 오, 그리고 저기 저쪽 벽에 걸린 강아지 그림도 처음 봐요."

"그래 3개 찾았으니까, 앞으로 두개 더."

"음, 그리고…… 저기 갈색나는 조명램프들이요. 저것도 전에는 못 봤던 건데요? 그리고 이 바닥타일 색깔이요. 회색하고 검은색 타일이네요. 전에는 관심 있게 본 적 없는 것들이에요."

"그래 잘했다!"

한 가지 놀라운 사실은 지루해 하던 아들이 더 이상 가자고 조르지 않고, 뭔가를 찾아내기 시작했다는 것이다. 짜증내던 얼굴은 편안한 표정으로 바뀌었다. 게다가 재미있어하는 것 같았다. 어쩌면 내가 게임을 하자고 해서 아들이 흥미를 가졌을 수도 있지만, 그렇지 않을 수도 있다. 또 어쩌면 내 아들이 그동안 자기 코앞에 있는 것들을 한 번도 관심 있게 지켜보지 않다가 게임을 통해 찾아내기 시작했기 때문일 수도 있다.

"좋아, 제이크. 아빠가 늘 짓궂은 방법으로 너에게 뭔가 가르치려고 한다는 걸 잘 알지. 그래, 오늘 아빠가 너한테 시킨 것을 통해 뭘 배웠니?" 아들이 잠시 골똘히 생각하더니, 이렇게 말했다.

"잠시 멈추고 세상이 어떻게 생겼나 관찰하라는 교훈이요."

"그래 맞다. 대단하구나. 그렇다면, 그게 왜 중요하지?"

"이 세상에는 우리가 관심을 가질만한 가치 있는 것들이 많기 때문이라고 생각해요." 아주 지혜로운 말이었다. 아들이 자랑스럽게 여겨졌다.

"그래, 맞다. 아빠가 지난 몇 달 동안 고민하며 깨달은 것을 너에게 알려주고 싶었단다. 너도 알다시피, 우리는 쉽게 조급해지고, 또 가끔은 지루하다고 말하지. 하지만, 그건 우리가 우리 주변에서 벌어지고 있는 일들에 대하여 관심을 기울이지 않는 까닭이란다. 어쩌면 우리에게 주어진 순간들을 누리지 못하고 있는 거지. 지금 우리에게 주어진 현재는 별로 중요하지 않고 흥미롭지 않다고 여기기 때문인지도 몰라. 하지만, 그렇지 않아! 네가 방금 경험했듯이 우리가 잠시 멈추고 세상 돌아가는 것에 관심을 기울일 수만 있다면, 지루하다는 생각은 사라지고 삶을 즐길 수 있게 된단다."

"예, 아빠. 알았으니까, 이제 가도 되요?"

그래, 역시 배움에는 시간이 걸리는 법이다. 하지만, 적어도 시작이 반이니까!

오해와 편견 :
마르다 방식이 최선이다

예수님은 서두름, 분주함, 그리고 산만함에 대하여 특별히 따로 언급하신 적은 없다. 하지만, 복음서에 바로 이 문제를 다룬 이야기가 있다. 마르다와 마리아 이야기다. 마르다와 마리아는 오빠 나사로와 함께 베다니에 살았다. 예수님께서 베다니를 지나실 때면 항상 그들 집에서 머무셨다. 예수님과 제자들이 저녁식사를 하기 위해 그 집으로 왔을 때 마르다는 허둥지둥 정신없이 준비하기 시작했다. 할 일은 많은데 시간이 모자랐다(이것이 종종 서두름의 원인이다). 그런데 동생 마리아는 언니를 도와 식사준비를 하는 대신에 예수님의 발 앞에 앉아 말씀을 듣기로 했다. 마르다는 예수님께 마리아를 꾸짖어 달라고 말한다.

> 마르다는 **준비하는 일이 많아 마음이 분주한지라** 예수께 나아가 이르되 주여 내 동생이 나 혼자 일하게 두는 것을 생각하지 아니하시나이까 그를 명하사 나를 도와주라 하소서(눅 10:40).

무리한 헌신으로 인해 분주함에 함몰되거나, 전혀 다른 일에 신경 쓸 겨를이 없는 현상이 현대사회의 전유물만은 아닌 듯하다. 너무 많은 일에 치여, 혹은 잘못된 일에 대한 지나친 염려 때문에 정작 중요한 일들을 놓치게 되는 건 아닐까?

속도의 필요성

서두름과 분주함이 전혀 새로운 개념은 아니다. 하지만, 우리 시대가 그것들을 절대화시킨 것 같다. 역사상 유래를 찾아볼 수 없을 만큼 현대인들은 생산성, 속도, 효율성의 노예가 되어버렸다. 경제학자이자 작가인 제레미 리프킨(Jeremy Rifkin)은 이렇게 표현한다.

> 우리나라는 빠른 것, 즉 속도와 사랑에 빠졌다. 운전도 빨리하고, 음식도 빨리 먹고, 심지어는 사랑도 빨리한다. 기록을 깨는 일에 목을 매고, 일을 처리하는 데 걸리는 시간을 단축하느라 안달한다. 우리의 인생을 소화하고, 경험을 농축하고, 생각을 압축한다. 우리는 메모와 광고에 둘러싸인 문화 속에 살고 있다. 다른 문화들은 조급함이 쓰레기를 만들어낸다고 믿는 반면, 우리는 빠른 것이 빈틈없는

> 것이며, 힘이고 성공이라고 확신하고 있다. 미국사람들은 항상 빨리빨리 서두름병에 빠져 있다.

그의 주장이 옳다고 생각한다. 우리가 점점 속도를 빨리할수록 삶을 즐길 수 있는 여유는 줄어든다.

물론 빠른 것이 좋을 수도 있다. 나는 인터넷 속도가 빠른 게 좋다. 아침에 집을 떠나 점심시간에 로스엔젤레스에 도착할 수 있다는 사실이 좋다. 아니, 문제는 빠른 속도가 아니다. 빠른 것을 사랑하는 우리의 태도가 문제다. 우리의 조급함이 삶을 어지럽고 불투명하게 만들어버렸다. 결과적으로 우리의 영적인 삶 또한 쇠퇴되고 말았다. 우리가 애를 쓰면 쓸수록, 영적으로 더욱 얕아지고 오히려 깊은 실망에 빠지고 만다. 그러한 노력이 건강한 삶을 위한 비결이 아닌 것이다.

제레미 리프킨이 우리 문제에 대하여 이렇게 조언한다.

> 시간을 아끼는 것을 우선으로 하는 문화에서 우리가 가치 있게 여기는 것들이 점점 더 줄어들어 모자랄 지경에 이른다는 것은 아이러니가 아닐 수 없다. 우리가 효율적이라고 여겼음에도 불구하고, 우리 자신을 위한 시간도 모자랄 뿐 아니라, 서로를 위해 내줄 시간은 더욱 없다…….

우리 삶은 더욱 더 조급함 속으로 함몰되어버렸다. 조금 더 정리된 듯하지만, 사실은 자연스러움과 기쁨이 줄어들었다. 미래를 위해 좀 더 준비되었지만, 현재를 누리며 과거를 돌아볼 시간은 사라졌다. 오늘 우리는 시간을 절약하기 위한 기계 더미 속에 갇혀있다. 하지만 여전히 실행하지도 못할 계획들, 지키지 못할 약속들, 소화해내지 못할 바쁜 일정들, 그리고 지키지 못할 마감일정 때문에 당황하게 될 뿐이다.

그렇다면 우리는 어쩌다가 이러한 곤경에 빠지게 된 걸까?

 조급함에 쫓기는 것과 주변을 관찰하는 것 그리고 만족함 사이에는 어떠한 상관관계가 있는가?

수도사와 시계

시계는 본래 수도사들이 발명했다. 아마도 시간이 많이 남아돌았던 모양이다(그냥 웃자고 해본 얘기다). 그들이 시계를 발명한 까닭은 기도와 노동 시간을 규칙적으로 잘 지키기 위해서였다. 6세기경에 기록된 성 베네딕트의 계율에 이런 말이 있다. "게으름은 영혼의 적(敵)이다. 그러므로 모든 공동체는 정해진 시간에 일을 하거나, 기록한 독서에 힘써야 한다."

베네딕트 전통에 따르면, 우리의 영혼을 고취시키는 두 가지 행위가 있다. 바로 노동과 기도다. 노동과 기도는 분명 우리의 영혼을 고취시킨다. 시계는 수도사들이 하루의 일과를 정확하게 규칙적으로 조절할 수 있게 해주었다. 날마다 한 수도사가 시계를 관찰하다가 정해진 시간에 기도와 노동을 수행할 수 있도록 종을 쳐서 다른 수도자들에게 알려주었다.

게으름은 영혼의 적이라는 개념은 수도원들 사이에서 널리 퍼지게 되었다. 수도사들은 열심히 일하는 것이 하나님을 섬기는 방법 중 하나라고 여겼다. 하지만, 열심히 일하는 것과는 별개로 여전히 하루 4-5시간 정도는 독서와 기도에 힘썼다. 그것이 스트레스를 줄이는 데 큰 효과가 있었다. 그들에게도 시계가 있었지만, 우리처럼 '빨리빨리 병'은 없었다. 하지만 시간이 수세기 흘러 오늘날의 변화에 이르렀다. 그것은 20세기를 통과하면서 현대인들에게 가장 심각한 영적인 병이 되어 버렸다.

1370년에 독일 쾰른이라는 곳에서 처음으로 공중시계가 세워졌다. 쾰른시는 업무시간을 정하고, 통행금지시간을 설정하는 법안을 최초로 통과시켰다. 이로서 시계가 정한 시간이 "자연이 정해준 시간보다 우위"를 차지하게 되었다. 자연의 시간은 유기적이다. 빛과 어둠, 봄·여름·가을·겨울, 태양과 달이 서로 유기적으로 시간의 흐름을 구분 짓는다. 반면에, 시계는 시간의 인공적인 계산 단위로 자연적인 시간을 초·분·시간의 단위로 쪼개놓은 것이다.

중세의 수도사들이 시계를 발명했다고 해서, 지금 우리가 서두름의 노예가 되어 살고 있는 것에 대하여 그들을 탓할 수 없다. 기계가 발명되어 일과 생산성에 대한 전혀 새로운 접근이 시작되었다. 쉬지도 않고 지치지도 않고 망가질 때까지 일만하는 기계가 효율성의 모범이 되어버렸다. 인류가 기계를 만든 이유는 표면상으로 우리를 도와 생산성을 높이기 위함이었지만, 의도하지 않았던 후유증도 함께 따라왔다. 우리가 "기계를 발명했지만, 우리 손으로 만든 기계를 삶의 모델로 삼게 된 것"이다.

우리 자신을 유연하고, 융통성 있으며, 쉼과 휴양, 웃음과 배움을 위해 지음 받은 유기적인 존재라는 사실 대신, 인간을 또 하나의 기계로 보는 지경에까지 이르게 되었다. 더 기계적일수록 더 나은 것으로 여기게 된 것이다. 묵상과 여가는 더 이상 중요하지 않게 되었다. 프레드릭 윌슨 테일러라는 사람은 사태를 더욱 심각하게 만들었다. 20세기 초반에 테일러는 스톱워치를 필라델피아의 미드베일 철강회사의 과업관리에 적용했다. 공장주인의 동의를 얻은 테일러는 사람들의 작업량과 소요시간을 계산하여 작업할당량을 결정했다. 그리고 그는 더욱 효율적으로 작업을 수행하는 방법을 찾으려 애쓰며, 그것을 '시스템'이라고 불렀다. 노동자들은 그 시스템을 증오했으나, 생산성은 급상승했다. 1911년, 과학적 관리법이라는 기록에서 테일러는 이 무정한 사실을 다음과 같이 적고 있다. "과거에는 사람이 우선이었으나, 미래에는 시스템이 우선할 것이다."

 기술의 발전과 빨리빨리 병은 서로 어떤 관계인가?

교회에서조차 늘 급한 일로 쫓기는 삶

미래에 대한 테일러의 예견이 맞았다. '시스템'이 확실히 최우선이 되어 버린 것이다. 아무런 망설임 없이 풍요의 신(神)에게 즉각 절하며, 그 신을 달래기 위해 우리의 행복을 희생해야만 했다. "'테일러의 시스템'은 여전히 우리와 함께 있다. 그것은 제조 산업에서 가치체계가 되었다. 오늘 저녁 나는 패스트푸드점에 가서 차에 탄 채로 주문하지 않고 가게 안으로 들어가서 주문했다. 왜 그랬을까? 기다리는 차들 줄이 너무 길었기 때문이다. 인내심 없이 음식이 빨리 나오기를 재촉하면서 기다리다가 계산대 앞에 있는 전자 안내판이 눈에 들어왔다. 이런 문구가 보였다. "주문하신 음식이 나오기까지 평균 소요시간 45초."

가게의 매니저는 일하고 있는 점원들에게 서두르라고 재촉하며 소리 지르고 있었다. 무슨 이유에서 그랬을까? 그녀의 월급이 바로 그 신속한 서비스시간에 좌우되기 때문이다. 그 패스트 푸드점은 프레드릭 테일러식의 사고방식에 의거하여 지어졌다.

"시간이 돈이다."라는 벤자민 프랭클린의 금언도 우리가 갖고 있는 잘못된 생각의 일부라고 볼 수 있다. 시간은 물론 돈이 아니다. 프랭클린의 말속에 숨은 뜻은 바로 생산력이 가치를 좌우한다는 말이다. 결과적으로 우리는 항상 급한 일에 쫓기는 삶을 살고 있다. 바로 이것이 현대인들이 멀티태스킹, 즉 한꺼번에 여러 가지를 처리하려고 하는 증상에 빠지게 만들었다.

성과중심적인 세상은 "당신은 자신이 생산해내는 것만큼만 가치가 있다"는 생각을 무슨 믿음처럼 여긴다. 이것이 우리에게 영향을 미쳐서 우리의 가치는 자신이 생산해내는 것으로 평가되어, 많이 생산할수록 더욱 가치가 있다고 믿게 되었다. 어제 한 일은 과거일 뿐이고, 정말 중요한 것은 오늘 우리가 하고 있는 일이라고 여기게 되었다.

최근에 '만능 일꾼'이라는 새로운 현상에 대해 책에서 읽은 적이 있다.

만능 일꾼들은 자신들이 여러 가지 다른 일들을 한꺼번에 처리할 수 있다고 믿는다. 그들은 거의 모든 일을 단번에 처리할 수 있다고 믿는 것이다. 교회 내에도 이러한 잘못된 믿음을 가진 사람들이 있다. 자신의 한계를 인정하지 못하고 교회가 시키는 모든 일을 하려는 사람들이다. 약간 뒤틀어서 얘기한다면, 교회의 운영마저도 때로는 세상적인 프레드 테일러 방식으로 운영하려고 한다. 교회가 (시스템은 아니지만) 사람보다 더 중요하다는 믿음으로 교회를 운영하는 것이다. 교회가 지나치게 혹사시켜서 거의 탈진상태까지 이른 사람들을 여러 명 봤다. 그들이 일처리를 잘하기 때문에 교회는 계속해서 새로운 위원회에 속하게 하고, 또 다른 사역을 맡기는 것이다. 그러나 분주함과 과로 때문에 결국 쓰러지고 만다.

　사탄은 항상 우리가 쉽게 알아보지 못하는 모습으로 우리 삶을 파고든다. 우리가 알아볼 수 있는 무시무시한 괴물의 모습이나 성적인 유혹처럼 항상 붉은 악마의 모습으로만 찾아오는 것이 아니다. 때로는 우리 마음가운데 잘못된 생각(이를테면 우리의 성과가 가치를 결정한다는)을 집어넣는다. 일단 그런 잘못된 생각이 뿌리 깊게 자리 잡으면 우리도 알지 못하는 사이에 파멸의 길로 치닫는다. 사탄이 우리 마음에 몰래 불어넣은 잘못된 믿음, 오해와 편견은 대부분 '신앙적인 모습'과 거의 흡사하다. 그런 까닭에 우리가 쉽게 눈치 채지 못한다. 심지어 우리가 아주 잘하고 있다고 느껴질 때도 있다. 하지만, 우리가 정신을 차리고 성공의 제단위에 우리가 가장 소중하게 여겼던 것들 – 하나님과의 교제, 우리 가정, 우리의 영적인 건강과 육체의 건강 – 을 희생물로 바쳤다는 것을 깨닫게 될 때면, 이미 아무것도 남은 것이 없다.

급한 일로 쫓기는 삶을 살고 있는가? 왜 그렇게 생각하는가?

목표 달성에 가치를 느끼는 세상

1967년, 미래학자들은 미국 상원회의 분과 위원회에 보고하기를, 과학기술이 발전하여 1985년 이전에 미국사람들은 1년에 겨우 27주, 1주일에 27시간만 일해도 되는 날이 도래할 것이라고 예견했다. 평균 은퇴 나이가 38살이 된다는 말이다! 그들의 예견에 의하면, 우리에게 너무 많은 여가시간이 주어질 것이라고 했다. 하지만, 1973년부터 미국사람들의 여가시간은 37퍼센트 감소했다. 도대체 어떻게 된 것일까?

누구도 시간을 모아둘 수는 없다. 단지 사용할 수 있을 뿐이다. 시간을 병 속에 집어넣고 뚜껑을 막아놓았다가 나중에 필요할 때 다시 꺼내어 쓸 수는 없는 법이다. 과학기술은 우리가 어떤 일을 할 때 드는 시간을 줄일 수는 있다. 전자레인지 때문에 오븐을 사용할 때보다 훨씬 더 빨리 감자를 구울 수가 있게 되었다. 컴퓨터에서 문서작업을 하는 것이 타이프를 사용하는 것보다 훨씬 더 빠르고 용이하다. 달팽이처럼 느린 우편을 통해 편지를 보내면 보통 몇 주일은 걸리겠지만, 이메일 덕분에 영국에 있는 친구에게 편지를 보내는 것도 몇 초 정도면 가능해졌다.

그렇다면, 남은 시간(모아둘 수는 없는 시간)은 어디로 갔을까? 다른 데 사용했다. 과학기술의 발달로 주어진 시간에 비해 우리가 할 수 있는 일들이 많아졌다는 기대감이 우리로 하여금 더 많은 일들을 우리의 일정에 포함시키도록 했다. 다른 사람보다 앞서가기 위해서 더 많은 업무를 스스로에게 부과하기 시작했다. 만일 우리가 만든 그 목표를 달성하지 못하면, 뒤쳐지게 되고 생산성은 떨어질 것이며, 결과적으로 우리 스스로의 가치도 떨어진다고 느끼게 될 것이다.

 기술의 발달이 우리의 여가시간을 오히려 빼앗아 간 구체적인 예들을 나누어보자

우리에게 주신 빛을 어떻게 사용하는가

위대한 시인 존 밀턴이 쓴 시에 "내 빛이 어떻게 다하였는가?" 라는 표현이 나온다. 나이 든 밀턴이 실명했을 때 쓴 시에 나오는 구절이다. 시력을 완전히 잃고 자신의 삶을 돌아보고 자기에게 주어진 시간을 어떻게 사용했는지를 성찰하며 기록한 시(詩)다. 그렇다면 우리는 자신에게 주어진 시간을 어떻게 사용하는지 돌아볼 필요가 있다. 일생동안 살아가면서 평균적인 사람들은 시간을 다음과 같이 사용한다.

- 운전할 때 빨간불 앞에서 대기하는 데 6개월
- 불필요한 우편물을 뜯어보는 데 8개월
- 책상을 정리하는 데 1년
- 부재중인 사람에게 전화 거는 데 2년

· 회의하는 데 3년

· 줄 서서 기다리는 데 5년

평균적인 미국사람들이 하루에 보내는 시간은

· 출근하는 데 45분
· 하루 평균 73회 정도 지금 하고 있는 일에 방해받는 일이 생기며,
· 1,600건 정도의 광고를 접하며
· 텔레비전 시청하는 데 사용하는 시간이 하루 평균 4시간이다.

우리가 참을성이 없게 된 데는 그만한 이유가 있다. 이토록 생산적으로 시간을 사용한 결과는 어떠한가? 건강과 연관된 문제발생 비율은 하늘 높은 줄 모르고 치솟고 있고, 가족들 간에 보내는 시간도 훨씬 줄어들었다. 부모들이 평균적으로 자신의 자녀들과 함께 보내는 시간이 이메일을 사용하는 시간보다 적다는 통계도 있다. 『느림의 찬양』이라는 탁월한 책에서 칼 오노레(Carl Honore)는 어느 날 "어린 아이들을 잠자리에 들게 하는 데 시간이 많이 걸린다고 불평하는 부모들을 위한 아주 특별한 선택 – 다양한 작가들의 동화를 60초에 들려줄 수 있도록 집약해놓은 책"이라는 1분짜리 베드 타임 동화책에 관한 광고를 보다가 책 제목을 정하게 되었다고 한다.

서둘러서는 안 되는 일들

우리의 삶에서 가장 중요한 영역들을 결코 쫓기듯 처리할 수 없다. 사랑하는 일, 생각하는 일, 음식을 먹는 일, 웃는 것과 기도하는 것까지 쫓기면서 할 수는 없는 것이다. 어떤 사람이 내게 이렇게 말한 적이 있다. "사랑을 다른 말로 뭐라고 하는지 알아요? 시-간" 내 자녀들은 다른 어떤 것보다 나와 함께 보내는 시간을 원한다. 내 딸 호프는 가족들과 집에서 함께 보낸 휴가가 가장 좋다고 한다. 휴가 때면 우리는 성 쌓기 놀이도 하고, 아이스크림을 함께 먹고, 게임을 즐기기도 한다. 나는 가끔 기타를 치기도 하는데, 내 딸은 내가 기타 치는 것을 무척 좋아한다(혹시 내가 음정을 틀리게 연주해도 여전히 좋아한다. 너무 자주 틀려서 문제긴 하지만). 패스트 푸드점에 함께 가는 대신에 집에서 함께 요리를 하기도 한다! 내가 딸아이와 시간을 함께 보내는 것은 "사랑한다. 넌 그만큼 내게 소중한 존재란다!"라고 말하는 것과 같다.

시간을 들이는 것은 우리의 영적인 삶에서도 매우 중요하다. 우리의 영적인 삶에서 중요한 것들을 결코 조급함으로 이룰 수 없는 것들이다.

조급함은 - 대개 조급함은 우리가 무리해서 일할 때 발생한다 - 우리가 자신을 성찰하거나, 인애를 베푸는 삶을 살수 없도록 만든다. 다행스럽게도, 리차드 포스터가 평소에 즐겨 사용하는 표현처럼, 하나님은 결코 우리를 "참을 수 없을 만큼 열기에 찬 극한 상황 속으로" 인도하지 않으신다. 다만, 우리가 할 수 있는 것보다 무리해서 더 많은 일을 맡거나, 결과적으로 조급함의 노예가 되는 이유는 우리가 효율적이고 이용가치가 있을 때만 하나님께서 우리를 자랑스러워하실 것이라고 믿기 때문이다. 하나님은 우리가 부담스럽고 분주하게 살아갈 때 정말 필요하고 중요한 것을 놓치게 될 것이라는 사실을 누구보다도 잘 알고 계신다.

예수님의 이야기로 우리의 생각 바꾸기 :
마리아가 더 나은 선택을 했다

우리가 처한 참을 수 없을 만큼 열기에 찬 극한 상황에 대하여 예수님은 뭐라고 하실지 알기 위해 다시 마르다와 마리아의 이야기로 돌아가자. 마리아가 자신을 돕지 않는 것을 꾸짖어 달라고 마르다가 예수님께 부탁하자 예수님은 오히려 마르다를 조용히 타이르신다.

> 주께서 대답하여 이르시되 마르다야 마르다야 네가 많은 일로 염려하고 근심하나 몇 가지만 하든지 혹은 **한 가지만이라도 족하니라** 마리아는 이 좋은 편을 택하였으니 빼앗기지 아니하리라 하시니라(눅 10:41-42).

나는 예수님이 마르다를 타이르실 때 '조용히' 타이르셨다고 생각한다. 왜냐하면 예수님께서 "마르다야 마르다야"라고 두 번이나 이름을 부르셨기 때문이다. 예수님께서 그렇게 하신 까닭은 마르다가 호되게 혼날 정도로 잘못한 것이 아니기 때문이다. 사실 마르다의 의도 자체는 나쁘지 않았다. 그녀는 단지 손님들을 잘 접대하려고 노력했다.

삶의 균형을 찾고 느리게 살기 위해 내려야 하는 결정은 대부분 '대체 뭘 해야 하지? 성경을 읽을까? 마약을 끊을까?' 하는 식의 손쉬운 결정이 아니다. 대부분 비슷비슷하게 중요한 일들 가운데 하나를 골라야 한다. 우리가 하고 싶고 해야 하는 일을 모두 할 만큼 충분한 시간적 여유가 없다는 것이 문제다. 우리의 삶에 우리가 감당할 수 없을 만큼의 너무 많은 일들이 부과된다면, 결국 어떤 일들은 소거해야 할 수밖에 없다. 불행하게도 많은 사람들이 급함과 분주함에 쫓겨 다른 사람들과의 관계, 영적인 훈련이나 자기관리(예를 들면, 규칙적인 식사와 운동 같은) 등의 정작 중요한 일들을 소홀히 여긴다.

예수님은 마르다에게 "한 가지 일만으로도 족하다"고 말씀하셨다. 그 한 가지 일이 바로 주의 말씀을 듣는 것이다. 예수님은 그의 말씀에 순종하는 것이 바로 그 "한가지 일"이라고 하시지 않았다(물론 그렇게 되겠지만). 가장 우선되는 일, 가장 필요한 일은 주님의 말씀과 가르침을 듣는 것이라고 말씀하셨다. 세상은 자꾸 이 중요한 일로부터 우리를 떼어놓으려고 한다. 마르다가 선택한 일도 옳았지만, 마리아가 더 나은 일을 선택한 것이다. 마리아는 상황을 판단하고 무엇이 더 중요한 것인지 결정을 했다. 예수님께서 그 집에 찾아오셨고, 예수님과 함께 시간을 보내는 것이 그녀가 할 수 있는 가장 중요한 일이었다.

이 책 앞부분에서 언급했던 조지 허버트의 시를 기억하는가? 영혼이 하나님께 말하기를, "사랑하는 주님, 그러면 제가 섬기겠습니다." 그러자 하나님께서 대답하셨다. "너는 먼저 여기에 앉아 내 음식을 먹으라." 마르다는 섬겨야만 한다는 강박관념에 의하여 분주하게 움직였다. 섬김 자체가 나쁜 일은 아니다. 하지만, 그것이 항상 최고의 일이 아닐 수도 있다. 바로 그날 그 시간에 마리아가 할 수 있었던 최선의 일은 주님의 발 앞에 앉아 말씀을 듣는 것이었다. 많은 사람들이 하나님을 섬기려고 하지만, 그분의 말씀에 귀 기울이지 않는다. 섬겨야할 때가 있다. 하지만, 섬김 이전에 예수님께 귀 기울이는 것이 먼저 선행되어야 한다.

예수님의 리듬

예수님은 친히 균형 잡힌 삶의 최고의 모범을 보여주셨다. 4복음서들을 읽다보면 예수님께서 스스로 물러나 홀로 계시는 시간을 가지시는 장면들을 볼 수 있다(누가복음에서만 9번이나 그렇게 하셨다). 예수님은 항상 적절한 템포와 완벽한 리듬을 유지하며 사셨다. 예수님은 결코 쫓기듯 살지 않으실 것이다. 단 한 번도 조급함 가운데 일을 행하신 적이 없으시다. 나는 마가복음에 나오는 아래의 본문을 좋아한다.

> 새벽 아직도 밝기 전에 예수께서 일어나 나가 한적한 곳으로 가사 거기서 기도하시더니 시몬과 및 그와 함께 있는 자들이 예수의 뒤를 따라가 만나서 이르되 모든 사람이 주를 찾나이다 이르시되 우리가 다른 가까운 마을들로 가자 거기서도 전도하리니 내가 이를 위하여 왔노라 하시고 이에 온 갈릴리에 다니시며 그들의 여러 회당에서 전도하시고 또 귀신들을 내쫓으시더라(막 1:35-39).

묵상과 실천의 균형을 주목하라. 요한 웨슬레는 이것을 '경건과 자비'의 균형이라고 표현했다. 동이 트기도 전 새벽에 예수님은 조용한 곳으로 가서 기도하셨다. 하늘에 계신 아빠와 조용한 교제의 시간을 가진 것이다.

하지만 제자들은 예수님이 보이시지 않자 당황한다. 특별히 해야 할 일이 많은데 예수님이 계시지 않을 때 더욱 당황스러워했다. 베드로가 이렇게 묻는다. "어디에 계셨습니까? 사람들이 찾습니다." 그러자 예수님이 대답하신다. "이제 가자." 그러고는 지체 없이 하나님 나라와 기쁜 소식을 선포하신다. 뿐만 아니라, 하나님 나라의 기사와 표적을 보이신다. 완벽하게 균형 잡힌 삶이 보이지 않는가? 주님은 휴식을 취하시고, 재충전의 시간을 가지셨다. 하지만, 동시에 일하시고 섬기셨다.

예수님의 자기 정체성은 하늘에 계신 아버지와 교제하는 고독과 침묵의 시간을 통해 더욱 깊어졌다. 바로 그것이 묵상과 실천, 그리고 쉼과 사역 사이의 완벽한 균형을 이루는 주님만의 비밀이었던 것이다. 주님은 자신이 누구인지 아셨다. 그리고 "그리스도가 거하시는" 우리 또한 역시 주님과 똑같은 리듬을 타야 한다. 예수님의 발 앞에 앉아 침묵과 휴식, 그리고 묵상(관상)의 시간을 가질 때 우리는 바쁘고 분주한 세상 속에서 지혜롭게 살아갈 수 있는 힘을 얻게 된다. 속도를 조금 늦추고 느리게 살다보면 우리에게 사랑스러운 존재라고 속삭여주시는 성령의 음성을 들을 수도 있고, 또한 그때 우리는 우리 안에 계신 그리스도의 영광을 나타내기 시작한다. 그때 우리는 이 두렵고 지친 세상이 가장 필요로 하는 사람들이 된다.

예수님은 휴식과 활동 사이에 완벽한 균형을 이루고 사셨던 분이다. 당신의 '균형'에 대해 설명해보라.

조급함을 가차 없이 제거하기

한번은 내 친구인 존 오트버그 목사가 상당히 막중한 사역을 새로 맡게 되었을 때 달라스 윌라드 교수에게 조언을 구했다고 한다. 존은 펜과 노트를 가지고 여러 가지 중요한 가르침을 받아 적을 준비를 하고 달라스 윌라드 교수를 찾아갔다. 교수가 이런 말로 조언을 시작했다고 한다. "자네의 삶 가운데서 조급함을 가차 없이 제거해 버리게." 오트버그 목사는 그것을 받아 적었다. "오케이. 그 다음은요?" 오트버그 목사가 묻자 교수가 대답했다. "그 다음은 없네. 그냥 그렇게 해, 존. 그럼 모든 게 잘 될 거야."

달라스는 존이 자신에게 새로 맡겨진 사역을 효과적으로 감당하기 위한 모든 것을 이미 갖추고 있다는 걸 알았다. 존은 내가 아는 사람들 중 가장 똑똑하고 무엇보다 그리스도를 따르는 일에 가장 깊이 헌신된 사람이다. 성경을 탁월하게 통달한 사람이며, 신학과 목회에 대한 거의 완벽한 지식을 가지고 있으며, 수년간의 영성개발사역 경험을 갖고 있으며, 성령님의 인도하심을 받고 있는 사역자다. 존에게 필요했던 것은 더 깊은 통찰력이나 더 많은 기술이 아니었다. 그가 자신의 영적인 삶에서 극복해야할 가장 큰 적이 있었다면 그것은 바로 조급함이었다.

우리의 삶에서 조급함을 제거하는 것이 왜 그토록 중요한가? 우리가 조급함을 제거할 때, 우리는 현재에 충실해진다. 조금 더 구체적으로 표현한다면, 현재에 주어진 순간을 통해 영광을 맛볼 수 있다. 우리를 둘러싸고 있는 모든 것들을 느낄 수 있다. 우리 주변을 둘러싼 색깔을 볼 수 있고, 냄새를 맡을 수 있다. 고요한 중에 소리를 들을 수 있고, 우리의 얼굴을 스치는 바람을 느낄 수 있다. 다시 말하면, 삶의 충만함을 온 몸으로 체험할 수 있다는 말이다. 무엇보다도 중요한 것은, 우리가 하나님의 임재를 충만하게 누릴 수 있는 것이다. 만일 내가 그리스도인으로서 잘 살기 원한다면, 나는 끊임없이 하나님께 연결되어 있어야 한다. 그렇게 잘 살고 있는 인생에 조급함은 전혀 어울리지 않는다.

조급하지 않고도 신속하게 행동할 수 있다. 만약 공항 이쪽 끝에서 저쪽 끝까지 10분 만에 이동해야 한다면, 조급하지 않고도 신속하게 움직일 수 있다. 조급함은 두려움에서 비롯되는 내면세계의 상태다. "만일 내가 이 비행기를 놓치면 큰일 난다. 내 인생은 끝장이야!" 하지만 내가 하나님과 동행하면, "만일 비행기를 놓친다고 해도 난 괜찮아. 하나님이 나와 함께 하시잖아. 모든 일이 다 잘 될 거야. 그래도 기쁜 마음을 유지하고 서두르지 않지만, 할 수 있는 한 최대한 빨리 걸어가야지." 라고 말하는 법을 배우게 될 것이다.

칼 융은 "조급함은 마귀에게서 나온 것이 아니라, 그 자체가 마귀이다." 라고 말했다. 우리가 조급해지면, 우리의 삶을 온전히 누릴 수 없게 된다. 그뿐 아니라, 자신의 진정한 모습과 진짜 감정에 충실해질 수 없게 된다. 무엇보다 중요한 것은 우리가 조급함에 빠지면, 하나님을 피해 달아나게 된다. 그러나 속도를 조금 늦추면 우리의 삶, 그리고 하나님과 우리의 관계가 정상으로 돌아온다. 우리가 속도를 늦추는 훈련을 할 때 하나님의 리듬으로 바뀌게 된다. 우리가 조급함을 제거할 때(더 깊은 삶을 향해 우리를 부르시는 하나님의 초청에 대한 우리의 응답이다), 성령님께서 오셔서 우리 곁을 지키시며 능력을 주신다.

바로 곁에 있는 하나님의 나라

속도를 늦추고 느리게 살기 위한 노력하던 어느 날 오후, 헨리 데이빗 소로우의 표현처럼 나도 한번 "의도적인" 삶을 살아봐야겠다고 결정했다. 그날이 2월 중순이었는데, 계절과 어울리지 않게 따뜻했다. 그래서 나는 오랜만에 우리 집 뒷마당에 있는 정원용 벤치에 앉아 있었다. 물론 계절 탓에 나뭇잎들은 이미 오래전에 다 떨어졌지만, 유독 나뭇잎 숱이 많은 나무 한그루가 눈에 띄었다. 보통 때는 이 나무에 신경을 쓰지 않았었다. 쳐다본다고 해봐야 일 년에 고작 몇 분 정도 밖에 관심을 갖지 않던 나무였다. 하지만, 그날따라 유독 그 나무가 온통 내 관심을 끌었다.

몇 분 동안 이 나무를 쳐다보다가 무성한 잎사귀들 말고도 한 가지 신기한 걸 발견했다. 그 나무에 아주 작은 포도 같은 열매가 많이 달려 있었던 것이다. 어떻게 이 기간에 열매가 열렸을까 궁금해지기 시작했다. 그날 오후는 기도하는 데 많은 시간을 쓰기로 했기 때문에, 나는 하나님께 관심을 돌려 이렇게 물었다. "하나님, 왜 이 나무에만 열매가 있는 걸까요?" 바로 그 순간, 콩새만한 크기의 작은 새가 구부러진 나뭇가지로 날아와 열매를 콕 집더니 그 옆의 나무로 날아가 그 열매를 먹었다. 그때 성령의 속삼임을 들렸다. "바로 저것이 이 나무에 열매가 많이 열린 이유란다."

그 장면은 마치 산상수훈의 설교 일부가 우리 집 뒷마당에서 펼쳐지는 것 같았다. "공중의 새를 보라 심지도 않고 거두지도 않고 창고에 모아들이지도 아니하되 너희 하늘 아버지께서 기르시나니 너희는 이것들보다 귀하지 아니하냐"(마 6:26 참조). 하지만, 설교는 거기서 그치지 않았다. 성령께서 내게 그 나무의 열매가 몇 개나 되냐고 물으시는 것 같았다. 아마 수천 개도 넘게 있었을 것이다. 그리고 또 그 새가 얼마나 작은지 물으시는 것 같았다. 내 손바닥에 들어갈 만큼 작은 크기였을 것이다.

요점: 새들이 필요한 것보다 훨씬 더 많은 열매를 하나님이 공급하셨다.

적용: 우리가 선하고 아름다우신 하나님과 더불어 살 때, 하나님과 우리에게 필요한 것 보다 훨씬 더 많이 공급해주신다.

그것은 내가 단조롭고 고된 일상에서 벗어나 우리 집 뒷마당에 앉아 한 시간정도 '바보처럼' 시간을 보내지 않았다면 결코 경험하거나 들어볼 수 없었던 매우 강력한 설교였다. 로빈 마이어스(Robin Myers)는 "우리가 깨어있는 모든 순간에 훌륭한 한편의 영화가 앞 못보는 사람 앞에서 상영되고 있다."라고 말했다. 나는 이 훌륭한 영화를 매일 매일 보고 싶다. 하나님이 준비하신 모든 것을 하나도 놓치고 싶지 않다.

이 보물은 지금 이 순간에만 발견된다. 리처드 베일리(Richard Bailey)와 조셉 칼슨(Joseph Carlson)이 말한 것처럼, "인생은 현재의 연속일 뿐이다. 현재의 경험이 모여서 우리 인생을 이룬다……당신은 항상 지금 이 순간을 산다. 당신은 그것을 누리겠는가? 그렇지 않을 것인가?" 나는 현재에 충실하고 싶다. (영어에서 현재를 뜻하는 present 가 '선물' 을 의미하기도 한다는 게 놀랍지 않은가?)

 포도나무 이야기처럼, 문득 멈추고 주의 깊게 주변을 돌아보다 놀라운 것을 발견하게 된 경험이 있는가? 그 경험을 나누어보자.

피클을 만드는 법

영적인 성장을 위해서 속도를 줄이는 것이 필요하다는 사실뿐 아니라, 영적인 성장은 아주 더디다는 사실도 알아야 한다. 우리가 제자로 자라가는 과정을 피클을 만드는 과정과 비교하면 적절할지도 모르겠다. 피클을 만들기 위해서는 우선 오이를 구해야 한다. 그런 다음 소금물과 식초를 구해서 오이를 그 안에 담가야 한다. 만일 오이를 그 소금물과 식초용액에 담갔다가 금방 꺼낸다면, 그건 아직 피클이 아니라 세례 받은 오이에 불과하다. 피클이 되기 위해서는 소금물에 최소한 6주 정도는 잠겨 있어야 한다. 우리가 알지도 못하는 속도로 아주 천천히 소금물과 식초용액이 오이 속으로 스며들어 피클이 된다.

피클을 담그는 데 6주가 걸린다면, 예수님의 제자가 되는 데는 훨씬 더 많은 시간이 걸린다. 위대한 설교자 그래함 스크로지(Graham Scroggie)는 이렇게 썼다. "영적인 회복은 점진적인 과정이다. 모든 성장은 점진적이다. 더 복잡한 생명체일수록 그 성장과정이 더 길다." 사람은 오이보다 훨씬 더 복잡한 생명체다. 우리의 변화에 영향을 주는 수많은 요소들이 있다. 우리 지성과, 감성과 육신은 다양한 측면을 가지고 있다. 사람의 영혼은 아주 서서히 변화하는 복잡한 존재다.

나는 A. H. 스트롱(A. H. Strong)의 이야기를 좋아한다.

> 어떤 학생이 총장에게 찾아가서 학교 커리큘럼에 있는 것보다 더 속성으로 졸업할 수 있는지를 물었다. "물론 있지." 총장이 대답했다. "하지만, 자네가 뭐가 되고 싶은지에 달려있다네. 하나님이 떡갈나무를 만드실 때는 100년이 걸려서 만드시지만, 호박을 만드는 데는 겨우 6개월이면 된다네."

스트롱은 영적 성장의 속도는 더딜 뿐 아니라, 모든 사람에게 똑같이 적용되지 않는다고 설명한다. 어떤 때는 엄청난 성장을 경험하기도 하지만, 어떤 때는 성장이 거의 없을 때도 있다. 떡갈나무는 1년에 겨우 두 달 정도만 성장한다고 한다. 그리고 나머지 열 달은 그 성장을 견고하게 하는 데 시간을 들인다고 한다.

일만 시간의 법칙

『아웃라이어Outlier』라는 책에서 말콤 글래드웰(Malcolm Gladwell)은 보통 사람들과 확연하게 구분되는 탁월한 사람들을 관찰해서 발견한 원리들을 소개한다. 어떤 사람들은 아주 특별한 재능을 갖고 태어나기도 하지만, 글래드웰은 다음과 같이 결론을 내린다.

> 어느 분야에서든 세계적인 수준의 전문가, 마스터가 되려면 1만 시간의 연습이 필요하다……. 작곡가, 야구선수, 소설가, 스케이트선수, 피아니스트, 체스선수, 숙달된 범죄자, 그밖에 어떤 분야에서든 연구를 거듭하면 할수록 이 수치를 거듭해서 확인할 수 있다……. 어쩌면 두뇌는 진정한 숙련자의 경지에 접어들기까지 그 정도의 시간을 요구하는지도 모른다.

그는 모차르트를 예로 든다. 대부분의 사람들이 모차르트가 여섯 살에 작곡을 시작했다고 알고 있다. 하지만, 글래드웰은 모차르트가 6살에 작곡한 음악은 탁월한 작품이 아니었다고 지적한다. 모차르트의 작품들 중 걸작으로 평가받는 곡들은 스물한 살이 되어서야 만들어지기 시작했다. 진짜 위대한 곡들은 20대 후반이 되어서야 만들어졌다고 한다. 그런 까닭에 음악평론가 쉰베르크(Schonberg)는 모차르트의 재능은 "늦게 개발되었다"고 지적하기도 했다.

무엇인가에 숙달이 되기까지는 많은 시간이 필요하다. 하지만, 정말 탁월한 경지에 이르려면 1만 시간의 연습이 필요하다. 하지만, 절대 낙심하지 말라! 내가 이 말을 하는 이유는 변화의 과정이 어떻다는 것을 설명하기 위한 것뿐이다. 많은 그리스도인들이 단지 몇 달 동안 성경공부를 하고, 짧은 기간 기도훈련을 통해 극적인 변화를 맛보고 싶어 한다. 변화를 경험하지 못하면 뭔가 잘못했거나, 충분히 노력하지 않아서 그랬다고 자책하며 좌절감에 빠지고 만다.

진리는 이것이다. 변화를 위해 뭘 시도했던 간에, 심지어는 아무리 작은 일이라도, 분명히 효과가 있다. 이 책을 주의 깊게 읽으며 우리의 오해와 편견을 예수님의 생각으로 바꾸는 것이 변화를 위한 아주 중요한 과정이 될 수도 있다. 우리가 신실하게 영적인 훈련에 임할 때 성령님께서 오셔서 우리와 함께 하시며 우리의 영혼을 새롭게 하실 것이라고 확신한다. 하지만, 하룻밤에 엄청난 변화를 경험할 것이라는 기대는 하지 말아야 한다.

예를 들면, 나는 지난 25년 동안 나의 잘못된 생각, 오해와 편견을 버리고 영적인 훈련에 임해왔다. 하지만, 나는 아직도 변화되어가는 과정 중에 있다. 하지만, 매년, 매달마다 삶 속에서 하나님과의 관계를 통해 적지만 긍정적인 성장을 조금씩 볼 수 있었다. 용기를 가져라. 변화의 속도는 느릴 수 있다. 하지만 분명한 것은 변화하고 있다는 것이다. 대부분 이미 변화가 시작되었다. 하나님께서 당신 안에서 착한 일을 시작하셨다는 사실을 당신도 알고 있다. 이것이 그리스도 안에서 새로운 삶의 시작이라는 것을 확신하라. 이 책이나 다른 책에서 확신을 찾는 것이 아니라, 당신 안에서 역사하고 계시며 당신을 위해 놀라운 계획을 갖고 계신 선하고 아름다우신 하나님에게서 확신을 찾아야 한다.

> 너희 속에 착한 일을 시작하신 이가 그리스도 예수의 날까지 이루실 줄을 우리가 확신하노라(빌 1:6).

시작에 불과하다

이 책은 당신이 바로 예수님이 아셨던 그 하나님과 사랑에 빠지도록 돕기 위하여 쓰였다. 그분을 알고 사랑하기 전에는 결코 하나님과의 깊은 교제의 삶으로 들어갈 수 없다. 이 장은 이 책과, 시리즈의 두 번째 책인 『선하고 아름다운 삶』을 연결해주는 연결고리이다. 그 책도 이 책과 같은 형식으로, 먼저 예수님의 생각으로 우리가 갖고 있는 오해와 편견을 깨뜨리고, 그리고 새로운 생각이 영혼에 각인되도록 도와주는 영적훈련방법들을 소개할 것이다. 앞으로 출판될 둘째 책에서는 인간이 실패하는 영역들, 즉 분노, 거짓말, 음란함과 염려의 문제들을 다룰 것이다. 그러한 문제들에 대하여 세상이 우리에게 집어넣는 생각들은 예수님의 생각과 정반대다.

하나님에 대한 예수님의 이야기로 우리가 젖어 들어가면, 우리의 마음과 삶을 점검할 수 있게 된다. 이제 우리가 선하고 아름다우신 하나님을 제대로 알게 되었기에 선하고 아름다운 삶으로 초대받는 것이다. 동시에 우리는 예수님의 생각이 우리의 마음과 영혼과 지성에 깊이 자리 잡을 수 있도록 삶의 속도를 조금 늦춰야 한다.

영혼의 훈련

속도 늦추기

속도를 늦추는 것이 우리 영혼을 살리는 길이다. 로버트 바론은 말하기를, "우리 영혼의 깊은 곳에서는 속도를 늦추고 싶어 한다. 왜냐하면, 영혼이 원하는 것은 더 많은 성취가 아니라, 삶을 음미하는 것이기 때문이다. 영혼은 서둘러 다른 곳으로 가는 것보다, 좋은 곳을 찾으면, 그곳에 오랫동안 머물러 깊이 음미하는 것을 더 좋아한다."

바로 이것이 이번 훈련과제다. 속도를 줄이고, 음미하고, 쉬며, 묵상하는 것이다. 우리 삶의 속도를 줄인다는 것은 조급함을 제거하고, 우리의 시간을 요구하는 일과 활동들을 제한하는 것을 의미한다. 그렇게 함으로서 우리 삶을 더욱 기쁨으로 누릴 수 있을 뿐 아니라, 하나님과의 교제를 위한 시간을 더 많이 마련할 수 있다. 과거에 많은 기독교인들은 하나님께 더 가까이 나아갈 수 있도록 자신을 훈련하기 위해, 상당기간 금식을 하거나 금욕을 하는 등의 수행훈련을 하기도 했었다. 현대사회에서는 물론 다른 방법들을 사용해야 한다. 폴 에브도키모브(Paul Evdokimov)의 표현이 아주 적절하다.

> 오늘날의 전쟁은 다른 종류의 전쟁이다. 고행을 통한 훈련은 더 이상 필요하지 않다. 머리를 자르고 쇠사슬을 묶고 금욕을 하는 등의 방법은 불필요하게 우리를 파괴할 위험이 있다. 오늘날의 금욕은 중독으로부터 해방되는 것이다 – 속도, 소음, 음주, 그리고 모든 종류의 자극들로부터 자유로워지는 것이다. **우리에게 필요한 고행의 훈련은 쉼을 필요로 한다.** 규칙적으로 고요와 침묵의 시간을 가지며,

기도와 관상을 위해 멈출 수 있는 능력을 다시 회복하며, 이 세상의 모든 종류의 소음으로부터 벗어날 필요가 있다.

우리 현대인들의 삶에 대하여 매우 적절한 지적이라고 생각한다. 우리는 자극과 속도에 의해 움직이고 있다. 그렇기 때문에 우리에게 가장 필요한 훈련은 속도를 줄이고, 고요함을 찾아, 휴식과 관상(묵상)을 위한 시간을 마련해야 한다.

여백 만들기와 속도 늦추기

여백을 갖는 훈련을 하기 전에는 속도를 멈추는 것도 불가능하다(여백을 찾는 훈련을 속도를 늦추는 훈련보다 먼저 소개한 이유가 바로 그 때문이다). 삶의 속도를 조절하기 전에 불필요한 활동들을 잘라내는 훈련부터 해야 한다. 이 제자도 시리즈를 함께 준비한 매트 존슨은 여백을 찾는 훈련과 속도를 줄이는 훈련의 아주 좋은 본보기다. 오랫동안 매우 탁월한 부목사로 섬겼던 매트는 매년 더 많은 사역의 책임을 맡게 되었다. 왜냐하면 그가 다양한 은사를 가지고 매사에 탁월했기 때문이다. 하지만, 어느 순간 자신의 분주함이 영적인 삶을 방해하고 있다는 사실을 깨닫게 되었다. 자신의 아내와 상의한 후 매트는 담임목사를 찾아가 자신의 사역업무를 줄여달라고 부탁했다. 물론 사역을 줄이면 사례도 그만큼 줄어들게 되지만, 매트 자신이 스스로 그렇게 해달라고 부탁했다.

요즘은 매주 월요일과 금요일에 예수님 발 앞에 앉아 있는 시간을(영적인 교제의 시간) 더 늘렸다고 한다. 친구로서 한 가지 분명하게 말할 수 있는 것은 매트의 삶에 거하시는 그리스도 때문에 주변에 있는 수많은 사람들이나 내가 얼마나 큰 축복을 받아 누리는지 모른다는 것이다. 확실히 그는 이전보다 덜 일하고 성과가 줄어들었기 때문에 물론 재정적으로도 부족함을 경험하고 있기는 하지만, 그의 영혼은 놀랄 만큼 성장하고 있다. 무엇이 더 중요한가? 매트는 분명히 자신이 희생한 것보다 훨씬 더 많은 것들을 얻었고 누리고 있다고 말할 것이다. 매트는 자신에게 꼭 맞는 자신만의 속도로 인생을 살아가고 있다. 그리고 자신의 삶의 모든 영역에서 그리스도와 동행함으로 영광을 돌리고 있다.

속도를 줄이는 연습을 어떻게 해야 하는가

- 다음날 해야 할 일들을 한번 생각해보라. 그 다음에 해야 할 일이 코앞에 닥칠 때까지 기다리지 말고, 10분만 일찍 출발해보라. 걸을 때 좀더 천천히 걸어보라. 운전할 때도 마찬가지로 느리게 운전해보라. 그렇게 해서 평소보다 조금 일찍 목적지에 도달하게 된다면, 그 주변에 있는 사람들이나 사물을 관찰해보라. 호흡을 가다듬으면서.
- 운전할 때 일부러 가장 느린 차선으로 가서 운전하라. 또한 쇼핑할 때 줄이 가장 긴 계산대 앞에 서도록 해보라. 아마 견디기 힘들 것이다! 하지만 훈련이라고 생각하고 해보라.
- 한명의 친구나 혹은 많은 친구들을 저녁식사에 초대하라. 천천히 요리하라. 요리하는 것을 즐기면서, 음식의 냄새를 음미해보라. 식사를 할 때도 천천히

오랫동안 씹어서 먹어보라. 느리게 먹으면서 한 두 시간을 소요하라. 음식의 축복을 누리며 오랫동안 대화하면서 식사하라.

- **오늘 한 시간을 따로 떼어 나무늘보가 되어보라.** (나무늘보는 아주 느린 동물이다. 때로는 몇 걸음 움직이는 데도 10분 이상 걸린다.) 느리게 천천히 행동하라. 응접실에서 부엌까지 걸어가는데 5분정도 걸리는 속도로 걸어보라. 한걸음 걷고 멈추라. 주변에 있는 사물들을 관찰하라. 심호흡을 해보라. 현재의 순간에 충실해보라. 모든 일을 일부러 천천히 그리고 느리게 해보려고 노력하라.

- **하루를 아예 '느림보의 날'로 정해보라.** 아침식사를 일부러 천천히 할 수 있도록 평소보다 조금 일찍 잠자리에서 일어나보라. 직장생활을 하고 있다면, 업무를 처리할 때 평소보다 느리게, 리듬을 타면서 일을 해보도록 하라. (이렇게 해도 되는 직장이라면 시도해보고, 그렇지 않은 직장일 경우 신속하게 업무를 처리하되, 너무 서두르지 않도록 속도를 조절해보자.) 그날 하루는 텔레비전 시청도 하지 말고, 모든 미디어를 접하지 않도록 해보라. 대신 그 시간에 일몰을 보러 나간다든지, 산책을 한다든지, 아이들과 동네 놀이터나 공원에서 놀아주라. 그날 저녁에 느리게 산다는 것이 어떤 의미인지 한번 깊이 생각해보는 시간을 가져라.

속도를 바꿀 때, 당신의 내면 (영혼)은 이전에 갖고 있던 평소의 속도를 버리고, 답답함과 불만이 생기기 시작할 것이다. 예를 들면, 가장 속도가 느린 차선에서 운전을 해보면, 답답함에 갑자기 속이 뒤집히기 시작할 것이다. 어쩌면 이를 악물게 될지도 모른다. 당신은 평소처럼 "제발, 좀 서두르라고

요! 속도를 좀 내고, 빨리 갑시다!"라고 온몸으로 외칠지도 모른다. 내면의 필요를 채우기 위해서 그런 마음을 죽여야 한다. 너무 걱정하지 말라. 해낼 수 있을 것이다. 아직까지 이 훈련을 하다가 죽은 사람은 없다.

> 하나님이 자기 백성들의 영적인 성장을 서두르시지 않는다는 사실을 받아들이기 힘든 모양이다. 하나님은 영원에서 영원까지 일하신다.
>
> – 마일스 J. 스탠포드 –

묵상을 위하여

당신이 이 책을 혼자 공부하든지 공동체 안에서 함께 공부하든지 상관없이 아래의 질문들이 당신의 경험을 묵상하고 성찰하는 데 도움이 될 것이다. 아래 질문에 대한 답을 일기에 기록하는 습관을 들이는 것이 좋다. 만일 소그룹 안에서 다른 사람들과 함께 학습하고 있다면, 자신의 묵상과 체험을 나눌 때 기억하기 쉽도록 기록한 일기를 다음 모임에 가지고 가라.

- 이 주간에 영혼 훈련 과제를 수행할 수 있었는가? 그렇다면, 뭘 어떻게 했는지, 어떤 느낌이었는지를 적어보라.
- 이 영혼의 훈련을 통해 하나님에 대하여 혹은 자신에 대하여 새롭게 깨달은 사실이 있다면 무엇인가?
- 속도를 줄이는 것은 현대문화의 흐름에 반하는 것이다. 이 훈련을 하면서 가장 어렵게 느껴진 것들에 대하여 나누어보자. 앞으로도 계속 속도를 줄이고 느리게 사는 훈련을 지속할 것인가?

The Good and Beautiful
GOD

부록

소그룹 토의를 위한 인도자 지침

매튜 존슨과 크리스토퍼 제이슨 폭스 함께 지음

부록 서문

2006년 가을, 우리는 제임스 브라이언 스미스가 인도하는 "제자 훈련"이라는 이름의 실험 과정에 참여할 것을 제안 받았다. 스미스 박사가 탁월한 교사며 영성개발에 일가견이 있는 사람이라는 사실은 오래전부터 알고 있었지만, 정작 우리 자신들은 우리들의 삶과 사역에 엄청난 변화를 가져다줄 그 훈련에 참여할 준비가 되지 않았다. 하지만 결과는 놀라웠다. 훈련에 참여한지 얼마 지나지 않아 이 과정을 우리가 섬기는 교회로 가져가서 시행해 보았고, 그 결과는 상당히 놀라웠다. 짐 스미스가 이 책의 첫 장에서 언급했듯이 공동체가 변화를 가져다주는 많은 요소들 중 중요한 열쇠라는 진리를 몸소 경험할 수 있었다. 이 책을 가지고 소그룹을 인도했던 우리들이 직접 경험한 것이다. 함께 책을 읽고, 훈련한 내용들을 함께 나누고 토론하면서 경험했다. 훈련의 결과, 무엇보다 우리의 생각에 깊은 치유가 나타났고 다른 사람들과 개인적이고 깊이 있는 나눔이 가능해졌으며, 예수님을 점점 더 닮아가는 영적인 변화들이 생기기 시작했다. 그러한 체험들을 바탕으로 이 소그룹 토의 지침을 만들게 되었다. 이 지침은 친구나 동료들과의 모임, 가족, 교회 청소년부서, 소그룹, 장년 주일학교 강의, 혹은 독서모임 등 이 책을 교재로 사용하는 사람이면 누구나 사용하기 쉽게 만들었다.

소그룹에는 최소 2명에서 최대 12명까지 참여할 수 있다. 우리 경험으로는 5명에서 6명 사이가 가장 적합한 인원수라고 생각했다. 그 정도 인원으로 이루어진 소그룹에서는 질문들을 함께 읽고 서로의 생각들과 의견들을 자유롭게 나눌 수 있기 때문이다. 어떤 소모임은 매주 돌아가면서 인도자를 정하는 것이 좋을 수도 있다. 하지만, 모임의 인원이 12명 이상이면 정해진 인도자가 꾸준히 이끌어가는 것이 좋다.

각 장은 다시 여러 작은 부분들로 나뉘어져 있다. 그 부분들은 각각의 소모임 성격에 맞게 얼마든지 변형해서 사용할 수 있다. 원한다면 얼마든지 질문들을 건너뛰거나 새로운 질문들을 첨가해도 좋다. 책을 읽다가 발견한 좋은 구절이나, 특별히 도움이 되었다고 생각했던 구절, 질문, 또한 책의 내용 중간 중간에 나오는 질문들을 소모임의 토의 질문으로 사용하는 것도 좋은 방법이다.

소모임에 참여하는 인원수에 따라 다르겠지만, 이 지침을 이용해서 진행할 때 60분에서 90분 정도 소요될 것이다. 이 지침의 각 부분을 진행할 때 얼마정도의 시간이 소요될 것인지 대략 표시해봤다. 만일 소모임에 참여하는 숫자가 6명 이상일 경우 최소 90분정도가 소요될 것이라는 것을 예상하는 것이 좋다.

만일 당신이 이 책을 교재로 사용하는 소그룹의 인도자라면, 이 책을 얼마든지 자신만의 창의적인 질문들과 방법들을 사용할 수 있도록 변형해도 괜찮다. 아니면, www.apprenticeofjesus.org을 방문해서 필요한 자료들을 구할 수 있다. 인터넷 사이트에서 다른 사람들과 교류할 수도 있고, 더 필요한 자료들을 찾는 데 이용할 수도 있다.

이 작은 지침들이 성령님의 도구가 되어 당신이 그 선하고 아름다우신 하나님과 더 깊은 사랑에 관계로 들어갈 수 있도록 도움이 되기를 기도한다.

매튜 존슨(Matthew Johnson)과

크리스토퍼 제이슨 폭스(Christopher Jason Fox)

chapter 1
변화를 원하는가?

하나님께 마음 열기 ^{5분}

시작하기 전에, 5분 정도 침묵시간을 가진 뒤, 소그룹 토의에 하나님의 임재를 초청하는 짧은 기도를 하라.

왜 5분 동안의 침묵시간이 중요할까? 우리가 살고 있는 이 세상은 온갖 소음과 분주함으로 가득 차 있다. 지금 대화하고 있는 주제가 끝나기도 전에 새로운 대화의 주제를 생각하는 것이 현대인들의 특성이다. 이러한 분주함 중에 우리에게 조용히 말씀하시는 하나님의 음성에 귀를 기울이기는 어렵다. 우리의 영적인 여정을 다른 사람들과 나누기 위해 모일 때 우리 주변 사람들의 삶과 주변을 통해 하나님의 음성을 듣기 원한다.

짧은 침묵의 시간을 통하여 우리는 다른 사람들과 하나님의 음성에 귀 기울일 마음의 준비를 한다. 그렇게 하기 위해 모일 때마다 약간의 침묵시간을 갖는 것이 좋다.

영혼 훈련 ^{10-15분}

만일 한 그룹에 7명 이상의 사람들이 참여하고 있다면, 그룹을 다시 3명이나 4명씩으로 나눠라. 10분 정도의 시간동안 '영혼의 훈련 - 잠 잘 자기' 편을 통해서 무엇을 배웠는지 서로와 나누어 보라. 다른 사람들이 자신의 생각을 자유롭게 나눌 수 있도록, 인도자 먼저 자신의 경험을 나누도록 하라.

🍒 이번 주간에 잠자는 훈련을 해볼 기회가 있었는가? 만일 그렇다면, 무엇을 어떻게 했는지 그리고 어떤 느낌이었는지 구체적으로 나누어 보자.

🍒 이 훈련을 통해 자신이나 하나님에 대하여 새롭게 깨닫게 된 것이 있다면 나누어보자.

책 내용 살펴보기 ^{30-45분}

이 장의 가장 중요한 주제는 대부분의 사람들이 변화를 원하지만, 실패한다는 것이다. 그들이 실패하는 이유는 노력하지 않아서가 아니라, 올바로 훈련하지 않기 때문이다.

[주의사항] 소그룹 토의를 하기 전에 질문들을 먼저 읽도록 하라. 특별히 토의하기 원하는 질문이 무엇인지 결정하라. 소그룹 모임의 참여 인원과 토론의 깊이에 따라 시간이 모자랄 수도 있고, 모든 질문을 다 토의하지 못할 수도 있음을 기억하자.

🍒 자기 자신의 어떤 점을 변화시키려고 해본 적이 있는가? 어떠한 과정을 거쳤

는가? 자신을 변화시키는 데 얼마나 성공적이었다고 생각하는가?

🍒 저자는 영적인 변화를 도표로 설명한다. 그 표에 의하면 우리의 영적인 변화 과정은 개인의 이야기(경험), 영혼 훈련, 공동체와 성령님의 역사로 구성되어 있다. 자신의 변화 과정에서 위의 4가지 요소 중 어떤 특정한 요소의 역할을 경험해본 적이 있는가? 설명해보라.

🍒 우리가 알고 있는 이야기가 우리를 만들어간다. 이야기(사고체계)의 개념에 대하여 좀 더 명확하게 알기 위하여, 자신이 성공했다고 느끼게 해준 경험이 있다면 그 이야기를 나누어보자.

🍒 많은 사람들이 사실은 영혼을 변화시키기 위한 훈련들이 마치 하나님을 기쁘시게 하기위한 방법이라고 잘못 알고 있거나, 그 훈련들을 자신이 아닌 하나님을 위해 하는 것으로 여기도록 잘못 배워왔다. 이 사실이 당신이 이미 실행하고 있는 영적훈련들에 대하여 어떻게 다른 접근을 하게 하는가?

🍒 당신의 영적인 여정에 있어서 소그룹 모임이 격려와 위로가 되어준 때는 언제인가?

🍒 성령에 관한 부분 (37~42페이지)에서, 성령에 대하여 어떠한 깨달음을 얻었으며, 영혼 훈련과 공동체, 그리고 생각의 습관을 바꾸는 데 어떠한 영향이 있었는가?

말씀과 연결하기 10-15분

요한복은 1장 38절-39절을 소리 내어 읽어보자.

[주의사항] 서로 돌아가면서 성경 본문을 소리 내어 읽는 시간을 가져라. 각자가 성경책을 가지고 있어도, 누군가의 목소리로 읽히는 말씀을 귀로 듣는 것이 좋다.

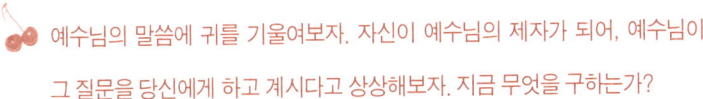 예수님의 말씀에 귀를 기울여보자. 자신이 예수님의 제자가 되어, 예수님이 그 질문을 당신에게 하고 계시다고 상상해보자. 지금 무엇을 구하는가?

 예수님께서 당신에게 "와 보라!" 고 말씀하셨을 때, 어떤 느낌이 들었는가?

평화 누리기 5분

참석자 가운데 한사람에게 아래의 글을 소리 내어 읽게 함으로 모임을 마치자.

성령께서 우리의 이야기를 바꾸시면 그때부터 우리의 생각이 바뀐다. 그 결과 강하고 전능하신, 또한 우리를 사랑하시는 좋으신 하나님을 믿고 신뢰하게 된다. 또한 예수님께서 친히 우리를 대신해서 우리는 절대 흉내조차 낼 수 없는 완벽한 삶을 사셨으며, 우리가 하나님의 은혜를 얻어내기 위해 치열하게 노력하지 않아도 되도록 자유를 주셨음을 믿고 알게 된다. 그리고 우리가 영

> 혼의 훈련 연습에 참여함에 따라 – 특히 공동체와 함께하는 훈련을 통하여 – 하나님께서 우리 삶에서 역사하고 계신다는 사실을 더욱 확신하게 된다. 이러한 내적인 확신이 외적인 행동으로 드러나게 된다.
>
> 그렇기 때문에 공항에서 비행기가 지연되는 일을 경험하게 되더라도, 숨을 깊이 들이쉬고 우리의 정체성을 잊지 않을 수 있다. 크레이그(25p)처럼 그러한 역경을 사랑과 기쁨과 평강과 인내 그리고 온유함으로 견뎌낼 수 있게 된다.

오늘 모임을 마치면서, 하나님께서 당신의 삶속에서 일하고 계시다는 사실을 음미하도록 하라. 아멘.

다음 주 과제

다음 장에서는 하나님의 선하심에 대하여 다룰 것이다. 다음 주 영혼의 훈련 과제는 하루에 5분씩 침묵의 훈련을 하면서 피조물을 관찰하고 묵상하는 것이다.

chapter 2
좋으신 하나님

하나님께 마음 열기 5분

시작하기 전에 5분간 침묵시간을 가진 후에, 짧은 기도를 드리자.

영혼 훈련 10-15분

3-4명으로 구성된 소그룹 안에서 지난 주에 주어진 영혼의 훈련과제 두 가지를 점검하는 시간을 갖자. 아래의 질문들을 활용하면 도움이 될 것이다.

🍒 이번 주간의 영적훈련을 통해 하나님 혹은 자기 자신에 대하여 새롭게 배운 사실이 있다면 무엇인가?

🍒 매일 5분간의 침묵의 시간을 만드는 것이 어려웠는가?

🍒 하나님이 지으신 피조물들을 관찰하고 묵상하면서 가장 인상 깊었던 것은 무엇인가?

책 내용 살펴보기 20-30분

이 장의 주된 요점은 하나님이 우리의 죄에 따라 벌주시는 진노하시는 분이라는 오해와 편견에 대한 내용이다. 그러나 예수님이 알고 계셨고, 나타내셨던 하나님은 선하신 하나님이다. 예수님이 나타내신 하나님은 나쁜 점이 하나도 없었다는 말이다.

🍒 저자의 딸 메들린의 질병에 대하여 어떤 친구가 누구의 죄 때문이냐고 추궁하는 이야기가 나온다. 그 이야기를 듣고 어떤 생각이 들었는가?

🍒 혹시 당신이 지은 죄 때문에 하나님께 벌을 받고 있다는 생각을 해본 적이 있거나, 아니면 친구가 찾아와 당신이 겪고 있는 상황이 하나님의 진노의 결과라고 말한 적이 있을지도 모르겠다. 만일에 그런 적이 있다면 자신의 경험을 나누어보자.

🍒 저자는 많은 사람들이 "하나님은 진노하시는 심판의 하나님이다. 죄를 짓는 순간 벌을 받을 것이다."라는 단순한 편견을 가지고 살아간다고 지적한다. 당신도 그러한 생각에 사로 잡혀본 적이 있는가? 그렇다면, 그런 오해는 어디에서 비롯되었다고 생각하는가?

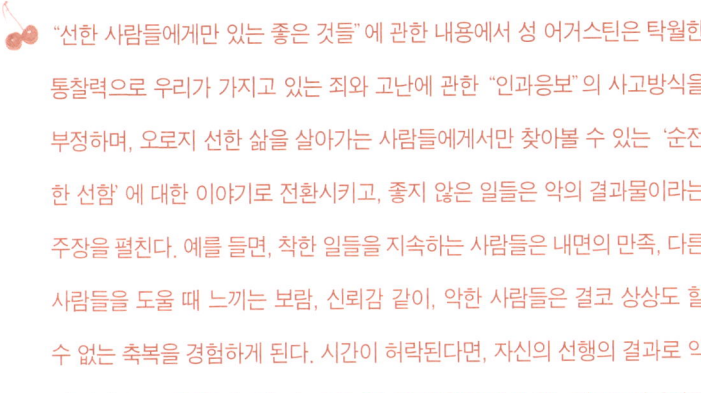 "선한 사람들에게만 있는 좋은 것들"에 관한 내용에서 성 어거스틴은 탁월한 통찰력으로 우리가 가지고 있는 죄와 고난에 관한 "인과응보"의 사고방식을 부정하며, 오로지 선한 삶을 살아가는 사람들에게서만 찾아볼 수 있는 '순전한 선함'에 대한 이야기로 전환시키고, 좋지 않은 일들은 악의 결과물이라는 주장을 펼친다. 예를 들면, 착한 일들을 지속하는 사람들은 내면의 만족, 다른 사람들을 도울 때 느끼는 보람, 신뢰감 같이, 악한 사람들은 결코 상상도 할 수 없는 축복을 경험하게 된다. 시간이 허락된다면, 자신의 선행의 결과로 악한 사람들은 경험할 수 없는 놀라운 축복을 경험한 적이 있는지, 그 이야기를 나누어보자.

말씀과 연결하기 ^{15-30분}

요한복음 9장을 소리 내어 읽어보라.

 관찰자의 입장에서, 무엇이 보이고, 들리고 느껴지는가?

 요한복음 9장에 나타난 예수님의 행동을 보고, 예수님에 대하여 무엇을 배웠는가?

 바리새인들과 제자들 그리고 날 때부터 소경이었던 사람을 통해 인간의 본성에 대하여 무엇을 배웠는가?

🍒 자신의 삶을 돌아보면 하나님께서 징벌하셨다고 생각되는 부분이 있는가? 만일 그렇다면, 날 때부터 소경이었던 사람의 심경을 상상해보라. 그리고 예수님이 마치 당신에게 말씀하신다고 상상하며, 예수님께서 그 소경에게 하셨던 말씀에 귀를 기울여보자.

평화 누리기 5-10분

소그룹에서 한 명이 자원해서 아래에 나오는 글을 소리 내어 읽도록 해보자. 그리고 모임을 마치기 전에, 침묵 가운데 조용히 앉아 이 말씀에 젖어들어보자.

> 예수님은 자신의 아버지가 선하신 분이라고 말씀하셨다. 또한 예수님은 우리에게 겉으로 주어지는 상이나 벌이 우리의 선행과 악행에 따라 하나님이 주시는 것이 아니라는 것을 분명히 하셨다. 비는 선한 사람이나 악한 사람에게 동일하게 내린다. 어떤 때는 우리가 농작물을 위해 비를 달라고 기도하기도 하지만, 또 어떤 때는 소풍을 갈 수 있도록 비가 내리지 않게 해달라고 기도하기도 한다. 나쁜 사람이나 착한 사람이나 차별 없이 비는 내린다. 그들이 원하든 원하지 않든 상관없다. 예수님은 고통과, 거절과, 소외를 겪으셨다. 그리고 사람들은 십자가에 달리신 예수님을 '하나님이 저와 함께 하는 게 맞느냐'며 조롱했다. 그리고 예수님은 믿으셨다. 그 예수님이 나를 위해 믿으셨다. 예수

> 님은 우리가 믿지 못할 때에도 믿으신다. 예수님은 우리가 기도할 수 없을 때에도 기도하신다. 우리가 그분의 믿음에 동참하는 것이다.

좋으신 하나님께 감사와 찬양의 기도를 올려드리자.

다음 주 과제

다음 장에서는 하나님의 신뢰에 대하여 다룰 것이다. 다음 주간의 영적 훈련을 위해서 자신이 받은 축복을 세어볼 것이다.

chapter 3
신뢰할 만한 하나님

[참고 사항] 이번 주에는 영혼의 훈련에 대한 점검이 본문 읽기 바로 다음에 이어질 것이다.

하나님께 마음 열기 5분

시작하기 전에 5분간의 침묵시간을 가진 후에, 짧은 기도를 드리자.

책 내용 살펴보기 20-30분

이 장의 주된 내용은 예수님께서 고난과 역경을 통과하면서까지 하나님을 신뢰하셨기 때문에 우리도 하나님을 신뢰할 수 있다는 것이다.

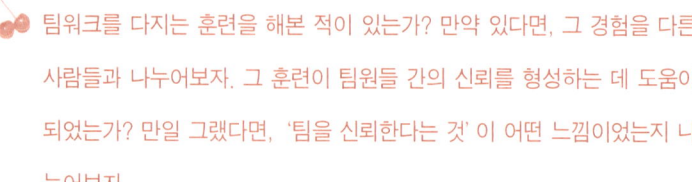 팀워크를 다지는 훈련을 해본 적이 있는가? 만약 있다면, 그 경험을 다른 사람들과 나누어보자. 그 훈련이 팀원들 간의 신뢰를 형성하는 데 도움이 되었는가? 만일 그랬다면, '팀을 신뢰한다는 것' 이 어떤 느낌이었는지 나누어보자.

🍒 저자는 예수님께서 나타내신 하나님은 결코 우리를 해하시지 않는 하나님이시기 때문에 하나님은 신뢰하실 만한 분이라고 이야기한다. 하나님은 결코 나쁜 의도나 악의를 품지 않는 분이시다. 우리가 가진 신뢰에 대한 정의와 저자의 정의를 비교할 때 어떻게 다른가?

🍒 주기도문에서 우리는 현존하시며, 순전하시고, 전능하시며, 채워주시고, 용서하시고, 보호하시는 하나님을 만난다. 하나님의 성품들 중에 어떤 것이 가장 당신에게 위로가 되는가? 어떤 것이 가장 이해하기 어려운 성품인가?

🍒 만일 소그룹이 6명 이상으로 구성되었다면, 3-4명으로 구성된 두 개의 그룹으로 나뉘어서 아래의 질문들을 함께 토의해보라. (10-15분정도 토의한 후에 기도로 마무리 하라.)

이 책에서 '잔' 은 우리의 삶 가운데서 하나님을 신뢰하는 것을 어렵게 만드는 어떤 것이라고 정의한다.

🍒 당신의 삶에서 그 '잔' 은 무엇인가? 그 경험 혹은 사건을 통해 하나님이나 자신에 대하여 어떤 사실을 배웠는가?

🍒 저자가 "예수님은 자신의 '아빠' 를 신뢰했으며, 나 또한 좋으신 하나님을 신뢰할 것이다."라고 말한다. "모든 것이 잘되고 있다." 라고 억지로 말하지 않아도 된다는 것을 아는 느낌이란 무엇을 말하는가?

🍒 당신이 비참한 상황에 있든지 아니든지, 우리의 이야기가 하나님의 이야기와 만날 때 놀라운 일을 경험한다. 그 사실이 당신의 시간이나 에너지를 사용하는 것에 어떤 영향을 미치는가?

🍒 서로를 위해 기도하는 시간을 갖자. 당신의 사연과 하나님의 사연이 하나로 연결되기를 위하여 기도하라.

영혼 훈련 점검 10-15분

3장 끝부분에서는 하나님께로부터 우리가 받은 축복에 초점을 맞추라고 한다. 가능하다면 소그룹을 이전 나눔 시간과 다르게 새로 나누어서 받은 복을 세어보는 영혼의 훈련을 통해 배운 것들을 토의하도록 하자. 자신의 목록들을 나누지 않아도 괜찮다. 아래의 질문들을 사용하면 도움이 될 것이다.

🍒 이 영혼의 훈련을 통해 하나님이나 자신에 대하여 새롭게 알게 된 사실이 있다면 무엇인가?

🍒 자신이 만든 목록을 보고 자신도 놀랐던 사실이 있다면 무엇인가? 왜 그랬는가?

🍒 다른 사람들과의 목록과 비교했을 때 비슷한 것들이 있다면, 무엇인가?

말씀과 연결하기 10-15분

마태복음 26장 36-44절을 소리 내어 읽어보자.

 본문에 나오는 장면을 상상해보자. 이 장면이 어떤 느낌을 주는가?

 예수님의 생애 가운데 본문의 순간이 당신이 하나님을 신뢰하는 데 어떤 영향을 미치는가?

평화 누리기 5분

두 세 명의 자원자를 뽑아 6가지 하나님의 성품을 천천히 읽도록 하자 (현존하시는 하나님, 순전하신 하나님, 전능하신 하나님, 공급하시는 하나님, 용서하시는 하나님, 보호하시는 하나님). 그리고 잠시 침묵의 시간을 갖자.

침묵 끝에 다음과 같이 고백하라.
"신뢰할수 있는 하나님에 대한 확신을 가지고 돌아갑시다."

다음 주 과제

다음 장에서는 넉넉하게 베푸시는 하나님에 관하여 다룰 것이다. 다음 주간의 영혼 훈련은 시편 23편을 삶으로 살아내며 묵상하는 것이다. 좋은 시간이 되기를!

chapter 4
넉넉하신 하나님

하나님께 마음 열기 ^{5분}

소그룹 인원 중에 한 사람이 6가지 하나님의 성품을 천천히 읽도록 하자(현존하시는 하나님, 순전하신 하나님, 전능하신 하나님, 공급하시는 하나님, 용서하시는 하나님, 보호하시는 하나님). 그리고 잠시 동안 침묵의 시간을 갖자. 간단한 기도로 침묵의 시간을 마무리하자.

영혼 훈련 점검 ^{10-15분}

3-4명으로 이루어진 그룹에서 시편 23편을 묵상하며 삶으로 살아보는 영혼의 훈련에 대하여 토의하자. 아래의 묵상을 위한 질문들을 사용하여 토론하자.

- 이 주간에 영혼의 훈련 과제를 수행할 수 있었는가? 그렇다면, 뭘 어떻게 했는지, 어떤 느낌이었는지를 나눠보라.

🍒 이 영혼의 훈련을 통해 하나님에 대하여 혹은 자신에 대하여 새롭게 깨달은 사실이 있다면 무엇인가?

🍒 시편 23편에서 당신에게 가장 의미 있게 다가온 구절이나 단어가 있다면 무엇인가?

책 내용 살펴보기 ^{25-45분}

이 장의 주요내용은 우리가 하나님의 사랑, 은총, 용서, 인정은 우리가 얻어내는 것이 아니라는 것이다. 하나님은 관대하시고 넉넉히 베푸시며, 거저 주시는 분이시다.

🍒 우리는 "사랑과 용서는 일종의 상품거래처럼 주고받는 것이며, 그렇기 때문에 우리 하기 나름이라고 생각한다. 하나님의 사랑, 인정, 그리고 용서는 우리의 올바른 삶에 대한 보상이라는 것이다. 하나님이 우리에게 가장 원하시는 것은 우리가 죄 짓지 않고 착한 삶을 사는 것이라는 말이다."라는 오해와 편견에 사로잡혀 살아가고 있다. 이 잘못된 편견이 하나님과의 관계에 어떠한 영향을 주는가?

🍒 저자는 "죄를 지으면 대가를 치른다는 것과 우리가 죄를 지으면 하나님이 우리를 철저하게 외면하신다고 말하는 것은 엄연히 다른 것이다."라고 말한다. 이 말을 당신 자신만의 표현으로 바꾼다면 어떻게 말할 수 있겠는가?

🍒 성경 전체에 흐르고 있는 하나님은 은혜의 하나님이시다. 성경에 나오는 소수의 어떤 이야기들은 이 전체 주제와 모순되는 것처럼 보일 때도 있다. 그러나 그러한 소수의 사소한 이야기들도 자격 없는 사람에게 거저 주어지는 은혜의 차원에서 해석되어야 한다. 성경을 그러한 관점에서 읽는 것이 자신에게 어떤 의미인지 나누어보자. 그렇게 성경을 읽는 것이 어떤 면에서 불편을 느끼게 하는가?

🍒 하나님의 사랑은 우리가 노력해서 얻어지는 것이 아니라는 사실과 하나님이 우리에게 원하시는 것은 단순히 우리를 향한 하나님의 사랑을 알고, 자연스럽게 우리도 하나님을 사랑할 수 있게 된다는 사실을 잘 안다. 만일 하나님의 사랑이 우리의 노력으로 얻어지는 것이 아니라면, 당장 어떻게 이전과 다르게 살아가겠는가? 왜 그렇게 생각하는가?

🍒 A. W. 토저는 "우리가 하나님을 생각할 때 가장 먼저 떠오르는 생각, 바로 그것이 우리에게 가장 중요한 것이다."라고 말했다. 소그룹을 다시 3-4명의 작은 그룹으로 나누어서 하나님을 생각할 때 가장 먼저 떠오르는 생각이 무엇인지 서로 나누어보도록 하자. 그 생각이 당신의 일상에 어떤 영향을 주는가?

말씀과 연결하기 15-20분

마태복음 20장1-15절을 소리 내어 읽어보자.

🍒 만일 이 비유가 당신이 유일하게 알고 있는 하나님에 관한 이야기라면, 하나님에 대하여 어떻게 결론을 내리겠는가?

🍒 조용히 침묵하는 가운데, 자신이 경험한 하나님의 넉넉하게 베푸심에 대하여 생각해보자. 그런 생각이 떠오를 때 마음에 어떤 변화가 오는가?

평강 가운데 일상으로 돌아가기 5분

소그룹 인원 중 한 사람을 정하여 아래의 본문을 소리 내어 읽도록 하자. 이야기를 들으면서 당시의 장면을 상상해 보도록 하자.

> 시난 봄 어느 날 아침 어느 공항의 탑승구 입구에서 한 갓난아이를 데리고 여행하는 젊은 부부를 보았다. 그 아기는 다른 사람들을 쳐다보다가 사람의 얼굴이 보이기만 하면, 그것이 누구의 얼굴이 되었든지, 젊은이건 나이든 사람이건, 예쁘거나 못생겼거나, 지루하게 생겼든지 행복해보이든지, 혹은 걱정 어린 얼굴이거나 상관없이 그저 해맑고 기쁜 얼굴로 반응했다. 정말 보기 좋은 광경이었다. 아주 단조로웠던 탑승구 입구가 천국의 문으로 변한 듯했다.

그 아기가 어른들의 얼굴을 쳐다보며 장난치는 모습을 지켜보다가 문득, 야곱처럼 환도뼈를 한 대 얻어맞은 듯한 충격에 빠졌다. 어쩌면 이것이 하나님이 자신이 지으시고 보시기에 좋았다고 하셨던 당신의 피조물들의 얼굴을 들여다보시면서 기뻐하시는 모습일 거라는 생각이 들었기 때문이다……. 그것은 하나님과 이 사랑스러운 아기 외에는 알 수 없는 것이라는 생각이 들었다.

평강 가운데 돌아가서, 당신을 향하신 하나님의 넉넉하심을 알고 기쁨으로 삶을 살라!

다음 주 과제

다음 장에서는 하나님의 지극하신 사랑에 관하여 다룰 것이다. 영혼의 훈련은 '렉시오 디비나'다. 이 책에 나와 있는 내용을 참조하여, 다음 주까지 렉시오 디비나를 여러 번 연습하고 오기를 바란다.

chapter 5 사랑이신 하나님

하나님께 마음 열기 5분

시작하기 전에 5분간의 침묵시간을 가진 후에, 짧은 기도를 드리자.

영혼 훈련 점검 10-15분

3-4명으로 구성된 소그룹에서 렉시오 디비나 영혼의 훈련을 통해 무엇을 배웠는지 서로 나누도록 하자. 아래의 질문들을 이용하여 토의 하면 도움이 될 것이다.

 이 주간에 영혼의 훈련 과제인 렉시오 디비나를 수행할 수 있었는가? 그렇다면, 뭘 어떻게 했는지, 어떤 느낌이었는지를 적어보라.

 이 영혼의 훈련을 통해 하나님에 대하여 혹은 자신에 대하여 새롭게 깨달은 사실이 있다면 무엇인가?

책 내용 살펴보기 ^{25-45분}

이 장의 주요 내용은 많은 사람들이 하나님의 사랑은 조건부이며, 우리의 행위에 따라 달라진다고 믿는다는 것이다. 그렇기 때문에 하나님은 우리가 착한 행실을 할 때만 우리를 사랑하신다고 믿는다. 예수님이 말씀하신 하나님의 사랑은 조건이 없는 사랑이다. 우리가 아직 죄인 되었을 때에 사랑하신 하나님이시다.

🍒 이 장에서 다루는 하나님에 대한 오해와 편견은 하나님은 우리가 착한 일을 할 때만 우리를 사랑하신다는 것이다. 저자가 묘사하는 하나님은 회전의자에 앉아서 우리가 착한 일을 하면 우리를 향해 마주보시고, 나쁜 일을 할 때는 우리에게서 등을 돌리는 분이다. 당신의 죄에 대하여 반응하시는 하나님을 어떻게 묘사하겠는가?

🍒 여러 성경구절들을 인용하여 하나님이 어떻게 아직 죄인인 우리들을 사랑하시는지를 잘 보여주고 있다. 하나님께서 당신을 있는 모습 그대로 사랑해주신다는 사실이 당신에게 어떤 느낌을 주는가?

🍒 요한복음 3장 16절은 하나님이 세상, 다시 말해, 우리에게 상처주고 괴롭히는 원수들을 포함한 모든 사람들을 사랑하신다고 말해준다. 당신이 사랑하지 않는 사람들까지 사랑하시는 하나님이라는 사실이 어떤 느낌을 주는가? (자신

을 포함해서) 지금 사랑할 수 없는 사람들의 이름을 조용히 생각해보라.

3-4명이 한 그룹이 되어 아래의 두 질문들에 대한 서로의 생각을 나누어보도록 하자. 필요하다면, 탕자의 아버지에 관한 이야기나, 큰 형과 나에 대한 이야기를 다시 읽어보자.

- 돌아온 탕자의 비유에서, 큰 아들과 작은 아들 중 자신이 누구의 모습과 더 가깝다고 생각하는가? 자신이 아버지의 모습과 가깝다고 생각해본 적이 있는가? 만일 그렇다면 어떤 면에서 비슷하다고 생각하는가?

- 저자는 "우리가 가진 독선은 하나님을 우리에게서 돌아서게 하는 것이 아니라, 우리가 하나님에게서 돌아서게 만든다. 내 죄가 하나님으로부터 나를 떼어놓는 것이 아니라, 다른 사람들과 나를 향한 하나님의 은혜를 거부하는 것이 나를 하나님에게서 분리되게 만든다."라고 말한다. 그 말에 대한 당신의 반응은 무엇인가? 어떤 면에서 자기만의 독선이 하나님으로부터 돌아서게 하는가? 우리 삶 가운데 자기 의와 독선을 어떻게 알 수 있는가?

- 현재의 소그룹에서 지금까지 토론했던 사람이 아닌 다른 사람들과 짝지어 천천히 소리 내어 〈사랑(Ⅲ)〉을 읽어보도록 하자. 자신이 사랑과 만나는 장면을 상상하면서 읽어보자.

말씀과 연결하기 [15-20분]

렉시오 디비나는 그룹 안에서 할 수도 있다. 마태복음 9장 12-13절을 본문으로 삼아 연습해 보자. 시작하기 전에 누가 어떤 순서로 본문을 소리 내어 읽을 것인지 정하자.

- 본문을 한번 읽어보라. 말씀이 마음을 푹 적시도록 하라. 잠시 침묵의 시간을 가지라.

- 두 번째 읽을 때 하나님께서 강조하시는 단어가 있는지 주의를 기울이며 들어보라. 두 번째 읽기를 마친 후에 그룹에 있는 사람들 중 아무나 마음에 와 닿은 한 단어 혹은 구절을 다른 사람들과 나누되, 구체적인 설명은 하지 말라.

- 세 번째로 본문을 읽으라. 이번에 읽을 때는 단어가 가진 특별한 뜻이 무엇인지 알려주시기를 하나님께 간구하자. 3분에서 5분정도 침묵의 시간을 가지며, 하나님과 대화하는 시간을 갖으라. 침묵의 시간이 끝나면, 구성원 중 아무나 하나님이 본문을 통해 말씀하시고자 하는 것이 무엇인지 나머지 사람들과 나누도록 하자.

건강한 자에게는 의원이 쓸데없고 병든 자에게 쓸 데 있다. "나는 인애를 원하고 제사를 원하지 아니한다. 나는 죄인을 부르러 왔지 의인을 부르러 온 것이 아니다"는 뜻이 무엇인지 나누어 보자.

평강 가운데 일상으로 돌아가기

당신을 향한 하나님의 사랑 안에서 기쁨과 평강을 누리며 살아가도록 하라.

다음 주 과제

다음 장에서는 하나님의 거룩하심에 대하여 살펴볼 것이다. 이번 주의 영혼의 훈련과제는 여백을 만드는 훈련이다. 자세한 것은 이 책에 소개되어 있다. 토론을 위해 모이기 전에 한주 내내 여백의 훈련을 연습해보기 바란다. 한 주간 훈련을 하기 위하여 모임 전에 미리 이 장을 읽어오는 것이 좋겠다.

chapter 6
거룩하신 하나님

하나님께 마음 열기 5분

모임을 시작하기 전에 5분간의 침묵시간을 가진 후에 짧은 기도를 드리자.

영혼 훈련 점검 10-15분

3-4명으로 나뉘어서 여백의 훈련을 통해 배운 것을 토의해보자. 아래의 질문들을 이용하면 토론에 도움이 될 것이다.

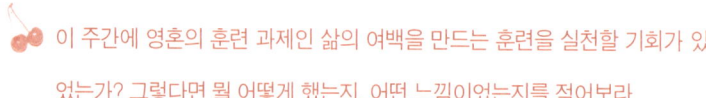 이 주간에 영혼의 훈련 과제인 삶의 여백을 만드는 훈련을 실천할 기회가 있었는가? 그렇다면 뭘 어떻게 했는지, 어떤 느낌이었는지를 적어보라.

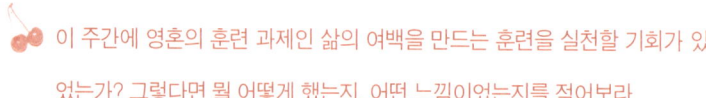 자신의 삶에서 여백을 만들려고 시도할 때, 가장 어려웠던 것은 무엇이었는

가? 또한 가장 큰 효과가 있었다면 무엇이었는가?

- 앞으로 여백의 훈련을 어떻게 지속할 것인가?

- 이 영혼 훈련을 통해 하나님에 대하여 혹은 자신에 대하여 새롭게 깨달은 사실이 있다면 무엇인가?

책 내용 살펴보기

이 장의 주된 내용은 하나님은 사랑이시며, 또한 거룩하시다는 것이다. 죄를 향한 하나님의 진노는 하나님의 사랑과 거룩함을 잘 반영하는 것이다.

- 6장에서는 하나님에 대한 두 가지 오해와 편견이 소개되고 있다. 첫째는 하나님께서 언제나 화가 나 있으시고, 우리를 향해 진노하신다는 것이다. 둘째 오해와 편견은 하나님은 죄에 대하여 무관심하시고, '귀여운 곰 인형'과 같다는 것이다. 두 가지 잘못된 생각중 당신이 가진 오해와 편견에 가까운 것은 무엇인가? 왜 그렇다고 생각하는가?

- 사랑한다는 것은 "서로의 유익을 구하는 것"이라고 달라스 윌라드 말했다. 그러한 사랑에 대한 개념과 우리의 죄가 만나게 되면 하나님의 진노를 가져온다. 왜냐하면, "하나님은 자신의 존귀한 백성들을 파괴하는 일에 관해서는 맹렬하고 힘껏 반대"하시는 분이기 때문이다. 사랑의 하나님이 동시에 진노

하실 수도 있다는 사실을 이해할 수 없다는 친구에게 어떤 조언할 수 있겠는가?

저자는 인간의 진노와 하나님의 진노를 비교하면서 MADD 라고 하는 단체를 소개한다. 사람들이 하고 있는 일 가운데 하나님의 진노와 비교할만한 또 다른 예를 알고 있는가?

🍒 조지 맥도널드(George MacDonald)가 기가 막힌 말을 했다. "사랑은 순전해 질 때까지 사랑해주는 것이다." 하나님이 당신에게 해로운 모든 것을 당신의 삶에서 제거하시려고 한다는 사실이 당신에게 어떠한 생각과 느낌을 주는가?

🍒 "하나님은 우리가 선택하는 것들을 방해하지 않으신다. 오히려 사람들이 하나님이 자신들의 인생에 접근하지 못하도록 빗장을 걸어두는지도 모른다. 그렇기 때문에 지옥의 문은 안에서 잠겨있는 것이다." 지옥에 대한 이 설명이 당신이 아는 지옥의 개념과 어떻게 다른가?

🍒 이 장은 우리가 하나님의 거룩하심을 이해하려고 하기 전에 하나님의 사랑과 용서를 먼저 경험해야 한다고 결론짓는다. 1장부터 5장까지는 하나님의 사랑과 선하심에 대하여 논했다. 그 다섯 장의 내용들이 하나님의 거룩하심을 이해하는 데 어떠한 도움을 주었는가?

말씀과 연결하기 15-20분

히브리서12장 18-29절을 소리 내어 읽어보자.

🍒 이 본문에서는 시내산에서 받은 율법을 통한 언약과 예수님의 보혈에 의해 맺어진 언약을 대조하고 있다. 이 본문을 통해 볼 수 있는 하나님의 거룩하심은 어떠한 이미지인가?

🍒 이 본문이 강조하는 것 가운데 하나는 우리의 삶을 돌아보아 그 가운데 하나님을 대적하는 부분들을 '흔들어' 제거할 수 있다는 것이다. 또 한 가지는, 우리가 '하나님과 동행하는 삶'이라고 하는 '누구도 흔들 수 없는 나라'를 받았다는 것이다. 자신의 삶 가운데 흔들림으로 제련되어졌던 경험이 있는가? 그 어려운 상황을 통하여 하나님의 손길을 보았는가? 그렇다면 어떤 식으로 경험해보았는가?

🍒 순전케 되는 단련의 과정이 고통스럽지만 하나님과의 깊고 친밀한 관계로 인도한다는 사실이 어떤 느낌을 주는가?

평강 가운데 일상으로 돌아가기 5분

그룹에서 한사람을 정해서 아래에 나오는 부분을 소리 내어 읽도록 하자. 그리고 모임을 마치기 전에 모두 침묵 가운데 앉아서 낭독되는 아래의 내용이 자신을 젖어들게 하자.

하나님이 내 죄를 미워하시는 이유는 나를 사랑하시기 때문이다. 맥도널드는 말하기를, 만일 내가 죄를 지으면, 그 죄가 나를 파괴하게 될 것이기 때문에, 하나님께서 나의 죄된 욕망을 대적하신다고 지적한다. 그 방법 밖에는 없다. 확실한 것은 나는 나의 죄에 대하여 변명하거나, 나의 연약함을 합리화하려는 경향이 있다. 하지만, 하나님께는 통하지 않는다. 우리가 지금은 비록 그리스도를 통해 하나님과 화목케 되었지만, 하나님은 여전히 내 죄에 대하여 무관심하지 않으시다. 죄는 나를 상하게 하고, 결과적으로 하나님도 상하게 한다. 왜냐하면 하나님이 나를 사랑하시기 때문이다.

하나님은 내가 더 나은 행동을 하게 하시기 위해 나를 수치스럽게 하시거나 불편하게 하시지 않는다. 또한 두려움이나 죄책감을 사용하시지도 않는다. 하나님의 변화의 방법은 모든 방법들보다 뛰어난 방법이다. 하나님의 거룩한 사랑이 우리 인생의 불순물과 찌꺼기를 태워버리신다. 하나님의 인자하심이 우리를 회개케 하시는 것이다 (롬 2:4). 맥도널드가 지적했듯이, "사랑은 순전함에 이를 때까지 사랑하는 것이다."

하나님의 사랑은 우리가 순전해질 때까지 사랑해주시는 사랑이다. 하나님께서 우리가 잘되기를 깊이 바라신다는 확신을 가지고 일상으로 돌아가라.

다음 주 과제

다음 장에서는 자기를 희생하시는 하나님의 본성에 대하여 나누게 될 것이다. 이번 주간의 영혼 훈련은 요한복음 전체를 통독하는 것이다. 이 훈련을 위해서는 꽤 많은 시간을 할애해야 할 것이다(1시간에서 3시간 정도). 어떤 소그룹들은 함께 모여서 소리 내어 돌아가면서 읽기도 한다. 그 방법도 고려해볼 만한 좋은 방법이다.

chapter 7

자신을 희생하시는 하나님

하나님께 마음 열기 ^{5분}

모임을 시작하기 전에 5분간 침묵시간을 가진 후에, 짧은 기도를 드리자.

영혼 훈련 점검 ^{10-15분}

3-4명으로 나뉘어서 요한복음을 통독한 영혼의 훈련 경험을 나누어보자. 효과적인 토의를 위해 아래의 질문들을 참조하라.

 이전에 요한복음을 읽을 때 발견하지 못했던 새로운 사실들을 발견한 것이 있는가?

 이번 주간의 요한복음 통독이 자신의 삶에 어떠한 영향을 주었는가?

🍒 시간이 허락된다면 잠시 동안 지난 영혼 훈련의 과제들을 돌아보는 시간을 갖자. 지금까지 지속하고 있는 훈련이 있다면 무엇인가? 자신의 삶에서 어떠한 영향을 주고 있는가?

책 내용 살펴보기 25-35분
이 장의 주된 내용은 하나님의 가장 중요한 성품 중에 하나인 자기희생에 관한 것이다.

🍒 이 장은 저자의 누나가 제기한 십자가의 필요성에 대한 불확실성에 관한 이야기로 시작했다. 이 장을 읽기 전에 예수님이 십자가에서 죽으셔야만했던 사실에 대하여 어떻게 설명했었는가?

🍒 이 장에서 저자는 아타나시우스의 『성육신에 관하여』라는 책의 내용을 저자와의 대담형식으로 재구성했다. 그 부분을 다시 한 번 읽으며, 가장 도움이 되었던 부분이나 의문 나는 부분이 있다면 서로 나누어보자.

🍒 저자는 하나님도 기쁨과 고통을 느끼신다고 말한다. 하나님도 고통을 느끼신다는 사실을 어떻게 생각하는가? 왜 그렇게 생각하는가?

🍒 저자는 "어쩌면 연약함이 진정한 힘일 수도 있다."라고 말한다. 이것은 우리 문화가 가지고 있는 생각과 반대되는 개념이다. 당신이 아는 사람 가운데 자

🍒 신의 연약함을 통하여 오히려 강함을 드러냈던 사람이 있는가?

🍒 "우주의 중심에는 바로 이 원리가 있다. '자기희생이야말로 최고의 행위이다.' 생명을 주기 위해서는 한 알의 밀알이 죽어야 한다. 우주는 그것을 지으신 하나님의 성품을 반영하게 되어 있다."라고 저자는 말한다. 이 원칙을 잘 설명해주는 또 다른 예가 있는가? 자기희생이 하나님의 성품 중 하나라고 생각해본 적이 있는가? 이것이 하나님을 향한 당신의 느낌에 어떠한 영향을 주는가?

🍒 브레넌 매닝의 이야기를 읽고 어떤 감동을 받았는가? 특별히 예수님께서 우리를 위해 더 이상 해주실 것이 없다는 사실에 대하여 어떤 생각이 드는가?

말씀과 연결하기 ^{15-25분}

아래의 본문은 렉시오 디비나의 형식을 따른다. 빌립보서 2장 6-11절을 본문으로 사용하자. 시작하기 전에 소그룹 안에서 어떤 형식으로 돌아가면서 본문을 읽을 것인지 순서를 정하라.

🍒 본문을 한번 읽어보자. 말씀이 마음을 푹 적시도록 하자. 잠시 침묵의 시간을 갖자.

🍒 두 번째 읽을 때 하나님께서 강조하시는 단어가 있는지 주의를 기울이며 들

어보자. 두 번째 읽기를 마친 후에 그룹 멤버 중 아무나 마음에 와 닿은 한 단어 혹은 구절을 다른 사람들과 나누되, 구체적인 설명은 하지 말라.

🍒 세 번째로 본문을 읽자. 이번에 읽을 때는 단어가 가진 특별한 뜻이 무엇인지 알려주시기를 하나님께 간구하자. 3분에서 5분정도 침묵의 시간을 가지며, 하나님과 대화하는 시간을 갖으라. 침묵의 시간이 끝나면, 본문을 통해 하나님이 말씀하시고자 하는 것이 무엇인지 한 사람이 다른 사람들에게 나누어 보자.

예수, 그는 근본 하나님의 본체시나

하나님과 동등됨을 취할 것으로 여기지 아니하시고

오히려 자기를 비워

종의 형체를 가지사 사람들과 같이 되셨고

사람의 모양으로 나타나사

자기를 낮추시고 죽기까지 복종하셨으니

곧 십자가에 죽으심이라

이러므로 하나님이 그를 지극히 높여

모든 이름 위에 뛰어난 이름을 주사

하늘에 있는 자들과 땅에 있는 자들과 땅 아래 있는 자들로

모든 무릎을 예수의 이름에 꿇게 하시고

모든 입으로 예수 그리스도를 주라 시인하여

하나님 아버지께 영광을 돌리게 하셨느니라(빌 2:6-11).

평강 가운데 일상으로 돌아가기 ^{5분}

소그룹 구성원들 중에 한 명이 아래에 나오는 글을 소리 내어 읽도록 하자.

그리고 모임을 마무리 하기 전에 잠시 침묵 가운데 그 내용에 젖어 들어보자.

> 하나님 나라의 가장 중요한 원칙이 있다. 즉, 우리가 포기하는 것은 우리가 결코 잃어버리는 것이 아니라, 정말 아름다운 것이 된다는. 말구유와 십자가가 세상이 볼 수 있는 가장 아름다운 이미지들이라는 사실이 왜 그런지 알게 되었다. 수백만 개의 반짝이는 은하수를 지으신 하나님께서 연약해지기로 선택하시고, 그렇게 하심으로 천국이 땅으로 내려와 입을 맞췄다. 하나님의 십자가 사건을 통해서 죽지 않을 수도 있었지만 죽음을 선택하며, 그렇게 함으로 말미암아 세상의 수많은 생명들을 하나님께 돌아오게 할 수 있다.
>
> (219쪽)

다음 주 과제

다음 장에서는 하나님께서 우리를 어떻게 변화시키시는지에 관하여 나누게 될 것이다. 이번 주 영혼 훈련은 홀로 있음의 훈련이다. 특별히 이번 주 영혼 훈련을 위해서는 시간을 미리 계획하여 따로 떼어놓아야 하며, 일과 관련된 사람들에게는 미리 알려주어 계획에 차질이 없도록 하는 것이 좋겠다.

chapter 8
변화시키시는 하나님

하나님께 마음 열기 5분

모임을 시작하기 전에 5분간의 침묵시간을 가진 후, 짧은 기도를 드리자.

영혼 훈련 점검 10-15분

3-4명으로 나뉘어서 15분정도 홀로 있음의 훈련 경험을 서로 나누어보자. 효과적인 토의를 위해 아래의 질문들을 참조하라.

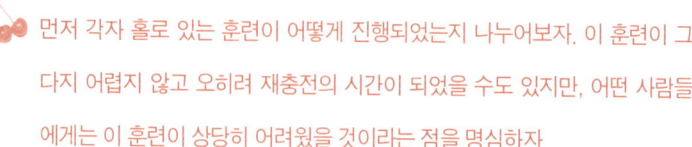
먼저 각자 홀로 있는 훈련이 어떻게 진행되었는지 나누어보자. 이 훈련이 그다지 어렵지 않고 오히려 재충전의 시간이 되었을 수도 있지만, 어떤 사람들에게는 이 훈련이 상당히 어려웠을 것이라는 점을 명심하자.

🍒 이 홀로 있음의 훈련 목적은 우리가 쓰고 있는 '가면을 벗는' 능력을 키우고 하나님의 임재 앞에서 있는 모습 그대로 서는 능력을 키우기 위함이다. 다소 어렵지만 놀라운 효과가 있는 훈련이다. 그러므로 이 책에 있는 훈련부분을 참조하라. 이 책에서 소개된 방법이 도움이 되었는가? 설명해보라.

🍒 이 훈련을 통해 하나님에 대하여 혹은 자기 자신에 대하여 새롭게 깨닫게 된 것이 있다면 무엇인가?

책 내용 살펴보기 25-45분

이 장의 주된 내용은 우리를 새로운 존재로 변화시키는 예수님의 부활의 능력에 관한 것이다. 우리 안에 거하시는 그리스도의 능력은 그리스도인으로서 우리가 어떻게 살아야 하는지 인도해주신다.

🍒 저자는 이 장의 서두에서 죄를 짓고 싶지 않지만, 계속해서 죄를 짓고마는 캐리(Carey) 라는 친구의 이야기를 소개한다. 캐리처럼 죄의 문세를 극복하려고 노력하는 심정을 이해할 수 있겠는가? 과거에 자신의 삶 가운데 죄를 극복하기 위해서 기울였던 노력이 있었다면 어떤 것이 있었는가? 그러한 노력들이 얼마나 효과가 있었는가?

🍒 다음을 소리 내어 읽어보자. "그리스도 안에 있는 나는 더 이상 내가 짓는 죄

로 정체성을 규정받지 않는다. 나는 회복되었고, 죄의 문제는 해결되었다." 당신의 삶에서 이것이 무슨 의미인가?

🍒 그리스도인이란 '그리스도가 그 안에 거하시는' 사람이다. 잠시 침묵의 시간을 갖도록 하자. 침묵하는 동안 예수님이 당신 안에 '거하시는' 것을 상상해보자. 이제, 예수님이 우리 안에 거하신다는 것이 어떤 의미인지를 나누어 보자.

🍒 그리스도께서 '거하시는' 사람으로서, 우리는 더 이상 율법의 노예가 아니다. 그러나 모든 것이 우리에게 유익한 것은 아니다. 더 이상 우리의 선택이 우리가 누구인지를 결정하지 않는다. 대신에 우리가 누구인가라는 정체성에서 우리의 선택이 흘러나온다. 지난 24시간의 삶을 돌아보자. 자신이 결정한 선택들을 한번 살펴보자. 자기 자신이 누구인가를 나타내는 선택을 한 경험이 있다면 그것은 무엇인가? 자기 자신이 누구인가에 근거하여 내린 결정은 무엇인가? 자기 자신의 정체성에 근거한 결정을 내리는 것이 우리에게 어떠한 변화를 가져다주는가?

🍒 "우리는 우리의 상처를 통해 다른 사람들을 섬기는 사역을 한다. 우리는 우리의 연약함을 드러냄으로서 다른 사람들을 치유한다. 왜냐하면 우리의 연약한 부분이 바로 그리스도가 가장 빛나는 곳이기 때문이다." 라며 저자는 놀라운 역설을 이야기한다. 어떤 면에서 자신이 상처 입은 사람이라고 생각하는가? 그 상처를 통해 그리스도의 빛이 어떻게 더욱 빛날 수 있다고 생각하는가?

말씀과 연결하기 15-20분

요한복음 15장 1-5절을 소리 내어 읽어보자.

 저자는 '거하는 것'에 대하여 다음과 같이 정의한다. "그리스도 안에 거한다는 것은 예수님 안에 머물고, 온전히 그분만 의지한다는 말이다. 주님은 우리 밖에 계시지 않고, 우리를 정죄하지 않으시며, 우리 안에 거하시며 힘주시는 분이시기 때문이다. 우리가 그리스도 안에서, 그분의 임재 안에서 그리고, 우리 안의 그분의 능력 가운데서 우리의 정체성을 찾을수록 더욱 자연스럽게 그러한 삶을 살 수 있다. 먼저 우리가 가지고 있던 오해와 편견을 깨고, 주님의 가르침으로 생각을 변화시켜야 한다. 더 깊은 진리에 익숙해지기 위해 영혼의 훈련을 거듭해야 된다. 그렇게 되면 결국 예수님의 길이 쉬운 길이 된다. 주님은 자신의 멍에는 쉽고 가볍다고 말씀해주셨다(마 11:30).

보통 우리는 주님이 원하시는 방법이 무엇이든 그대로 살겠다고 말하지만, 우리 자신의 힘으로 주님의 방식대로 살아보겠다고 한다. 그건 말도 안 된다. 하지만, 우리에게 능력주시는 그리스도 안에서 모든 일을 할수 있다(빌 4:13)."

그리스도 안에 거하는 것이 어떤 의미인지 자신만의 말로 표현해보라. 그것을 저자가 내린 정의를 참고해서 적어보자. 그리고 그룹 내의 다른 사람들과 나누어보자.

 요한복음 15장 4-5절을 다시 읽어보자. 그리스도 안에 거하는 연습을 할 수 있는 자신만의 방법이 있다면 무엇이겠는가?

평강 가운데 일상으로 돌아가기 ^{5분}

오늘 모임을 서로에게 다음과 같이 고백하며 마무리하자.

"당신은 하나님으로 가득 채워질 하나님의 집입니다!"

다음 주 과제

다음 장에서는 영성개발을 위해 느리게 사는 것이 어떤 의미인지에 대하여 다루게 될 것이다. 이번 주 영혼 훈련은 속도 늦추기에 관한 훈련이다.

chapter 9
영혼을 살리는 법

하나님께 마음 열기 5분
모임을 시작하기 전에 5분간의 침묵시간을 가진 후에, 짧은 기도를 드리자.

영혼 훈련 점검 15-20분
3-4명으로 나뉘어서 영혼의 속도를 늦추는 훈련에 관한 경험을 나누어보자. 효과적인 나눔의 시간을 위해 아래의 질문들을 참조하자.

🍒 속도를 줄이는 것은 현대문화의 흐름에 반하는 것이다. 이 훈련을 하면서 가장 어렵게 느껴진 것들에 대하여 나누어보자. 앞으로도 계속 속도를 줄이고 느리게 사는 훈련을 지속할 것인가?

🍒 자신의 삶속에서 서두르는 정도를 측정한다면 어느 정도 수준이겠는가? 서두름과 분주함이 다른 사람과의 관계 그리고 하나님과의 관계에 어떠한 영향을 끼치는가?

🍒 이 영혼의 훈련을 통해 하나님에 대하여 혹은 자신에 대하여 새롭게 깨달은 사실이 있다면 무엇인가?

책 내용 살펴보기 ^{25-40분}

이 장의 주된 내용은 효율적인 그리스도인의 삶을 살려면 우리의 삶 가운데 속도를 늦추고 방향을 점검하며 현재의 순간에 충실해야 한다는 것이다.

🍒 이 장 첫 부분은 우리가 어떻게 급한 일에 쫓기는 삶을 살게 되었는지, 사람들이 어떻게 생산성을 높이기 위한 기계와 같은 효율성 중심의 삶을 살게 되었는지를 가르쳐준다. 직장에서의 자신의 경험들을 나누어보자. 자신에게 부과된 성취에 대한 기대감이 주는 부담에 대하여 나누어보자.

🍒 저자는 우리가 "사랑하는 일, 생각하는 일, 음식을 먹는 일, 웃는 것과 기도하는 것까지 쫓기면서 할 수는 없다"고 말한다. 지난 한 주간을 돌아보며, 서두름에 쫓기면서 할 수 없는 일이 분명한데도 쫓기듯 처리하려고 했던 일이 있다면 무엇인지 생각해보자. 언제 천천히 속도를 늦추는 시도를 해보았으

며, 그것으로부터 경험한 축복이 있다면 무엇인가?

🍒 "우리들 중 많은 사람들이 하나님을 섬기려고 하지만, 그분의 말씀에 귀 기울이지 않는다. 분명 섬겨야할 때가 있다. 하지만, 섬김 이전에 예수님께 귀 기울이는 것이 먼저 선행되어야 한다."(278쪽) 사람들이 왜 하나님께 귀 기울이지 않은 채 섬기려고만 하는 걸까? 기존에 가지고 있던 하나님의 생각이 현재 하나님과 함께하는 것이 더 중요하다는 것에 대하여 어떤 영향을 끼치는가?

🍒 저자는 A. H. 스트롱(A. H. Strong)의 이야기를 소개한다. "어떤 학생이 총장에게 찾아가서 학교 커리큘럼에 있는 것보다 더 속성으로 졸업할 수 있는지를 물었다. 총장이 대답했다. "물론이지. 하지만, 자네가 뭐가 되고 싶은지에 달려 있다네. 하나님이 떡갈나무를 만드실 때는 100년을 걸려서 만드시지만, 호박을 만드는 데는 겨우 6개월이면 만들 수 있다네." 스트롱은 영적성장의 속도는 더딜 뿐 아니라, 모든 사람에게 똑같이 적용되지 않는다고 설명한다. 어떤 때는 엄청난 성장을 경험하기도 하지만, 어떤 때는 성장이 거의 없을 때도 있다. 떡갈나무는 1년에 겨우 두 달 정도만 성장한다고 한다. 그리고 나머지 열 달은 그 싱징을 견고하게 하는데 시간을 들인다고 힌다." 자신의 과기 영적여정을 뒤돌아보며, 언제 성장을 경험했으며 언제 성장이 정체되었는지 생각해보라. 지난 5년 혹은 10년을 돌아봤을 때는 어떻게 다른가?

 한 사람을 정하여 다음의 내용을 소리 내어 읽어보자.

우리의 삶에서 조급함을 제거하는 것이 왜 그토록 중요한가? 우리가 조급함을 제거할 때, 우리는 현재에 충실해진다. 조금 더 구체적으로 표현한다면, 현재에 주어진 순간을 통해 영광을 맛볼 수 있다. 우리를 둘러싸고 있는 모든 것들을 느낄 수 있다. 우리 주변을 둘러싼 색깔을 볼 수 있고, 냄새를 맡을 수 있다. 고요한 중에 소리를 들을 수 있고, 우리의 얼굴을 스치는 바람을 느낄 수 있다. 다시 말하면, 삶의 충만함을 온 몸으로 체험할 수 있게 된다는 말이다. 무엇보다도 중요한 것은, 우리가 하나님의 임재를 충만하게 누릴 수 있다는 것이다. 만일 내가 그리스도인으로서 잘 살기 원한다면, 나는 끊임없이 하나님께 연결되어 있어야 한다. 그렇게 잘 살고 있는 인생에 조급함은 전혀 어울리지 않는다(281쪽).

말씀과 연결하기 ^{15-20분}

누가복음 10장 38-42절을 소리 내어 읽어보자.

우리는 마리아와 마르다를 전혀 다른 두 개의 성격유형으로 보려는 경향이 많다. 마르다는 분주한 활달형이고, 마리아는 차분한 묵상형으로 말이다. 하지만 저자의 관찰에 의하면, 그것은 성격차이의 문제가 아니었다. 그것은 특별한 상황에서 어떤 결정을 내리는가 하는 선택의 문제였다. 마르다는 섬김을 선택했고, 마리아는 말씀을 선택했다. 당신이 규칙적으로 예수님의 말씀을 듣는 방법은 주로 어떤 방법인가? 어떤 활동들이 당신이 말씀을 듣는 일에 집중하지 못하도록 방해 하는가?

 소그룹 안에서 예수님의 말씀에 집중할 수 있도록 돕고 격려할 수 있는 구체적인 방법들에 대하여 나누어보자.

평강 가운데 일상으로 돌아가기 15-20분

이 제자훈련의 여정을 함께한 조원들과 15-20분 동안 무엇을 배우고 어떤 유익이 있었는지 나누어보자. 지난 몇 주 동안 소그룹이 준 유익과 축복에 대하여 나누어보자.

새로운 기대를 하며 15분

이로써 "선하고 아름다운 하나님"에 대해 공부하는 시간이 끝났다. 그러나 소그룹이 여전히 함께 할 수 있는 일들이 많다. 이 과정을 마친 여러분 한 사람 한 사람이 "선하고 아름다우신 하나님" 제자훈련과정을 인도할 새로운 소모임을 만드는 것이다. 이 방법이야말로 우리의 삶을 예수님의 이야기에 '피클' 처럼 젖어들게 할수 있고, 하나님과 더욱 깊은 사랑에 빠질 수 있는 좋은 방법이다. 무엇을 하던 간에 미리 계획을 세우고, 계획대로 정해진 시기에 실천으로 옮길 수 있기를 바란다.

노트

1장 변화를 원하는가?

- 29-30p · "물에 젖은 공": 이 이야기는 릭 레일리(Rick Reilly)가 쓴 컬럼 "Life of Reilly" in Sports Illustrated, Feburary 12, 2007, p.78 에 실린 글을 참조했다.
- 31p · "변화의 삼각형": 이 변화의 삼각형 도표는 달라스 윌라드의 변화의 삼각구도 개념에서 빌렸다. 달라스 윌라드의 삼각형은 "영적훈련, 평범한 일상, 그리고 성령의 역사"로 이루어져 있는데, 나는 그것을 조금 각색했다. 하지만 기본적으로 달라스 윌라드의 개념과 같은 요소들을 가지고 만들어진 것이다.
- 32p · "인간 지성의 중요한 역할" : Fredric Jameson, *The Political Unconscious: Narrative as a Socially Symbolic Act* (Ithaca, N.Y.: Cornell university Press, 1981), Alan Parry and Robert e. Doan, Story Revisions: Narrative Therapy in the Postmodern World (New York: Guilford Press, 1994) 에서 재인용.
- 32p · "이야기로 꿈을 꾸고" : Barbara Hardy, Alasdair MacIntyre, *After Virtue: A Study in Moral-Theory* (Notre Dame, Ind.: university of Notre Dame Press, 1981)에서 인용, Parry and Doan, Story Revisions, p. 3. 에서 재인용.
- 37p · 성령에 대한 관심이 적다: 물론 오순절 계통의 형제 자매들은 예외적으로 성령에 대한 관심이 많다.
- 39p · 우리와 예수님과의 관계: See 톰 스매일(Tom Smail)의 책 *The Giving Gift: The Holy Spirit in Person* (eugene, Ore.: Wipf & Stock, 1994), p. 13.
- 45p · "많은 휴식을 취해야 한다" : Arch Hart, Siang-Yang Tan의 책 *Rest* (ann arbor, Mich.: Servant, 2000), "잠" 에 관한 장에서 인용.
- 48p · 잠드는데 도움이 될 만한 조언: 탄(Tan) 교수는 아치발트의 책 'Cure of Anxiety' 에 나와 있는 잠에 대한 부분을 자신의 책 "Rest" 에서 재인용했다.

2장 선하신 하나님

- 52p · '사랑의 징벌': Raymond Brown, *The Gospel According to John I-XII*, vol. 7 (New York: Doubleday, 1966), note on John 9:2-3.
- 58p · 911에 대한 하나님의 심판: 제리 팔웰(Jerry Falwell)과 팻 로벗슨(Pat Robertson) 이 그러한 입장을 취했었다. 나중에 엄청난 비난을 받았고, 결국 자신들의 발언에 대하여 나중에 사과했다.
- 59p · 보수적인 그리스도인들에 대한 연구: 2007년 봄에 발표된 템플턴 재단(Templeton Foundation)의 후원으로 베일러대학교 종교 연구소(Baylor Institute for Studies of Religion)에서 실시한 미국인들의 종교적 믿음과 태도에 대한 연구.
- 61p · "너희도 회개치 않으면 다 이와 같이 망하리라": 예수님의 말씀은 도덕적으로 결함이 있으면 신체적인 피해를 입거나 죽음을 당하게 될 것이라는 의미가 아니다. "여기에서 말하는 죽음은 신체적인 죽음이 아니라, 영적인 죽음을 의미하는 것이다." 다시 말하면, 하나님 없이 살아야 하는, 즉 죽음보다 더 끔찍

한 일을 겪게 될 것이라는 경고이다. (D. Radmacher, ed., *Nelson's New Illustrated Bible Commentary* [Nashville: thomas Nelson, 1999])

62p · 어머니의 복중에서 지은 죄: 신약학자 메릴 테니(Merrill Tenney)는 "만일 어떤 사람이 가벼운 병으로 고생을 한다면, 그것은 필시 그의 부모나 조부모가 하나님께 죄를 범했기 때문이다. 여기에 덧붙여서 어떤 사람들은 태아가 형성이 되는 시기에 본인이 죄를 지었을 가능성이 있다고 주장하기도 한다. 그러한 개념이 랍비들의 문헌에서 발견된다." (Merrill C. tenney and Richard N. Longenecker, *John and Acts, the expositor's Bible Commentary*, vol. 9 [Grand Rapids: Zondervan, 1981], p. 101).

65p · 소경으로 태어나는 이유: 아담 클라크(Adam Clarke)는, "대부분의 아시아 지역의 사람들은 윤회설을 믿는다. 윤회설에 다르면 전생에 지었던 죄가 이생으로 전가되어 그러한 고난을 통과하는 것이다." 라고 말한다. 또 다른 예로, 어떤 사람이 두통으로 고생을 한다면, 그것은 필시 그 사람이 "자신의 어머니나 아버지에게 함부로 말했기 때문" 이라고 주장한다. (Adam Clarke, *The New Testament of Our Lord and Saviour Jesus Christ*, vol. 1 [Nashville: abingdon, 1911], p. 584).

65p · "우리는 왜 하나님의 하나님의 심판이": 어거스틴(Augustine), *James Walsh and P. G. Walsh, Divine Providence & Human Suffering* (Wilmington, Del.: Michael Glazier, 1985), p. 95. 에서 인용.

67p · "오히려 선량한 사람들에게만": 위의 책.

69p · "심판의 날에": 어거스틴(Augustine) *하나님의 도성(City of God)*에서 인용.

78p · "하나님의 피조물에 깊이 젖어듬": Maureen Conroy, *Experiencing God's Tremendous Love: Entering into Relational Prayer* (Neptune, N.J.: upper Room Spiritual Center, 1989), p. 23. 에서 인용.

3장, 신뢰할 만한 하나님

84p · 나는 그 청년을 초대해서: 심리치료사들에 의하면 이러한 방법을 "이야기의 외면화," 라고 부른다고 한다. 이야기를 통해 자기자신을 객관적으로 바라보도록 돕는 것이다. 그렇게 함으로써, 자신의 사연이 어디에서 비롯된 것인지를 발견하게 되고, 잘못된 이야기를 바로잡는데 실마리를 찾게 된다고 한다.

85p · 아빠: 아빠(Abba)는 아람어이다. 신약성경이 헬라어로 쓰여지기는 했지만, 예수님 당시의 유대인들의 주요사용언어는 아람어였다. 많은 학자들이 예수님이 하나님을 '아빠' 라고 부른 이유가 바로 거기에 있다고 본다. 헬라어를 사용하던 제자들이 복음서를 기록할 때 다소 의도적으로 그 아람어 단어를 사용한 까닭은 예수님이 평소에 수시로 사용했던 단어이기 때문에 다른 말로 대체하지 않고, 그 단어를 그대로 사용했다고 주장한다.

85p · "친애하는 아버지": 토마스 스메일(Thomas Smail)은 말하기를 모울(C. F. D. Moule)과 요아킴 제레미아스(Joachim Jeremias), 이 두 명의 탁월한 신약학자들이 아람어 '아빠'는 "친애하는 아버지라" 라고 번역하는 것이 가장 가까운 번역이라고 한다. (잃어버린 아버지(The Forgotten Father) [1980; reprint, eugene, Ore.: Wipf & Stock, 2001], p. 39).

86p · "친밀함을 나타내는 단어": 모울(C. F. D. Moule), 위의 책에서 인용.

88p · "올바른 아버지의 모습은 하나님 안에 담겨있다": 칼 바르트(Karl Barth), *Dogmatics in Outline* (London: SCM Press, 1949), p. 43, quoted in ibid., p. 58.

90p · 유대인들의 우주관: 유대인들의 우주관에 의하면 하늘은 3-4겹에서 많게는 7겹으로 이루어져 있다고 믿는다. 하늘의 가장 첫 번째 레벨이 바로 우리를 둘러싸고 있는 하늘이다. 예수님이 세례를 받으셨을 때, 스데반이 돌에 맞아 순교할 때(사도행전7장), 베드로의 환상(사도행전10장)에 보면 "하늘"이 열린다. 조금 더 정확하게 말하면, 눈에 보이지 않았던 하늘의 영역이 눈에 보이게 되고, 심지어는 청각적으로 감지할수 있게 된것이다.

91p · "하나님의 마음에는": 리처드 포스터(Richard Foster), 『영적훈련과 성장*Celebration of Discipline*』 (생명의말씀사) (San Francisco: HarperSanFrancisco, 1978).

97p · "예수님이 부르신 아버지": 스메일(Smail), 잊혀진 아버지(The Forgotten Father).

99p · "우리의 생각은 당신의 생각과 다릅니다": "병자와 고통받는 이들을 위한 기도문(For the Sick and the Suffering)" Thomas Hopko 지음, David Anderson 번역. (Syosset, N.Y.: Orthodox Chuch in america, 1983). 원래 이 기도는, "역경과 고통가운데 있는 어린 아이를 위한 기도(A Prayer for a Child in Great

100p · Suffering and Pain)," (p. 31)에서 발췌했다. 폴 신부와 나는 그날 병원에 갈 계획이 없었다. 그날 폴 신부가 그 기도책을 가지고 있었던 것이 하나님의 공급하심을 경험하게 해준 사건이었다.

100p · 이야기: 여기 나는 '메타내러티브' 즉 거대담론, 더 큰 이야기라는 개념을 두가지 측면에서 사용했다. 첫째로, 우리의 이야기보다 더 큰 하나님이 직접 써가시는 이야기라는 의미로 사용했다. 둘째로, 원래 meta 라는 단어는 "변화"라는 의미를 가지고 있다. 그러므로 메타내러티브는 변화를 가져오는 이야기라는 의미이다.

102p · "한 강연자가 일단의 사업가들에게": 조지 버트릭(George Buttrick), 기도(Prayer) (New York:Abingdon-Cokesbury, 1942), 리처드 포스터(Richard J. Foster) 와 제임스 브라이언 스미스(James Bryan Smith)가 공저한 신앙고전52선 (Devotional Classics)에서 인용. (San Francisco: harperSanFrancisco, 1992)

107p · 받은 복을 세는 훈련을 시작하는 것이 어렵게 느껴진다면: Jan Dargatz, *10,000 Things to Praise God For* (Nashville: thomas Nelson, 1993).

108p · "좋은 것이 주어졌을 때": David Crowder, *The Praise Habit: Finding God in Sunshine and Sushi* (Colorado Springs: NavPress, 2004), pp. 13-14.

4장 넉넉하신 하나님

111p · "영성개발의 과정": 달라스 윌라드, 『마음의 혁신』(복있는 사람)

117p · 성경의 큰 주제는 은혜: 결국에는 세상 모든 사람들이 천국에 가고 아무도 지옥에 가지 않을 것이라는 믿음을 가진 유니테리언 "유니버살리즘"을 나는 믿지 않는다. 유니버살리즘은 성경적이지 않을 뿐만 아니라, 인본주의적 이야기에 근거한다. 예수님은 분명하게 지옥에 대하여 말씀하셨다.

118p · 하나님은 선하시고 당신은 악하다. 그러므로 더욱 노력하라: 헨리 클라우드(Henry Cloud)가 "월요일에 해야할 일 (Action Steps for Monday)"이라는 주제로 2006년 윌로우크릭교회에서 열린 리더십 세미나에서 강의했던 내용에서 인용했다.

120p · 유대 기독교인들의 갈등: 한 성경주석에 의하면, "이 본문은 예수님을 정말로 믿는 신자들에 관한 것이라고 기록한다. 당시 유대인들은 그리스도가 자유케 한 부분을 여전히 종교적 열심히 해결하려고 하는 유혹에 노출되어 있었다."라고 적고 있다. (earl D. Radmacher, *Nelson's New Illustrated Bible Commentary* [Nashville: Thomas Nelson, 1999]).

121p · 이제 예수님이 들려주시는 하나님의 이야기를 듣게 될 것이다: 많은 성경학자들은 예수님의 가르침을 가장 잘 이해할 수 있는 방법이 바로 예수님의 비유들을 살펴보는 것이라는데 별 무리없이 동의할 것이다. 비유는 하나님과 하나님의 나라를 아주 간결하고 적절하게 이야기로 풀어내기 때문이다.

122p · 18,000 명 정도의 실업자: 이 통계는 요세푸스(Josephus Antiquities) 의 자료를 참고했다.

123p · 랍비들도 비슷한 비유를 가르쳤다: Joachim Jeremias, *The Parables of Jesus* (upper Saddle River, N.J.: Prentice hall, 1954), pp. 138-39. 그러나 예레미야스(Jeremias)에 의하면, 예수님의 비유가 랍비들의 비유보다 먼저였는지 그 순서는 명확하지 않다고 한다. 만일 랍비들의 비유가 먼저였다면, 예수님은 이미 익숙한 기존의 이야기에다가 충격적인 결말을 더하셨을 것이라고 말할 수 있지만, 예레미야스는 그런 주장을 일축한다. 어떤 것이 먼저였던간에 중요한 것은 그 두 해석이 판이하게 달랐다는 것이다.

124p · "예수님의 비유": 위의 책, p. 139.

125p · "예수님이 보여주셨던 하나님": 브레넌 매닝 (Brennan Manning), *Hilltop Urban Church, Wichita, Kansas* 에서 참조.

130p · "지난봄 어느날 아침": Kathleen Norris, *Amazing Grace* (New York: Riverhead Books, 1998), p. 150, quoted in Peter Van Breeman, *The God Who Won't Let Go* (Notre Dame, Ind.: ave Maria, 2001), p. 23.

132p · "우리가 하나님을 생각할 때": A. W. tozer, 『하나님을 바로 알자』(생명의말씀사)

135p · "상"을 베푸시는 하나님: 손님 대접의 가장 기본적인 규칙은 손님의 안전을 보장하는 것이다. 적들에게서 도피하고 있다 할지라도, 손님을 청한 사람과 함께 식탁을 마주하고 있는 사람은 안전이 보장 받는 것이다. 시편기자는 바로 그처럼 자신의 원수가 잔치에 초대받은 것을 상상하고 있는 것이다. 나는 그것이 옳은 해석이 아니라고 생각하지만, 예수님의 원수사랑과 원수를 축복하고 그를 위해 기도하라

는 가르침에 비추어 본다면, 그곳에 참여할 자격이 없는 사람을 포함한 모든 사람이 잔치에 초대받았다고 생각한다.

5장 사랑이신 하나님

- 146p · 죄인들과 함께 식사를 하는 모습을 보고: 우리는 종종 바리새인들을 "나쁜 사람들"로 여기기 쉬운데, 사실 자세히 들여다보면, 그들도 우리처럼 단지 자신들이 갖고 있는 사고방식에 충실하게 살고 있었을 뿐이다. 그들은 메시야가 이스라엘을 회복시킬 것이라는 모세의 율법과 전통적 믿음을 고수하며 살았다.
- 146p · "여기 밤하늘의 별처럼 분명한 계시가 있다": Brennan Manning, *The Ragamuffin Gospel* (Sisters, Ore.: Multnomah Books, 1990), pp. 19-20.
- 147p · "하나님이 세상을 이처럼 사랑하사": 나는 이 유명한 표현을 요한의 기록이 아닌 예수님이 직접 말씀하신 표현이라고 생각한다. NASB를 포함한 많은 성경번역본들이 요한복음 3:12-16을 빨간색 글자체로 표시해놓았다. 왜냐하면, 요한복음 3:10-3:21절까지는 예수님이 하신 말씀이라고 보기 때문이다.
- 149p · 아버지의 사랑의 비유: 신약학자인 요아킴 예레미야스(Joachim Jeremias)가 자신의 책 *The Parables of Jesus* (upper Saddle River, N.J.: Prentice-hall, 1954), p. 128.에서 이렇게 표현한다.
- 149p · 충격적이고 불경한 요청: 둘째 아들은 아마 재산의 3분의 1을 물려받았을 것이다. 이 비유에서 보면, 그는 그것을 간직하지 않고 다 팔아버렸다. 아마 땅이 팔렸기 때문에 다른 가족들에게도 상당한 불편을 초래했을 것이다. 때문에 예수님의 이야기를 듣고 있던 청중들은 둘째 아들의 그 행동에 엄청난 충격을 받았을 것이다.
- 150p · 좋은 옷과, 반지와 신발: 옷은 신분을 의미하고, 반지는 권위, 그리고 신발은 자유를 상징한다 (종들은 신발을 신지 않았다)
- 152p · 예수님의 비유의 직접적 대상: 예레미야스(Jeremias)는 이 비유가 죄인들과 식사하는 것을 비판하던 사람들을 겨냥한 "변증적 비유"라고 말한다. (Parables of Jesus, p. 132).
- 160p · "우리를 대신해 받으신 심판": 이 표현은 칼 바르트(Karl Barth)가 자신의 교회론에서 사용하면서 유명해졌다.
- 163p · 히브리성경의 선별된 본문들: 그 본문들은 주로 신명기 6:4-9, 11:13-21 와 민수기 15:37-41.였다. 자세한 내용은 "Lectio Divina," in *The Upper Room Dictionary of Christian Spiritual Formation*, ed. Keith Beasley-topliffe (Nashville: upper Room Books, 2003), p. 167. 을 참조하라.

6장 거룩하신 하나님

- 174p · "진노하지 않는 하나님":Richard Niebuhr, *The Kingdom of God in America* (Middletown, Conn.: Wesleyan university Press, 1988), p. 193.
- 179p · "하나님의 진노의 개념": Albrecht Ritschl, *Die Christliche Lehre von der Rechtfertigung und Versohnung* (The Christian Doctrine on Justification and Reconciliation), vol. 2 (Bonn, 1889), p. 154.
- 101p · "야훼의 진노": "Wrath of God," in The Anchor Bible Dictionary, Gary a, Herion, Astrid B, Beck and David Noel Freedman, vol. 6 (New York: Doubleday, 1992), p. 989.
- 181p · "하나님의 진노는…": 위의 책.
- 182p · "성경에 나타난 하나님의 진노": J. I. 패커, 하나님을 아는 지식 (IVP)
- 182p · "선한 일 속에서 기쁨을": 위의 책.
- 186p · "사랑은 순전함에 이를 때까지 사랑하는 것": George MacDonald, "the Consuming Fire," in *Unspoken Sermons, first series* (eureka, Calif.: Sunrise Book, 1988), p. 27.
- 186p · "하나님은 언제나 죄를 대적하신다": 위의 책., p. 38.
- 187p · "옳고 그름에 신경쓰지 않는 하나님": 패커, 하나님을 아는 지식 (IVP)
- 190p · "하나님이 우리를": C. S. 루이스, 고통의 문제 (홍성사)
- 194-195p · "현대사회에서의 일상": Richard Swenson, *Margin* (Colorado Springs: NavPress, 1992), p. 32.

7장, 자신을 희생하시는 하나님

204p · 알렉산드리아의 주교 아타나시우스: 아타나시우스는 325년 니케아 공회에 참석했었다. 니케아 공회에서는 성육신 교리에 관한 기준이 결정되었다. 훗날 니케아 신조가 예수님의 인성과 삼위일체 신성을 가장 잘 표현한 교리로 인정받았다. 일생동안 아타나시우스는 니케아 신조에서 공인된 교리가 옳다고 믿었고, 그것을 반대하는 의견들에 대하여 단호하게 대처하였다. 결국 자신의 믿음 때문에 5번에 걸쳐 유배생활을 하기도 했다.

204p · 대담형식으로 정리: 물론 이 대담은 가상이다. 하지만, 아타나시우스의 대답들은 그의 책 『성육신에 관하여』에서 직접 발췌했다. 실제 대화하는 것처럼 하기 위해서 대화체 언어를 사용했다. 그렇게 할 수 있었던 것은 내가 평소에 가지고 있던 질문들에 대한 답을 아타나시우스가 잘 답변해주기 때문이다.

213p · "왜 하나님의 뜻은 십자가여야만 했을까?": Edward Yarnold, "The theology of Christian Spirituality," in *The Study of Spirituality*, ed. Cheslyn Jones, Geoffrey Wainwright and Edward Yarnold (Oxford: Oxford University Press, 1986), p. 15.

221p · "하나님을 사랑하는 열쇠는": 달라스 윌라드, 하나님의 모략 (복있는 사람)

8장, 변화시키시는 하나님

230p · "스스로를 본질적으로…… 더 절망적": David C. Needham, *Birthright* (Portland, Ore.: Multnomah Press, 1979), p. 69.

232p · "하나님께 용서를 받는다는 것과": L. Gregory Jones, Embodying Forgiveness: *A Theological Analysis* (Grand Rapids: eerdmans, 1995), p. 159.

237p · 구원받고 난 후에도 여전히 죄와 씨름: 구원은 "거듭남" 사람에 대한 신학적 표현이다.

238p · 육신(헬라어 살스, sarx): 육신이라는 표현보다 '살스' 라는 헬라어를 사용한 이유는 '육신' 이라는 표현이 우리 신체적인 몸을 의미하고, 우리의 신체적인 부분을 자칫 부정적으로 묘사하기 쉬운것 같아서 그렇게 했다. "죄의 본질" 이라는 NIV 성경의 표현 또한 혹시라도 '살스' 가 우리의 본질이라고 여길수 있는 위험이 있기에 일부러 사용하지 않았다.

238p · 영과 육의 싸움: 우리가 예수를 믿기 전에는 영과 육의 싸움이 없었다-육이 지배하고 있었기 때문이다. 하지만 우리 자신을 그리스도께 내어드리고 그리스도께서 우리안에 거하시게 되면서부터 영적인 전쟁이 시작되는 것이다. 우리의 새로운 자아가 옛자아와 갈등관계에 놓이게 된 것이다. 우리가 새롭게 되기는 했으나, 아직 우리 안에 옛자아가 남아 있는 것이다.

238p · "그리스도안에 있는 모든 사람들은 거룩하다": John Wesley "On Sin in Believers," in *The Works of John Wesley* 3.4.3, 7, ed. Albert Outler, vol. 1 (Nashville: Abingdon, 1984).

238-239p · "육체라는 감옥에 갇혀": 존 칼빈, 기독교 강요 (John Calvin Institutes of the Christian Religion 4.15.11, ed. John t. McNeill (Philadelphia: Westminster Press, 1960).

239p · "아직 온전히… 분리될 수 없다": Needham, Birthright, p. 79.

242p · "우리의 악한 본성으로부터": Wesley, Works of John Wesley 13.5.1.

243-244p · " '내안에 계신 그리스도' 라는 의미": James S. Stewart, *A Man in Christ* (Vancouver: RegentCollege Publishing, 1935), p. 169.

244p · 도시 개와 시골 개: 이 이야기는 1993년 기독교 고전 컨퍼런스에서 밥 조지(Bob George) 의 사역 People to People 에서 처음 들었다.

248p · "영적인 삶은": Panayiotis Nellas, *Deification in Christ* (New York: St. Vladimir's Seminary Press, 1997), p. 136.

252p · "중요한 것은": 헨리 나웬, 예수님의 이름으로 (두란노)

255p · "고독과 침묵으로 들어갈 때": Dallas Willard, *Foreword to Invitation to Solitude and Silence*, by Ruth haley Barton (Downers Grove, Ill.: InterVarsityPress, 2004), pp. 10-11.

256-257p · "우리는 하나님을 찾아야만 한다": 이 인용문은 잰 존슨(Jan Johnson) 의 성경공부 교재인 고독과 침묵 (Solitude & Silence) (Downers Grove, Ill.: InterVarsity Press, 2003), p. 27. 에서 발췌했다.

- 265p · 그리스도 안에서의 정체성을 알려주는 성경구절들: 이 구절들은 닐 앤더슨(Neil anderson) 의 내가 누구인지 알았습니다(조이선교회)를 참고했고, 내가 개인적으로 몇 개 더 첨가했다.

9장, 영혼을 살리는 법

- 266p · "우리나라는 속도와 사랑에 빠졌다": Jeremy Rikfin, *Time Wars* (New York: Simon & Schuster, 1987), p. 71.
- 267p · "시간을 아끼는 것을": 위의 책.
- 267p · 시계는 본래 수도사들이 발명했다: Sebastian De Grazia, *Of Time, Work and Leisure* (New York: Random house, 1994), p. 44.
- 267p · "게으름은 영혼의 적이다": 성 베네딕트의 규율.
- 268p · "기계의 발명으로 인해": Carl Honore, *In Praise of Slowness* (San Francisco: harperSanFrancisco, 2004), p. 22.
- 268p · "우리가 기계를 발명했지만": 위의 책.
- 269p · "과거에는 사람이 우선이었다": Nicholas Carr, "Is Google Making us Stupid?" *The Atlantic*, July-august 2008, p. 62.
- 269p · "'테일러의 시스템' 이 여전히 우리에게 남아있다": 위의 책.
- 270p · "급한 일에 쫓기는 삶" 찰스 험멜, 『늘 급한 일에 쫓기는 삶』(IVP).
- 272p · 1967년 미래학자들은: Richard A. Swenson, *Margin* (Colorado Springs: NavPress, 1992), p. 148.
- 274p · 부모들이 평균적으로: Honore, *In Praise of Slowness*, p. 9.
- 274p · 1분 짜리 베드 타임 동화이야기: 위의 책.
- 275p · "조급함" 칼 융: 리차드 포스터의 책, 영적훈련과 성장(생명의말씀사)에서 재인용.
- 283p · "우리가 깨어 있는 모든 순간": Robin R. Myers, *Morning Sun on a White Piano* (New York: Doubleday, 1998), p. 67.
- 284p · "인생은 현재의 연속일뿐이다": Richard Bailey and Joseph Carlson, *Slowing Down to the Speed of Life* (New York: harperCollins, 1997) pp. 80-81, 164.
- 285p · "영적인 회복은": Miles J. Stanford, *Principles of Spiritual Growth* (Lincoln, Neb.: Back to the Bible Broadcast Publication, 1974), p.13.에서 발췌.
- 285p · "어떤 학생이 총장에게 찾아가서": 위의 책에서 재인용. pp. 11-12.
- 286p · "어떤 분야에서든": 말콤 글래드웰, 아웃 라이어(김영사).
- 286p · "모차르트의 재능은 늦게 개발": 위의 책.
- 289p · "우리 영혼의 깊은 곳에서": Robert Barron, *Heaven in Stone and Glass* (New York: Crossroad, 2000), p. 149.
- 289p · "오늘날의 전쟁은 다른 종류": Paul Edokimov, *Ages of the Spiritual Life* (Crestwood, N.Y.: St. Vladimir's Seminary Press, 1998), p. 64, 강조체 첨가.
- 293p · "하나님이 당신의 백성들의": Stanford, *Principles of Spiritual Growth*, p.11.

사명선언문

너희가 흠이 없고 순전하여······세상에서 그들 가운데 빛들로
나타내며 생명의 말씀을 밝혀 _ 빌 2:15-16

1. 생명을 담겠습니다
만드는 책에 주님 주신 생명을 담겠습니다.
그 책으로 복음을 선포하겠습니다.

2. 말씀을 밝히겠습니다
생명의 근본은 말씀입니다.
말씀을 밝혀 성도와 교회의 성장을 돕겠습니다.

3. 빛이 되겠습니다
시대와 영혼의 어두움을 밝혀 주님 앞으로 이끄는
빛이 되는 책을 만들겠습니다.

4. 순전히 행하겠습니다
책을 만들고 전하는 일과 경영하는 일에 부끄러움이 없는
정직함으로 행하겠습니다.

5. 끝까지 전파하겠습니다
모든 사람에게, 땅 끝까지, 주님 오시는 그날까지
복음을 전하는 사명을 다하겠습니다.

서점 안내

광화문점 서울시 종로구 새문안로 69 구세군회관 1층
02)737-2288 / 02)737-4623(F)

강남점 서울시 서초구 신반포로 177 반포쇼핑타운 3동 2층
02)595-1211 / 02)595-3549(F)

구로점 서울시 동작구 시흥대로 602, 3층 302호
02)858-8744 / 02)838-0653(F)

노원점 서울시 노원구 동일로 1366 삼봉빌딩 지하 1층
02)938-7979 / 02)3391-6169(F)

일산점 경기도 고양시 일산서구 중앙로 1391 레이크타운 지하 1층
031)916-8787 / 031)916-8788(F)

의정부점 경기도 의정부시 청사로47번길 12 성산타워 3층
031)845-0600 / 031)852-6930(F)

인터넷서점 www.lifebook.co.kr